땅 위에 아로새겨진 하늘나라

개혁신앙강해 1

땅 위에 아로새겨진 하늘나라

초판 1쇄| 2011년 9월 30일
개정판 1쇄| 2017년 4월 3일
개정판 2쇄| 2024년 8월 6일
지 은 이| 강현복 목사
펴 낸 이| 장문영

펴 낸 곳| 도서출판 R&F
등   록| 제2011-03호(2011.02.18)
주   소| 경북 경산시 하양읍 대학로 298길 20-9(하양롯데아파트) 110동 2003호
전   화| 054. 251. 8760 / 010. 4056. 6328
이 메 일| k-calvin@hanmail.net

디 자 인| 김진희, 박경은, 유아셀, 이은지

ISBN 978-89-966360-6-9
값 13,000원

■ 잘못된 책은 바꾸어 드립니다.

RₐF (Reformed and Faith)는 종교개혁의 유산을 이어받아 개혁신앙을 바탕으로 이 땅의 교회가 바르고 건강하게 세워져 가기를 소망합니다.

The Kingdom of God Imprinted on Earth

땅위에 아로새겨진
하늘나라

강현복 목사

RnF

목 차

일러두기

1. 이 책에서 인용한 한글 성경 말씀은 '개역 한글판 성경전서'(1961년 대한 성서공회 발행)를
   사용하였습니다.
2. 각 장 마지막에 내용 이해를 돕기 위한 '요약과 질문'을 수록하였습니다.

머리말

막 신학에 입문한 저에게 게르할더스 보스(Geerhardus Vos)의 『성경신학(Biblical Theology)』이 눈에 띄었습니다. 1학년 2학기가 시작된 9월 어느 날이었습니다. 50페이지 즈음 읽은 저는 난감했습니다. 저자가 말하고자 하는 바가 전혀 이해되지 않았습니다. 그 후 2년 동안 '성경신학'은 저에게 닫힌 책이었습니다.

어느 교회에서 전도사로 봉사할 즈음, 그 교회 청년 한 사람이 바로 그 책을 읽고 있었습니다. 충격이었습니다. 신학을 전공하고 있는 제가 던져 놓은 책을 소위 평신도가 읽고 있었습니다. 부끄러웠습니다. 아니, 자존심이 상했습니다. 책을 펴고 읽고 또 읽었습니다. 관련된 성경본문을 모조리 찾아 읽었습니다. 몇 번을 읽었는지 알 수 없습니다. '성경신학'은 그렇게 저에게 열려졌습니다.

'언약', '하나님 나라'의 관점에서 성경을 읽어야 한다는 것을 알아가면서 궁금한 것들이 한둘이 아니었습니다. 그때, 하나님께서는 제게 좋은 교사를 선물로 주셨습니다. 바로 이광호 목사님입니다. 이 목사님은 제가 성경을 바르게 읽을 수 있도록 정초(定礎)를 놓으신 분입니다. 그분이 소개한 책들은 저의 서재를 채우는 일등공신이 되었습니다.

신학대학원 시절이었습니다. 언약적 관점으로 성경을 읽을 수 있도록 좀 더 세밀한 책을 소개받았습니다. 반더발(Cornelis Vanderwaal), 로벗슨(Palmer Robertson) 등이 쓴 책이었습니다. 그리고 몇몇 친구를 사귀게 되었습니다. 신대원 기숙사에서 우리는 결론 없는 토론을 끊임없이 했습니다. 대학원을 졸업했고 강도사가 되었지만 어떻게 하나님의 말씀을 설교해야 할지 막막했습니다. 신학대학원 시절의 친구들이 의기투합하여 정기적으로 모였습니다. 그렇게 시작된 공부모임이 10년을 넘겼습니다. 어떻게 본문을 설교해야 할지 씨름하는 시간이었습니다. 개혁신학자들의 책들을 섭렵했고, 제겐 참으로 행복한 시간이었습니다.

본문을 바르게 설교하기 위해 시작된 공부는 성경전체를 이해할 수 있는 능력을 자연스럽게 배양시켰습니다. 하나님 나라와 언약적 관점에서 성경을 읽어야 한다는 큰 시각은 잡았지만 여전히 풀리지 않는 본문들이 산더미처럼 쌓여 있었습니다. 그런 중 조르단(James B. Jordan)과 클라인(Meredith G. Kline)을 소개받았습니다. 실제로 이 책에는 조르단의 견해가 여럿 있습니다. 특히 노아의 포도주 먹음과 관련하여 더욱 그러합니다. 또한 창세기 1장 2절과 관련된 이해는 클라인의 견해입니다. 이들의 견해를 모두 받아들일 수는 없지만 중요한 교훈 한 가지를 배웠습니다. 바로 '성경은 성경으로 해석해야 한다.'라는 오래된 가르침입니다. 사실 이 명제는 웨스트민스터 신앙고백의 가르침이기도 하지만, 박윤선 목사님의 지론이었습니다. 박 목사님은 『성경과 나의 생애』라는 자서전에서 이러한 사실을 여러 번 강조하셨습니다(p.160,199). 신앙의 선배들의 학문적 결과

물이 부족한 저에게 선물이 되었습니다. 그러니 이 책은 이들의 가르침을 쉽게 풀어 모아놓은 것이라 할 수도 있습니다.

목회자는 교회의 교사인 신학자들의 가르침을 잘 전수받아 성도들을 말씀으로 먹여야 할 책임이 있습니다. 저는 그 책임에 신실하려고 했습니다. 하지만 성도들은 말씀을 어려워했습니다. 바른 시각으로 성경을 읽는 법을 깨우치기 위해 수없이 많은 강의를 했습니다. 이 책은 그 강의 원고입니다.

우리 성도들은 그러한 저의 심중을 이해했고 성실하게 강의에 임했습니다. 아직 여러 면에서 부족함이 있지만 그럼에도 불구하고 어느 정도 시각을 갖춘 성도들이 등장했습니다. 바라기는 이 책을 읽는 모든 이들이 이러한 시각을 갖추길 소망합니다. 평이하게 쓰려했지만 막상 원고를 탈고하고 나니 더 어려워진 느낌이 없지 않습니다. 저의 역량 부족임을 고백합니다.

감사한 분들이 많습니다. 바른 신학을 할 수 있도록 기초를 놓으신 이광호 목사님. 개혁주의 신학이 무엇인지 맛을 알게 하신 신득일, 유해무, 허순길 교수님. 그러나 이 책의 모든 오류는 저의 몫입니다. 모난 자식을 인내하며 기도로 후원하신 부모님(강태호, 최을순). 책이 출판되기까지 교정과 편집으로 수고한 샘터교회와 로뎀교회의 출판위원들(이미향, 김수현, 이신우, 정영광, 김진희, 유아셀)과, 표지 디자인으로 도와준 유아셀 성도. 멀리 영국에서 박사과정 공부에 여념이 없음에도 기꺼이 조언해준 권기현 목사. 끝으로 도서출판 R&F의 장문영 성도에게 감사드립니다.

2011년 9월

강현복 목사

개정판에 즈음하여

이 책을 처음 출간했을 때 제게는 놀라움과 부끄러움뿐이었기에 이 책이 다시 출간되리라고는 생각지도 못했습니다. 다른 한편으로는 정말 그렇게 인기 있는 책일까 하는 의구심도 듭니다. 무엇보다 독자들의 성원에 감사 드립니다. 출판 이후 다양하게 접한 여러 질문들을 통해 이 시대의 그리스도인들이 얼마나 말씀에 갈급한지 절감할 수 있었습니다. 질문하는 성도들의 진지한 모습 속에서 희망을 발견하기도 했습니다.

사실, 저는 한동안 좌절의 그늘 아래 짓눌려 있었습니다. 오직 성경으로 교회를 세운다는 것이 나의 철없는 바람은 아닌지 수없이 돌아보았습니다. 이 책의 내용을 배우며 신앙생활을 해온 우리 샘터교회 성도들은 자주 다른 그리스도인과의 성경 말씀에 대한 이해 차이로 인해 힘들어 했습니다. 말씀 이해가 다르니 삶의 모습도 달랐습니다. 그 간극은 점점 커져만 갔고 급기야 비난과 염려의 대상이 되기 일쑤였습니다. 목사로서 저는 사랑하는 성도들의 고충을 세심히 이해하기 위해 얼마나 노심초사했었는지 모릅니다.

성도들의 다양한 어려움들을 접하는 것도 결코 쉽지 않지만, 같은 목회자들 사이에서 대화 자체가 불가능한 정도의 차이가 발견될

때면, 정말 애가 탑니다. 발달된 소통의 시대에 살면서 말씀으로 소통되지 않는 서글픈 경험들이 그 동안의 신념을 흔들리게 만들었습니다.

주위의 동료 목사들에게 "나이 들어 새로운 친구를 사귀는 것이 이렇게 어려운 줄 몰랐다."고 가끔씩 소회를 나누기도 합니다. 말씀과 복음 안에서 누구와도 친구가 될 수 있는 사람들이 그리스도인들인데도 말입니다.

2011년 첫 출간 후, 만 5년이 지나 개정판을 냅니다. 그 사이 같은 고신교회에 소속된 여러 목사님들과 말씀의 교제를 나누는 기쁨을 누렸습니다. 더불어 노회에서 운영하는 신학원에서 성도들에게 구약성경을 가르치는 즐거움도 맛보았습니다. 이러한 두 경험은 제게 어느 정도의 희망을 발견하는 기회였습니다. 말씀이 사람을 변화시키고 목회를 변화시킨다는 것에 더욱 분명한 확신을 가지게 되었습니다.

구약개론(본서) 다음에 신약개론은 언제 출간되느냐는 열성 독자들의 요구와 목회적 필요로 인해 다시 집필의 펜을 잡습니다. 시간이 흐를수록 부담은 커져가지만 행복한 부담으로 다가옵니다.

개정판을 내면서 몇 부분을 교정했습니다. 그러나 그 흐름은 초판과 크게 다르지 않습니다. 모쪼록 본서가 말씀을 사랑하는 이들에게 미력하게나마 도움이 되길 소망합니다. 샘터교회, 로뎀교회 출판위원회와 도서출판 R&F의 장문영 성도에게 감사 드립니다.

2017년 4월
강현복 목사

서 론

믿음이 있어야 이해할 수 있는 성경 |
성경은 스스로 성경에 대해 무엇이라 말하는가

서 론

믿음이 있어야 이해할 수 있는 성경

성경은 아주 쉬운 책입니다. 하지만 많은 사람들은 성경을 어려워합니다. 왜 그럴까요? 많은 이유가 있겠지만 가장 주요한 이유는 믿음으로 읽지 않기 때문일 것입니다. 성경은 영생에 대한 책이기 때문에 믿음의 눈으로 읽지 않으면 이해할 수 없는 내용으로 가득 차 있습니다.

하나님께서 모든 만물을 말씀으로 창조하셨다는 것이나 예수님께서 처녀의 몸에서 탄생하셨다는 것이나 혹은 죽은 사람이 부활한다는 등등. 이렇듯 믿음이 없으면 이해할 수 없는 내용이 많이 있습니다.

그렇다면 또다시 이런 생각을 합니다. '그리스도인들은 모두 성경을 잘 이해하겠지.'라고 말입니다. 왜냐하면, 그리스도인들은 믿음을 갖고 있기 때문입니다. 그러나 현실은 그렇지 않습니다. 그리스도인 중에도 성경을 바르게 이해하는 것에 어려워하는 사람들이 많이 있습니다.

그럼 이들의 문제는 무엇일까요? 성경을 자신의 시각으로 읽기 때문입니다. 성경을 자신의 시각으로 읽는다는 것은 엄격하게 말해 성경을 읽는 것이 아니라 성경을 '이용'하는 것입니다. 성경을 자신의 욕망을 채우기 위한 도구로 바라보고 이해한다는 뜻입니다.

　이러한 성경 읽기는 성경을 바르게 이해하는 것에 장애가 됩니다. 물론 대부분의 그리스도인들은 자신의 욕망을 채우기 위한 목적으로 성경을 읽지는 않을 것입니다. 짐작건대, 그리스도인들이 성경을 어렵게 생각하는 것은 성경 자체가 말하고자 하는 바를 이해하지 못했기 때문일 것입니다.

성경은 스스로 성경에 대해 무엇이라 말하는가

성경은 스스로 성경이 무슨 책인지 분명하게 가르칩니다. 그러니 우리는 성경 자체가 성경을 무엇이라고 말하는지를 알면 쉽게 성경을 이해할 수 있습니다. 이 책에서는 성경 스스로가 성경을 소개하는 방식을 따라 성경의 내용을 설명하려 합니다.

　신약성경에는 성경 자체를 잘 이해하게 하는 아주 중요한 구절 셋이 있습니다. 곧, 성경이 어떤 책인지 소개하는 내용들입니다. 요한복음 5:39, 히브리서 1:1~2, 디모데후서 3:16. 이 세 구절을 꼭 기억하시기 바랍니다.

　이 세 구절은 성경이 어떤 책인가를 이해할 수 있는 열쇠와도 같습니다. 물론 이 세 곳 외에도 성경에 대해 가르치는 부분은 많이 있습니다만 이 세 구절이 가장 요긴합니다. 이제 세 성경 구절을 차례대로 살펴보겠습니다.

　먼저, 요한복음 5:39입니다. "너희가 성경에서 영생을 얻는 줄 생각하고 성경을 상고하거니와 이 성경이 곧 내게 대하여 증거하는 것이로다". 이곳에서 '성경에서 영생을 얻는 줄 생각하고'라고 했습니다. 성경은 영생에 대한 책이라 했습니다. 여기 '영생'이라는 말의 의미를 이해하기 위해 다시 요한복음 17:3을 참고하겠습니다. 요한복음 5:39의 말씀을 잘 이해하기 위해 요한복음 17:3을 살피는 것은 성경을 해석하는 오래된 방법입니다. 이러한 해석 방법은 아주 중요하기 때문에 꼭 기억하셔야 합니다.[1]

요한복음 17:3에서 영생을 설명하길, "유일하신 참 하나님과 그의 보내신 자 예수 그리스도를 아는 것"이라 했습니다. 하나님과 그리스도를 아는 것, 이것이 영생입니다. 그렇다면 성경은 하나님과 그리스도에 대해 가르치는 책이라는 뜻이 됩니다.

우리는 여기에서 조금 더 깊이 생각하려 합니다. 요한복음 17:3에서 말하는 '안다'라는 것이 어떤 개념인지 알기 위해 다른 성경 구절을 찾아봅시다. 창세기 4:1, 마태복음 1:25에서 '안다'라는 단어는 '동침'으로 표현되었습니다. 그래서 '안다'는 것은 부부가 동침하는 것, 다시 말해, 한 몸 되는 것임을 알 수 있습니다.

---

1) 한국 장로교회가 고백하는 신앙고백 중에 웨스트민스터 신앙고백서 1장은 성경에 대해 가르칩니다. 총 10절로 구성되어 있습니다. 9절을 보면, "성경 해석상 오류를 피할 방법은 성경으로 성경을 해석하는 것이다. 그러므로 어떤 성경 구절의 참되고 온전한 뜻(여럿이 아니고 하나뿐임)을 찾는 데 어려움이 있으면 그 뜻을 더 명백히 나타내는 다른 성경 구절들을 통해 그것을 밝혀야 한다."라고 했습니다. 이러한 성경 해석의 원리는 오늘날의 현대신학으로부터 도전받고 있습니다. 현대신학자들은 이 원리보다 고고학이나 배경사를 성경 해석의 더 중요한 요소로 이해하려 합니다. 즉, 신약성경을 바르게 이해하기 위해서는 1세기 문화적 배경이나 고고학적 증거를 잘 알아야 한다고 주장합니다. 그러나 우리는 '성경은 성경으로 해석해야 한다.'라는 가르침에 충실해야 합니다. 물론, 고고학이나 성경 배경사가 중요하지 않다거나 필요 없지는 않습니다. 이런 것들은 분명히 필요합니다. 그렇지만 성경 해석의 일차적 원리는 성경으로 성경을 해석하는 것입니다. 배경사나 고고학적 증거들은 그다음 요소입니다.

이러한 개념을 요한복음 15장에서는 포도나무 비유로 설명했습니다. 포도나무 비유를 통해서 영생은 가지가 원뿌리에 접붙여지는 것과 같은 것임을 알 수 있습니다. 그래서 우리는 영생을 삼위 하나님과 당신의 백성들이 접붙여져 한 몸 되는 것으로 이해합니다. 즉, 연합했다고 표현할 수 있습니다.[2] 삼위 하나님과 연합하는 것, 그것이 바로 영생입니다.

그래서 성경은 바로 '이 영생이 어떻게 사람에게 주어지는가'를 가르치는 책이라고 말할 수 있습니다. 제가 다음 장에서 설명하겠습니다만 에덴 동산에서 이 영생을 가르치는 성례전적인 아주 중요한 표징이 하나 있습니다. 무엇일까요? 예, 그렇습니다. 생명나무입니다.[3] 우리는 성경이 '영생의 책'임을 요한복음 5:39을 통해 알게 되었습니

---

[2] 호세아 4:6에서 이 백성이 지식이 없어 망했다고 하는 것은 바로 연합이 깨어졌다는 의미입니다. 그것은 바로 언약 관계의 파기입니다. 그래서 호세아는 출애굽기 19:6에서 맺은 언약을 통해 받은 '제사장 나라'의 정체성에 대해, '이스라엘은 하나님과의 관계가 끊어졌기 때문에 이제 제사장 나라가 될 수 없다'고 선언했습니다.

[3] 창세기 3:22에는 생명나무가 영생을 나타내는 것으로 언급되었습니다. 생명나무가 성례전적이라는 것은 매우 어려운 개념입니다. 생명나무가 성례전적이라는 것은 곧 세례와 성찬의 의미가 생명나무에 숨겨져 있다는 뜻입니다. 성례는 우리 주님께서 제정하신 거룩한 예식입니다. 우리는 두 가지 성례인 세례와 성찬을 인정합니다. 오늘날 세례와 성찬은 거룩한 백성들에게 주어지는 표징입니다. 특히 성찬은 떡과 포도주를 먹음으로 그리스도와 한 몸 되었음을 증거합니다. 먹는 것은 구약백성들에게도 매우 중요했습니다. 레위기에서는 구약백성들이 먹을 수 있는 것과 먹지 말아야 할 것들이 무엇인지 가르칩니다. 하나님께서 구약백성들의 건강을 고려하셔서 먹고 마시는 것에 대한 규례를 주신 것이 아닙니다. 그것은 구약백성들이 거룩한 백성이기에 구별된 음식을 먹음으로써 부정한 것과 연합하지 않게끔 하시기 위함이었습니다. 즉, 이스라엘 백성이 무엇과 연합하고 있어야 하는가를 가르치시기 위함인 것입니다. 언약백성들은 삼위 하나님과 연합하고 있어야 합니다. 성경은 영생에 대해 가르칩니다. 영생은 삼위 하나님과 연합하는 것입니다. 성경은 바로 사람이 하나님과 어떻게 온전한 연합에 이를 수 있는지를 가르칩니다. 창세기부터 요한계시록까지 바로 이런 목적으로 기록된 것이 성경입니다.

다.

다음으로 살펴볼, 성경이 성경 자체에 대해 가르치는 구절은 히브리서 1:1~2입니다. 히브리서 1:1~2은 다음과 같습니다. "옛적에 선지자들로 여러 부분과 여러 모양으로 우리 조상들에게 말씀하신 하나님이 이 모든 날 마지막에 아들로 우리에게 말씀하셨으니 이 아들을 만유의 후사로 세우시고 또 저로 말미암아 모든 세계를 지으셨느니라".

옛적에 '선지자들로' 말씀하셨다고 했습니다. 옛적이라는 말은 옛 언약 시대를 의미합니다. 곧 구약 시대 전체를 의미합니다. 여기 선지자들은 왕정 시대의 사람들만을 말하지 않습니다. 아브라함도 선지자이며(창20:7) 모세도 선지자입니다(신18:15). 그러므로 이 말씀에서 선지자라는 말은 하나님의 뜻을 계시하는 모든 이들을 통칭한 것입니다.

'여러 부분'이라는 말은 문자대로 번역하면, '여러 번'이라는 뜻입니다. 그래서 어떤 성경은 이 부분을 "at many times"라고 했습니다(ESV성경). 하지만 그 의미는 좀 더 복합적인데, 단순히 횟수가 많다는 뜻을 넘어 시간이나 방법에서 매우 '다양하게'라는 말입니다. 그래서 우리는 이 말씀을 그 다음에 나오는 '여러 모양'과 연결하여 시간의 관점에서 많은 시간 속에서 계시가 주어진 것으로 이해합니다. 즉, 창조부터 노아 시대, 족장 시대, 출애굽과 가나안 정복, 그리고 왕정 시대와 왕국의 멸망, 세례요한과 예수님의 오심까지라는 의미입니다.

그리고 '여러 모양'이라는 것은 계시를 주시는 다양한 방식을 의미합니다. 가장 대표적으로 두 가지 방식을 들 수 있습니다. 첫째로 하나님께서 선지자나 제사장이나 왕이나 아니면 자기 백성들에게 직접 말씀하시는 것입니다. 두 번째는 직접적인 행동을 통해서 말씀하십니다.

여기 행동에는 또다시 두 가지로 나눌 수 있습니다. 우선 하나님의 직접적인 행동입니다. 예를 들어 하나님께서 직접 소돔과 고모라를 불로 심판하신 것, 홍수를 일으켜 물로 세상을 심판하신 것입니다. 그리고 선지자나 왕이나 제사장 즉, 직분자들의 행동을 통해 자신의 뜻을 알리신 것입니다. 이렇게 다양한 방식으로 하나님께서는 옛 언약 시대에 계시를 주셨습니다.

'이 모든 날 마지막에' 예수님을 통하여 말씀하셨다고 했습니다. 예수님께서는 영생에 대해 최종적으로 가장 온전하게 가르친 분이십니다. 여기에서 우리는 성경을 그리스도 중심적으로 읽어야 할 분명한 이유를 발견합니다. 그리스도께서는 언약의 완성이시기 때문입니다.[4]

결국 히브리서 1:1~2은 성경이 다양한 시기에 여러 가지 방법을 통해 주어진 계시들로 구성되어 있다는 것을 가르칩니다. 하지만 이 모든 것이 한 가지, 바로 영생에 대한 가르침이라는 것입니다. 그리고 모든 것들이 예수 그리스도를 통하여 온전하게 계시되었다고 했

---

4) 이 말씀은 계시의 종결과 관련하여 매우 중요한 의미가 있습니다. '이 모든 날 마지막에'라는 말은 '최종적으로'라는 의미도 포함합니다. 그러므로 더 이상 온전한 계시는 없습니다. 만약 어떤 사람이 지금도 하나님의 계시가 주어진다고 말한다면 그 사람은 성경을 바르게 이해하지 못한 것입니다. 그리스도를 통하여 계시가 풍성하고 완전하게 주어졌기에 이제는 더 이상 계시가 주어지지 않습니다. 꿈이나 환상을 통하여 아직도 계시를 받는다고 주장하는 이들이 종종 있습니다. 만약 그 말이 사실이라면, 성경만으로는 하나님의 뜻을 온전히 이해할 수 없다는 결론에 이르게 됩니다. 이것은 매우 심각한 문제를 야기합니다. 즉, 성경의 절대적 권위가 무너집니다.

습니다. 요한복음 5장이 성경의 목적이 무엇인가에 대해 가르쳤다면 히브리서 1장은 그것이 어떤 방식으로 주어졌느냐를 가르칩니다.

마지막으로 디모데후서 3:16을 보겠습니다. "모든 성경은 하나님의 감동으로 된 것으로 교훈과 책망과 바르게 함과 의로 교육하기에 유익하니". 성경이 하나님의 감동으로 되었다고 했습니다. 이것은 성경이 성령님에 의해 기록되었다는 말과 같습니다. 이 사실은 정말 중요합니다.

이는 성경이 성령님에 의해 기록되었기 때문에 성경은 성령님께서 깨닫게 하셔야만 바로 이해할 수 있다는 원리를 가르칩니다. 또한 성경 해석의 주체가 우리가 아닌 성령님이시라는 것도 의미합니다.

우리 인간 편에서 할 수 있는 유일한 작업은 성경을 깊이 있게 읽고 기도하는 것입니다. 많은 사람들이 기도가 은혜의 방편이라고 말하는 이유가 무엇입니까? 기도를 통해서 하나님의 말씀을 더 깊이 이해하고 온전히 깨달을 수 있기 때문입니다.

성경말씀을 이해하는 것은 세속적인 지식의 많고 적음과 아무런 관계가 없습니다. 그러므로 학력이 좋지 못하다는 이유로 신앙생활에 의기소침해하고 자존감을 스스로 낮춘다면 이는 그리스도 앞에서 매우 교만한 것입니다. 많은 사람들이 좋은 학벌과 좋은 직장과 많은 지식을 가지고 있으면 교만해진다고 생각합니다. 물론 교만해질 가능성이 있습니다. 하지만 반대로 자신이 세상에서 많은 것을 가지고 있지 않다는 생각으로 그리스도인으로서의 삶을 제한하는 것 또한 교만입니다. 왜냐하면, 이는 그리스도의 피 값으로 얻은 생명보다도 인간적인 지식이나 지위를 더 중요하다고 생각한 것이기 때문입니다.

하나님의 말씀은 오직 성령님을 통해서만 바로 이해할 수 있기에 성경 이해에 있어서 우리의 공로는 전혀 없습니다. 우리 안에 계신 성령님께서 우리로 하여금 말씀을 깨닫게 하시고 이해하게 하십니다. 그래서 성경 해석의 주체가 성령님이라는 것을 깊이 깨닫는 것은 참으로 중요합니다.

다음으로 성경은 교훈이라 했습니다. 교훈은 문자 그대로 '가르침'이라는 뜻입니다. 앞에서 살펴보았듯이 성경은 영생을, 즉 하나님과 인간이 어떻게 연합하는지를 가르친다 했습니다. 이는, 삼위 하나님과 그 백성이 어떻게 언약 관계를 맺었는지, 삼위 하나님께서 원래 꿈꾸셨던 왕국은 어떤 모습이었는지를 가르치는 것입니다. 다른 말로 하면, 참 진리이신 그리스도에 대한 가르침이요(요8:32), 온전한 지혜에 대한 가르침(잠8장)이라 할 수 있습니다.

그리고 성경은 책망에 대해 말합니다. 성경은 창세기 3장에서와 같이 사람이 어떻게 하나님과의 관계를 파기하여 죄 아래에 있게 되었는가를 보여줌으로써 죄인된 인간을 책망합니다. 즉 죄가 무엇이고 그 죄가 어떤 과정을 통해 인간에게 들어왔으며 죄의 결과는 어떠한지를 가르치는 것입니다.

다음으로 바르게 함에 대해 말합니다. 바르게 함이란, 문자적으로 '다시 정돈하다'라는 뜻으로서 흐트러졌거나 구겨진 것을 바르게 편다는 의미입니다. 성경은 죄로 말미암아 파괴된 하나님과의 관계를 회복하는 원리가 무엇인지 가르칩니다. 이 회복은 창세기 3:15에 하나님께서 약속하신 '여자의 후손'에 의해 이루어집니다. 더 구체적으로는, 사람이 하나님과 연합할 수 있는 유일한 방법은 오직 그리스도를 믿는 것밖에는 없음을 가르치는 것입니다.

마지막으로 성경은 의로 교육하기에 유익하다고 했습니다. 의로 교육한다는 것은 하나님과 자기 백성의 관계가 회복된 후에 그 백성들이 어떻게 살아가야 하며 무엇을 위해 살아야 하는지를 가르치는 것입니다. 웨스트민스터 신앙고백 소교리 문답에서 가르치는 바와 같이 '사람의 제일 되는 목적이 무엇입니까?'라는 물음에 '하나님을 영화롭게 하는 것'이라고 답하는 것입니다.

이제 정리하겠습니다. 요한복음 5:39은 성경이 영생의 책이라고 했습니다. 히브리서 1:1~2은 하나님께서 영생을 어떤 방식으로 가르치시고 또 이루고 계시는지 설명했습니다. 마지막으로 디모데후서 3:16은 성경을 어떻게 읽어야 하며 성경이 어떤 책인가를 더욱 구체적으로 요약하고 있습니다. 성경은 어려운 책이 아닙니다. 성경 자체가 우리에게 가르치는 그 원리를 따라 성경을 읽으면 무척이나 쉽고 재미있는 책입니다.

요약과 질문

1. 서론을 요약해 봅시다.

2. 성경에 대하여 가르치는 세 성경구절은 무엇입니까?

3. 성경은 무엇에 대한 책입니까?

4. '영생'이란 무엇입니까?

5. '교훈, 책망, 바르게 함, 의로 교육하다'라는 말의 의미를 설명해 봅시다.

제1장
창 조

제1장

창 조

영생으로의 첫걸음, 창조

성경을 영생의 책이라고 이해한 후 막상 창세기를 읽으려다 보면 첫 장면에서부터 당황할 수 있습니다. 창조는 영생과 아무런 관련이 없는 것처럼 보이기 때문입니다. 그러나 창조는 영생과 아주 깊은 관련이 있습니다. 창조는 영생의 배경입니다. 그러므로 창조를 통하여 영생을 온전히 이해할 수 있습니다. 이제 영생을 더 잘 이해하기 위해 창조사건을 좀 더 구체적으로 살펴보겠습니다.

창조를 생각하기에 앞서, 창세기 전체를 쉽게 이해하는 좋은 방법한 가지를 소개하고자 합니다. 그것은 창세기에서 열 번이나 사용된 톨레도트라는 단어를 이용하는 것입니다.[5] 이 단어는 이 단어의 다음에 이어지는 내용에 대한 표제로 사용됩니다. 예를 들어, 창세기 2:4의 "천지의 창조된 대략이 이러하니라"에서 '대략'이라는 말이 바로 톨레도트입니다. 이 방식대로라면 '천지창조'라는 표제 아래 그다

---

5) 창세기 2:4, 5:1, 6:9, 10:1, 11:10, 11:27, 25:12, 25:19, 36:1, 37:2. 개역 한글판 성경에서는 톨레도트라는 단어가 매우 다양하게 번역되어 있습니다. 대략, 후예, 족보, 계보, 사적 등입니다.

음 톨레도트가 나오기 전 창세기 4:26까지의 내용을 하나의 주제로 이해하는 것입니다. 즉, 아담과 여자의 범죄, 가인과 아벨의 제사와 죽음, 셋의 출생까지를 하나님의 창조라는 주제로 이해하는 방식입니다.

창세기 5장부터 6:8까지의 내용을 살펴보면 이 방법의 유용성을 더 잘 이해할 수 있을 것입니다. 5장은 족보이며, 아담을 표제로 하였습니다. 그러므로 이를 통해 아담의 신앙이 어떻게 노아까지 이어졌는가를 분명하게 알 수 있습니다.[6]

물론 창세기를 내용에 따라 분류하여 읽는 방법도 있습니다. 천지 창조와 타락(창1~5장), 노아와 홍수심판(창6~9장), 바벨탑 사건(창10~11장), 아브라함의 부르심과 족장들의 사역(창12~50장). 하지만 어떤 방식으로 성경을 읽든지 가장 중요한 것은 영생 즉 하나님 나라라는 주제를 따라 읽어야 함을 명심하시기 바랍니다.

창조의 시작

창세기 1장을 보겠습니다. 창세기 1:1은 서론이 아니고 하나님의 창조 행위에 대한 선언입니다. 하나님께서 태초에 하늘과 땅을 만드셨습니다. 이 하늘은 거룩한 하나님의 보좌입니다(시103:19). 이 하늘은 지금 우리가 늘 올려다보는 푸른 하늘을 의미하지 않습니다. 지금 우리가 보는 하늘은 성경에서 궁창 아래에 있는 하늘로 표현됩니다.[7]

---

6) 창세기에서의 톨레도트 용어에 대한 쓰임과 본문 주해서로는 메리데스 클라인, 『하나님 나라의 서막』, 김구원 역(서울: P&R, 2007)을 참고하세요.

7) 성경은 하늘을 여러 가지로 묘사했습니다. 바울은 고린도후서 12:2에서 '셋째 하늘'이라는 표현을 사용했습니다. 실제로 성경은 하나님의 보좌인 하늘과 그 보좌 하늘로부터

창세기 1:2에서는 땅에 대해 설명합니다. 하나님의 보좌인 하늘에 대해서 더 이상 아무런 언급이 없습니다. 곧장 땅에 대해 언급합니다. 그리고 6일 창조에 대해 말합니다. 우리는 6일 동안 창조된 만물이 땅의 영역에 속한 것임을 알 수 있습니다. 빛, 궁창, 해와 달과 별들, 이 모든 것들은 땅의 영역에 있는 것들입니다. 창세기 1:2이 땅에 대해 말하고 계속해서 그 땅이 어떻게 바뀌어 가는지를 말합니다.

하나님께서는 하늘과 땅을 만드시고 난 뒤에 땅의 상태를 설명하기를 혼돈하고 공허하다고 하셨습니다. 혼돈하다는 말은 질서가 없다는 뜻이고 공허하다는 말은 비었다는 뜻입니다. 여기 비었다는 개념을 공간에 아무것도 없다는 개념으로 이해하기도 하지만 조금 더 정확하게 표현하면 아무런 형상이나 형체도 존재하지 않았다는 말입니다. 즉 분별할 수 있는 어떠한 형태도 없었다는 의미입니다. 바로 그런 상태에서 흑암이 깊음 위에 있었습니다. 어두움이 모든 것을 지배하고 있었다는 말입니다. 하나님께서 하늘과 땅을 만드셨고 땅은 혼돈과 공허이고 어둠의 상태입니다. 이어서 하나님의 신이 수면에 운행하신다고 했습니다. 성령님께서 어둠의 땅, 혼돈과 공허의 땅을 품에 안고 계십니다.

창조의 첫 번째 원리: 질서

바로 그러한 땅에서 하나님께서는 빛을 만드시고 궁창을 만드시고 뭍과 물을 구분하셨습니다. 빛은 낮과 밤을 구분하는 기능을 합니

쏟아져 나오는 빛(혹은 구름으로 상징되는)과 관련된 하늘 그리고 궁창 하늘에 대해 말합니다.

다. 궁창은 위의 물과 아래의 물을 구분합니다. 처음 3일 동안 하나님께서 이루신 창조의 원리는 구분하심으로 질서를 부여하시는 것이었습니다. 이것이 3일 창조의 핵심입니다.

창조는 삼위 하나님께서 자신의 왕국을 건설하시는 것입니다. 쉽게 말해, 자기 집을 건축하신다는 말입니다. 물론 설계도는 삼위 하나님의 협의에 의해 이미 준비되어 있었을 것입니다. 하나님의 작정이 창조를 통하여 집행되고 있습니다.

창조를 신약의 방식대로 표현하면, "뜻이 하늘에서 이룬 것 같이 땅에서도 이루어지이다"(마6:10)가 됩니다. 즉, 하늘의 모습을 땅에 그대로 투영하고 계시는 것입니다. 창조 사건을 이해하기 위한 첫 번째 열쇠가 바로 이것입니다. 굉장히 중요한 열쇠입니다.[8]

이러한 측면에서 하나님의 왕국은 먼저 '질서를 부여하는 것'에서 출발해야 합니다. 우리가 하나님 나라의 현현인 교회를 바르게 세우고자 한다면 반드시 유념해야 할 내용입니다. 교회는 질서를 따라 세워야 건강한 교회가 될 수 있습니다.

고린도 교회가 바로 이 질서를 무시하다가 바울의 책망을 들었습

---

8) 천지창조를 하나님의 왕국 건설로 이해한다면 가장 먼저 하나님께서 일하시는 원리에 대해 알 수 있습니다. 동시에 땅의 창조물들은 하늘의 것들을 모형으로 하고 있음도 알 수 있습니다. 첫째 날에 창조된 빛은 낮과 밤을 구분합니다. 창조 때에 나타난 이러한 구분은 구속역사의 흐름에 따라 그 의미가 점점 깊어지고 풍성해집니다. 요한복음 1장의 빛은 예수님을 상징합니다. 이러한 빛의 이미지가 우연히 예수님과 연결된 것이 아닙니다. 하나님께서는 매우 의도적으로 빛을 생명과 영생을 주시는 예수님으로 계시하셨습니다. 완성될 하나님 나라에서 어린 양이신 예수님께서 빛이시며(계21:23) 주 하나님께서 빛이십니다(계22:5). 그러므로 첫 창조에서의 빛은 바로 하늘 보좌로부터 비취는 빛을 상징합니다. 그러니 우리는 하나님의 창조를 하나님께서 하늘의 모습을 땅에 펼치시는 것으로 이해합니다. 성막도 하늘의 모형을 따라 지었습니다(출25:9).

니다. 그래서 바울은 고린도 교회를 향하여 아무리 좋은 은사가 많이 있더라도 질서대로 하라고 했습니다(고전14:40). 오늘날 교회가 그러한 성경적인 원리를 따라 질서대로 한다는 것은 무엇일까요? 그것은 바로 직분을 따라 섬기는 것입니다. 직분론은 교회의 핵심입니다. 직분에 대한 이해가 희미하면 교회는 건강할 수 없습니다. 하지만 사단은 교묘하게 이 질서를 무너뜨립니다.

창조의 두 번째 원리: 채움

넷째 날에는 해와 달과 별들을 만드셔서 궁창에 매달아 놓으셨습니다. 해와 달과 별은 낮과 밤을 주관하는 일을 합니다(창1:16). 주관한다는 것은 다스린다는 의미입니다. 예로부터 한 나라의 왕이나 유력한 사람들을 해와 달에 비유하곤 했습니다. 성경에도 해, 달, 별을 통치자와 연결시킨 표현들이 몇몇 있습니다.

다섯째 날에는 새들과 큰 물고기와 물에 사는 모든 생물들을 창조하셨습니다. 이어서 마지막 여섯째 날에는 육축, 기는 것, 짐승, 사람을 창조하셨습니다. 넷째 날부터 여섯째 날까지는 공허한 영역에 형체를 채워 넣으셨습니다. 궁창 아래의 하늘에는 새들을, 바다와 물에는 생물들을, 땅에도 각종 생물들을 만드셨습니다. 앞 3일에는 질서가 부여되는 방식이었다면 뒤 3일에는 계획하신 대로 형체가 부여됩니다. 채웁니다.

하나님께서는 두 가지 원리를 따라 당신의 왕국을 만드셨습니다. 바로 질서부여의 원리와 채움의 원리입니다. 이 두 창조 원리는 사람을 통해 계속됩니다. 사람은 하나님을 대신하는 왕으로 부름 받았습니다(창1:26~28, 2:15). 사람은 하나님의 왕국을 대신 다스릴 때 바로 이 원리를 따라야 합니다. 오늘날 교회에도 동일한 원리가 적용됩니다. 질서부여는 성경에 나타난 직분을 따라 직분자들을 세우는 것입니다. 그리고 채움은 그 직분자들의 봉사와 섬김을 통해 이루어집니다.

이스라엘 백성, 혼돈을 넘어 새 백성이 되다

이제 땅에 대한 설명에서 매우 중요한 부분을 살펴보겠습니다. 바로 '성령님께서 수면에 운행하신다'는 말씀입니다. 모세오경에서 '운행하신다'는 단어는 여기 창세기 1:2과 신명기 32:11에만 사용되었습니다.

신명기 32장은 증거의 노래입니다. 하나님의 백성인 이스라엘이 광야 생활을 마감하고 약속의 땅으로 들어가기 직전에 하나님께서 모세에게 주신 찬송입니다. 이 노래는 모든 이스라엘 백성들이 항상 불러야 할 찬송입니다(신31:19). 찬송으로 항상 부르라는 것은 늘 기억하고 마음에 새기라는 의미입니다. 바로 그 노래 중에 자기 백성을 광야에서 인도하시며 보호하시는 하나님의 은혜가 소개되어 있습니다.

신명기 32:10을 봅시다. "여호와께서 그를 황무지에서 짐승의 부르짖는 광야에서 만나시고 호위하시며 보호하시며 자기 눈동자같이 지키셨도다". 하나님께서 자기 백성을 광야와 황무지에서 보호하시고 호위하셨다고 노래합니다.

실제로 이스라엘은 출애굽 한 후에 황무지 곧 광야를 지났습니다. '황무지'라는 단어는 창세기 1:2에서 '혼돈'으로 번역된 바로 그 단어입니다. [9] 하나님께서는 매우 의도적으로 이스라엘이 혼돈을 통과했다고 하셨습니다. 마치 하나님께서 창조를 통하여 자신의 왕국을 건설하신 것을 다시 한 번 그 백성들이 기억하기를 바라시는 듯이 말입니다.

이와 같이 생각할 수 있는 근거는 신명기 32:11에서 표현된 '너풀거리며'에서 더 분명해 집니다. 하나님께서 광야 곧 황무지에서 자기 백성을 호위하고 보호하며 인도하신 것은 마치 독수리가 날개를 펴 새끼를 받는 것과 같은 것으로 묘사되었습니다. 여기에서 아주 재미있는 것은 독수리의 '너풀거리며'라는 표현이 창세기 1:2에서 '운행한다'라는 바로 그 단어라는 점입니다. 땅이 혼돈하고 공허했지만 성령님께서는 그것들을 보듬어 안고 계셨습니다. 즉 하나님의 왕국에 어떤 구체적인 모습과 질서가 생기기 전, 성령님께서는 그 땅을 자신의 품에 안고 계셨던 것입니다.

이스라엘 백성이 지나고 있는 광야와 황무지를 가리켜 혼돈이라고 했습니다. 성경이 창세기 1:2의 혼돈과 운행이라는 단어를 아무런 이유 없이 신명기 32:10~11에서 사용한 것이 아닙니다. 하나님께서는 이스라엘이 광야를 지나는 상태가 땅이 혼돈한 상태인 것과 같은 의미임을 가르치시기 위해 그 단어를 사용하셨습니다.

그리고 신명기 32:11에서 독수리가 너풀거린다는 말을 할 때 그 단어는 창세기 1:2의 운행이라는 단어와 같다고 했습니다. 성경은 하나님의 창조에서 사용된 단어를 왜 지금 이스라엘이 가나안에 들어

---

9) 여기 '황무지'가 창세기 1:2의 '혼돈'과 완전히 동일한 단어는 아닙니다. 신명기 32:10에서의 황무지는 두 단어의 합성어입니다. 창세기 1:2에 사용된 그 단어와 '안에(in)' 혹은 '가운데(among)'라는 의미의 단어가 합쳐져 있습니다. 개역 한글판 성경은 이것을 '황무지'로 번역했습니다. 원문을 따라 번역하면 '혼돈 안에서' 혹은 '혼돈 가운데서'입니다.

가기 직전, 모압 평지에 있을 때에도 반복해서 사용하고 있을까요? 그 이유는 바로 이스라엘이 새롭게 창조된 하나님의 백성이라는 사실을 가르치시기 위함입니다. 즉 태초의 창조행위를 가리키는 단어를 반복하여 사용함으로써, 하나님께서는 이스라엘 백성이 가나안에 들어가는 것이 바로 두 번째 창조라는 것을 알리고자 하셨습니다. 이스라엘 백성은 새로운 피조물입니다. 이러한 재창조 모티브는 이후에 이스라엘이 범죄하고 다시 하나님께 회개하여 자신을 새롭게 하는 모습이 나타날 때마다 반복됩니다. 바울도 고린도 교회를 향하여 새로운 피조물이라 했습니다(고후5:17).

사도행전 7장에 기록된 스데반의 설교는 시내 산에서 율법을 받았던 이스라엘을 '광야교회'라고 표현합니다(행7:38). 구약백성은 교회입니다. 이스라엘을 교회라고 한다면 구약 '교회'는 새 창조를 경험한 사람들입니다.

신명기 32장의 노래가 불리던 때에 이스라엘은 약속의 땅 가나안을 바로 눈앞에 두고 있었습니다. 가나안은 하나님의 나라입니다. 하나님께서 아담을 만드신 후에 아담을 그냥 그 상태로 놓아두지 않으시고 에덴의 동산으로 이끄셨습니다. 즉 하나님의 성소 안으로 이끌어 들이신 것입니다. 마찬가지로 혼돈의 광야를 지나게 함으로써 하나님께서는 이스라엘 백성을 새롭게 창조하신 후에 약속의 땅인 가나안으로 지금 들이고 계시는 것입니다.

우리는 창세기 1:2의 교회론적인 독특한 의미를 이해할 수 있어야 합니다. 하나님의 왕국은 황무지를 통과하여 탄생했습니다. 자신의 새끼를 보호하기 위해 독수리가 너풀거리듯이 하나님의 왕국은 성령님의 보호하심을 통하여 창조되었습니다. 천지창조 곧 첫 왕국을 그렇게 창조하신 것처럼, 두 번째 왕국인 이스라엘도 바로 그러한 원리로 창조하셨습니다.

하나님께서는 구약교회를 만드신 원리와 동일한 방식으로 신약교회도 만드십니다. 즉, 혼돈한 상태에 있는 사람을 불러내셔서 당신의 나라로 들어가게 하십니다. 성령님께서 수면에 운행하셔서 땅을 보호하셨던 것처럼 광야에서 독수리가 새끼를 보듬듯이, 지금도 그분께서는 택하신 백성을 그 품속에 품고 계시는 것입니다.

이것은 하나님의 은혜입니다. 죄로 말미암아 죽었던 우리를 자기 백성이 되게 하셨습니다. 그리고 출애굽 한 이스라엘이 광야와 황무지를 통과하였듯이 우리도 죄의 광야를 통과합니다. 독수리가 날개로 그 새끼를 보호하듯이 하나님께서 이스라엘을 보호하셨습니다. 우리도 죄 아래에서 죽었지만 성령님께서 보호하셔서 하나님의 왕국 백성으로 재창조하시는 것입니다.

요약과 질문

1. 1장을 요약해 봅시다.

2. 창세기 전체를 쉽게 이해하기 위한 좋은 읽기 방법으로 본 도서에서 소개한 것은 무엇입니까?

3. 창세기 1장의 '혼돈과 공허'의 뜻은 무엇입니까?

4. 창조사건을 신약의 방식으로 표현하면 무엇입니까?

5. 하나님 나라 건설에 있어서 창세기 1장의 창조가 우리에게 가르치는 두 가지 원리는 무엇입니까?

6. 창세기 1:2의 '혼돈'과 '운행'이 신명기 32:10~11에 반복 사용되었습니다. 이 것이 의미하는 바를 교회론적 관점에서 설명해 봅시다.

제2장

사람의 사명

제2장
사람의 사명

사명을 통해 깨닫는 하나님의 계획

지난 장에서 우리는 천지창조를 생각하면서 하나님께서 만드시려는 왕국이 어떤 원리에 의해 세워지는지 알아보았습니다. 특히 가나안을 향하여 가고 있는 이스라엘 백성들에게 모세가 노래를 가르치면서 창세기 1장의 용어를 굳이 반복하여 사용한 의도를 알아보았습니다.

본 장에서는 하나님께서 창조하신 사람의 사명에 대해 생각해보고자 합니다. 창세기 2:15에서 사람에게 에덴의 동산을 다스리며 지키게 하셨다고 했습니다. 사람은 하나님으로부터 동산을 다스리며 지킬 사명을 받았습니다. 하지만 원래 사람은 동산만 다스리라는 말씀을 들었던 것이 아니었습니다. 창세기 1:26~28에 의하면 사람은 모든 만물을 다스릴 사명을 받았습니다. 원래 사람은 하나님의 창조물 곧 하나님의 집 혹은 하나님의 왕국 전체를 다스릴 사명을 받았습니다.

인간의 통치권은 아주 작은 영역에 국한되어서는 안 됩니다. 하나님께서 만드신 모든 영역에 영향을 끼쳐야 합니다. 인간의 통치 범위는 하나님의 왕국 전체입니다. 그것이 하나님께서 처음부터 계획하셨던 바입니다.

하지만 창세기 2:15에서는 모든 만물을 다스리라 하지 않으시고 동산을 다스리며 지키라 하셨습니다. 이렇게 제한된 범위(동산)를 먼저 다스리며 지키라고 하신 것은 특별한 목적이 있었기 때문입니다. 모든 우주가 하나님의 집임에도 불구하고 하나님께서는 작은 동산으로 당신의 집, 에덴의 동산을 만드셨습니다.

그 이유는, 물론 큰 우주가 하나님의 집이지만 아담이 그 큰 우주를 완벽하게 다스리도록 하시기 위해 미리 작은 공간을 다스리게 함으로써 아담으로 무언가를 배우게 하신 것입니다. 즉 아담은 모든 만물(창조물 전체)을 다스리기 전에 작은 동산을 다스리면서, 하나님의 왕국을 어떻게 영화롭게 할 것인지를 배우는 동시에 하나님께서 원하시는 왕국의 모습이 어떠한지도 깨닫게 됩니다. 또한 동산을 다스리며 지킴으로 사람의 통치권이 어떻게 작동하며 어디까지 확대될 것인지도 알게 됩니다.[10]

왜 하나님께서 제사장으로 하여금 성막에서 봉사하게 하시고 이스라엘 백성 전체가 십일조를 내어 그들의 삶을 책임지게 하셨을까요? 그것은 이스라엘 백성들이 하나님의 집인 성막에서 봉사하는 제사장들의 사역을 보면서 자신들의 왕국이 어떤 정체성을 지니며 무엇을 지향해야 하는지를 깨닫게 하시기 위함입니다.

바울이 고린도 교회를 향하여 "너희는 나를 본받는 자 되라"(고전

---

10) 이러한 원리는 신약성경에서 직분자를 세우는 원리에서도 반복됩니다. 예를 들면, 집사를 세울 때에 성경은 먼저 그들을 시험하여 보라고 했습니다(딤전3:10).

4:16, 11:1)라고 전했던 이유가 무엇일까요? 그것은 '너희가 내 삶을 모범으로 해야 한다.'라는 단순한 가르침이 아닙니다. 바울의 삶의 모습이 하나님 나라의 삶의 원리를 드러내고 있기 때문에 그렇게 편지했던 것입니다. 고린도 교회 성도들은 바울을 지배하고 있는 하나님 나라의 삶의 원리를 배우고 따라야 합니다. 아담 역시 하나님의 왕국의 일부분인 동산을 다스리며 지킴으로 얻는 교훈을 통해 전우주적인 하나님의 왕국(하나님의 나라 전체)을 하나님의 뜻대로 다스릴 수 있습니다.

왕적 사명을 감당하기 위한 첫 번째 관문, 선악의 나무

사람은 하나님으로부터 왕적 권위를 받았습니다. 이제 그 왕적 권위의 첫 현장이 주어졌습니다. 동산입니다. 사람의 통치권은 하나님의 나라를 영화롭게 하기 위해 부여받은 것입니다. 하나님께서 만드신 창조물들은 하나님께서 보시기에 좋은 대로 이루어졌습니다.[11] 그러나 더 영화로운 모습으로 변화되어야 했습니다. 하나님께서는 바로 이 사명을 사람에게 주셨습니다.

 하나님의 왕국을 더 영화롭게 만들기 위해서는 사람의 통치권이 동산에서 우주로 확대되어야 합니다. 통치권을 확대하는 것은 인간 스스로의 힘으로는 불가능합니다. 절대적으로 하나님의 도우심이

---

11) 6일 창조 동안 하나님께서는 스스로 만드신 창조에 대해 평가하셨습니다. '보시기에 좋았더라'로 표현된 이 평가는 모든 것이 완벽하게(혹은 완전하게) 만들어졌다는 의미로 이해해서는 안 됩니다. 이 하나님의 평가는 오히려 원래 삼위 하나님께서 계획하셨던 그대로 이루어졌다는 의미로 이해해야 합니다. 왜냐하면, 사람은 완전하게 혹은 완벽하게 만들어지지 않았기 때문입니다. 그는 범죄에 이를 가능성을 지니고 있었습니다. 그러므로 보시기에 좋았다고 하셨던 하나님의 평가는 창조물들이 완전하다는 의미보다는 '원래 하나님께서 의도하신 대로 되었다.'는 의미로 이해하는 것이 좋습니다.

있어야 합니다. 하나님께서는 당신의 지혜와 능력을 공급하여 사람의 통치권을 극대화하시기 전에 한 가지 시험의 다리를 놓으셨습니다. 만약 사람이 이 시험의 다리를 무사히 건넌다면 확고한 통치권을 획득할 것입니다. 이 시험의 다리는 바로 선악을 알게 하는 나무 열매를 먹지 않는 것이었습니다.

선악과, 인간의 정체성을 말하다

하나님께서 선악을 알게 하는 나무 열매를 먹지 말라고 하신 것을 두 가지 측면에서 생각해 봅시다. 첫째, 이것은 인간의 정체성을 드러냅니다. 인간의 정체성을 드러낸다는 말은 그 열매가 아담이 어떤 존재인가를 알게 한다는 것입니다. 아담은 비록 여기 하나님께서 지으신 동산의 왕으로 살고 있지만 그 열매를 통해 그가 진정한 왕이 아니라는 사실을 깊이 깨닫습니다. 자신과 온 우주의 진정한 왕은 하나님이시라는 사실을 깨닫습니다. 아담이 이 작은 동산을 다스리는 것은 아담 자신의 힘에 의해서가 아니라 하나님께서 그에게 주시는 능력으로 가능하다는 것을 배우는 것입니다.

창세기 1장에서 하나님께서는 아담에게 먹을 수 있는 모든 것을 양식으로 주셨습니다. 채소뿐만 아니라 나무의 열매도 양식입니다. 그런데 먹을 수 없는 한 가지를 보여주심으로 '네가 모든 것을 다 먹을 수 있고 네 마음대로 사용할 수 있으며 이 모든 것이 네 것이지만 이 한 가지는 절대로 먹어서는 안 된다.'라는 하나님의 명령을 기억하게 합니다. 이로써 '이 모든 것들은 네 것이 아닌 나의 것이라는 사실을 깨달으라.'고 하시는 것입니다. 자신에게 주어진 모든 것이 하나님의 은혜요 선물임을 깊이 인식함으로 인간은 오직 하나님의 힘과 도우심으로 살아갈 수 있음을 깨닫게 됩니다.

더 나아가, 결코 먹을 수 없는 것의 존재는 사람이 어떠한 사명을 부여 받았는가를 깨닫게 하기도 합니다. 먹는다는 것은 단순히 생존의 문제가 아니며 '연합'의 의미를 갖습니다. 예를 들어, 교회는 성찬에 참여하여 떡과 포도주를 먹고 마심으로 그리스도와 연합했음을 증거합니다. 아담은 모든 것을 먹을 수 있었지만 한 가지 선악의 나무 열매를 먹지 않음을 통해 그 열매를 먹지 말라는 하나님의 명령에 순종하게 됩니다. 이로써 그 명령을 내리신 하나님과 연합했음을 드러냅니다.

아담과 여자가 선악의 나무 열매를 먹은 후에 하나님께서는 뱀에게 저주를 내리십니다. 그 저주 중에 '여자와 원수 된다'라는 내용이 있습니다. 이것은 사람이 금지의 명령을 어김으로 하나님이 아닌 사단과 연합된 상태임을 암묵적으로 드러냅니다. 그래서 하나님께서는 사람이 다시 원래의 자리 즉 하나님과 연합된 상태로 이르는 길을 선언하신 것입니다.

왜 하나님께서는 레위기에서 자기 백성들이 먹을 수 있는 정결한 것과 먹을 수 없는 부정한 것을 구별하셨을까요? 이스라엘의 먹는 음식을 구별하심으로써 그들이 세상과 구별된 백성 곧 거룩한 백성이라는 정체성을 깨닫게 하시기 위함입니다. 또한 구별된 거룩한 백성이라는 정체성뿐만 아니라 이스라엘은 제사장 나라로서 이방인들에게 복음을 증거할 사명을 가지고 있습니다. 거룩한 백성, 제사장 나라로서 이방인으로 하여금 하나님과 연합하게 만드는 것이 이스라엘의 사명입니다.

다시 말해, 먹는 것을 구별함으로 이스라엘 백성들만 깨끗하게 되는 것이 아니라 이방인들이 하나님의 백성으로 들어왔을 때 자신들과 같은 규례를 지키게 함으로, 그들 또한 하나님의 왕 되심을 인정하고 하나님과 연합하여 거룩한 백성의 정체성을 지니도록 하는 것입니다. 거룩한 백성과 이방인이 한 몸으로 연합하는 것이 곧 이스라엘의 사명이었던 것입니다. 이렇듯, 선악을 알게 하는 나무 열매를 먹을 수 없다는 금지 명령은 아담에게 자신의 사명과 정체성을 분명하게 깨우쳐 주는 교과서입니다.

선악과, 인간 통치의 확대를 말하다

선악의 나무가 가르치는 두 번째 의미는 인간의 통치권이 자라는(성장하는) 것과 관련 있습니다. 아담은 만물을 다스려야 합니다. 하지만 지금은 동산을 잘 다스리고 지켜야 합니다. 하나님께서는 아담에게 동산을 다스리고 지킬 수 있는 지혜와 능력을 주셨습니다. 이러한 지혜와 능력은 점점 자라나고 확대되어 전 우주에 미쳐야 합니다. 그러기 위해 아담은 주님의 뜻에 순종하여 그분으로부터 오는 온전한 지혜로 자신을 채워야 합니다. 선악을 알게 하는 나무는 궁극적으로 지혜를 의미합니다. 즉, 어떤 사물이나 사안을 보면서 이것은 악이라고 혹은 선이라고 판단할 수 있는 능력을 가지는 것입니다.[12]

무엇이 선이고 무엇이 악인지 판단하는 것은 왕적인 권위를 가지는 것입니다. 솔로몬이 하나님 앞에 지혜를 구하고 하나님께서는 응답하셨습니다. 왕이기 때문에 지혜를 구하고 왕이기 때문에 지혜를 얻었습니다(왕상3장). 지혜를 얻고 난 뒤에 하나님께서는 솔로몬에게

---

12) 성경에서 말하는 선과 악은 소위 일반윤리와 도덕을 기준으로 삼지 않습니다. 성경은 하나님의 뜻에 부합하는 것이 선이며 하나님의 뜻에 배치하는 것을 악으로 규정합니다.

무엇을 시험으로 주셨습니까? 창녀 두 사람이 각각 비슷한 시기에 아들을 낳았고 한 창녀가 자기 아들을 죽였습니다. 살아있는 한 아들을 보고 두 창녀 모두 자기 아들이라고 주장합니다. 바로 이 문제를 솔로몬이 재판합니다. 누가 살아있는 아이의 진짜 어머니인지 지혜를 발휘해서 가려냅니다. 즉, 무엇이 선이고 무엇이 악인지를 구분해냅니다. 그것이 바로 왕적 통치권이 구체적으로 행사된 모습입니다.[13]

선악의 나무 열매를 먹는 것이 금지되었다고 해서 선악을 아는 것까지 금지되었다고 생각해서는 안 됩니다. 만약 아담이 이 시험의 단계를 잘 통과했다면 분명 하나님께서는 그에게 선악을 구분할 수 있는 더 큰 능력과 지혜를 선물로 주셨을 것입니다. 그러므로 선악의 나무 열매를 금지하신 것은 순종과 복종을 통하여 얻게 될 왕적 통치권에 대한 시험지였습니다.

선악의 나무 열매에 대한 금지를 어길 경우 죽음에 이른다는 것은 이것이 왕적 통치권과 깊이 연관되어 있음을 잘 드러냅니다. 죽음은 하나님과의 관계가 단절되는 것입니다. 물론 죽음의 육체적인 측면도 있습니다만 언약적 측면이 훨씬 강합니다. 아담과 여자가 금단의 열매를 먹은 후에 육체적으로 곧장 죽지 않았지만 하나님과의 관계는 완전히 파괴되었기 때문입니다. 즉, 언약 관계의 파기입니다. 언

---

13) 이 면에서 솔로몬은 참다운 선과 악을 구별하시는 예수 그리스도의 모형입니다. 예수 그리스도는 무엇이 참이고 무엇이 거짓인지를 분명하게 드러내셨습니다. 그리스도께서는 참 하나님의 백성들을 자신의 왕국으로 들이시고 거짓 백성들은 심판하셨습니다. 그리스도께서 승천하신 후에 이 권한은 교회에 주어졌습니다(마16:19). 곧 천국 열쇠입니다. 오늘날 교회는 이 열쇠를 어떠한 방식으로 사용합니까? 일차적으로 교회의 강단을 통하여 사용합니다. 그러므로 말씀 사역자가 강단에서 선포하는 설교 사역에 목숨을 다하지 않으면 교회의 왕적 통치권은 점점 상실됩니다. 개혁교회가 올바른 말씀 선포를 교회의 표지로 여기는 이유가 바로 여기에 있습니다.

약 관계가 파기되면 더 이상 하나님과 사람은 아무런 관계가 없으므로 왕적 직분도 사라집니다. 실제로 아담과 하와는 동산에서 쫓겨났습니다. 동산을 다스리며 지키는 일은 사람 대신 천사들에게 주어졌습니다(창3:24).

받지 못한 선물, 생명나무

동산 중앙에는 선악의 나무만 있었던 것은 아닙니다. 생명나무도 있었습니다. 우리는 하나님께서 생명나무를 금지하셨다는 조항을 읽지 못합니다. 선악의 나무 열매를 먹으면 죽는다고 분명히 선언하셨지만 생명나무 열매를 먹지 말라는 금지조항은 없습니다. 하지만 아담이 선악을 알게 하는 나무 열매에 대한 시험의 단계를 거치면 생명나무의 선물이 주어질 것을 짐작할 수 있습니다. 물론 명시적으로 이 시험의 단계를 지나면 생명나무의 열매를 허락할 것이라는 말씀은 없습니다. 그러나 생명나무를 금단의 나무와 같이 동산의 중앙에 두었다는 것은 아담과 여자가 언젠가는 이 선물을 받을 것이라는 암묵적 징표입니다.

창세기 3:22에서 이 나무는 영생을 상징하는 것으로 제시되었습니다. 서론에서 살펴보았듯이 영생은 삼위 하나님과 한 몸 되는 것 곧 연합하는 것입니다. 생명나무가 영생을 상징한다는 것은 사람이 그 열매를 먹으면 삼위 하나님과 한 몸이 될 것이라는 의미입니다. 그러므로 인간이 왕적 통치권, 판관적인 심판의 권세를 갖는 것은 영생을 선물로 받는 것과 깊이 연관되어 있다는 것을 알 수 있습니다.

동산 중앙에 있는 두 종류의 나무는 서로 다른 의미를 지니지만 동시에 서로 깊은 관련이 있다는 점도 쉽게 이해할 수 있습니다. 하나님께서는 사람이 선악의 분별을 온전하게 하여 하나님과 대등한 모습과 능력을 지닐 수 있도록 하신 것입니다.[14]

우리는 서론에서 생명나무가 성례전적이라는 말의 의미를 생각했습니다. 생명나무를 먹음으로 영생을 얻습니다. 영생을 얻는다는 것은 하나님과 한 몸이 되는 것 곧 연합입니다. 그 연합은 연합 자체에서 머물지 않습니다. 반드시 왕적 통치권을 행사하는 방향으로 나아갑니다. 마치 우리가 성찬에 참여하면 할수록 온 세상을 다스리시는 그리스도의 왕권에 더 깊이 참여하게 되는 것과 같은 이치입니다.

가정, 하나님 왕국을 위한 부름

아담으로부터 여자가 만들어졌습니다. 그녀는 아담을 돕는 배필이었습니다. 아담은 동물들의 이름을 지음으로 자신의 왕적 권위를 마음껏 즐겼습니다. 이름을 짓는 것은 하나님의 왕국을 다스리는 첫 행위입니다. 그것은 동물들이 자신의 소유임을 확증하는 것이며 동시에 하나님께서 만드신 피조물들의 본질을 이해하는 것이기도 합니다.

여자는 아담의 이러한 사역을 돕기 위해 지음 받았습니다. 그러니 가정은 하나님 나라를 이루는 최소단위입니다. 가정의 사명은 하나님 나라를 건설하는 것입니다. 남편과 아내가 서로를 기쁘게 하는 것이 가정의 일차적 목적이 아닙니다. 가정의 가장 우선적인 목적은 함께 하나님의 왕국을 아름답고 영화롭게 건설하는 것입니다. 남편

---

14) 첫 사람 아담이 실패한 것을 둘째 아담이신 그리스도께서는 온전히 성취하셨습니다. 예수님께서는 요한복음 10:34~35에서 시편 82:6을 인용하시면서 판관들을 신이라고 하셨습니다. 즉 '나는 온전한 왕으로 정당하게 판결을 행하기 때문에 하나님과 나는 하나라고 해도 무방하다.'라고 주장하셨습니다. 예수님은 실로 참다운 재판관이시며 신이십니다. 또한 그의 백성들은 신의 성품에 참예한 자들입니다(벧후1:4).

도 아내도 이로 인해 기뻐해야 합니다. 결국 가정도 태초에 아담에게 주어졌던 인간의 사명과 관련되어 있습니다.

요약과 질문

1. 2장을 요약해 봅시다.

2. 창세기 2:15에서 하나님께서 사람에게 주신 두 가지 사명은 무엇입니까?

3. 하나님께서 사람에게 주신 사명은 모든 만물을 다스리는 것입니다. 그러나 그 전에 사람은 에덴의 동산을 다스리며 지켜야 했습니다. 하나님께서 아담에게 곧장 만물을 다스릴 능력을 주시지 않고 동산을 먼저 다스리게 하신 이유는 무엇입니까?

4. 하나님께서 아담과 하와에게 동산 중앙에 있는 선악의 나무 열매를 금하신 것을 통해 우리가 배우게 되는 두 가지는 무엇입니까?

5. 동산 중앙에 선악을 알게 하는 나무와 생명나무가 있었습니다. 하나님께서 생명나무를 두신 목적은 무엇입니까?

제3장
사람의 타락과 죄

하나님께서 내신 질서를 파괴한 사단의 공격
| 죄의 본질 | 죄를 심판하시는 하나님 |
하나님의 심판을 겸허히 받아들인 아담

제3장

사람의 타락과 죄

하나님께서 내신 질서를 파괴한 사단의 공격

사람이 타락한 사건은 널리 알려진 내용이기 때문에 따로 길게 설명하지는 않겠습니다. 뱀이 여자를 유혹하여 금단의 열매를 먹게 했고 여자는 다시 아담으로 열매를 먹게 했습니다. 뱀은 사단입니다(계12:9). 뱀이 사단이라는 뜻은 뱀에게 사단이 들어갔다는 의미로 이해할 수도 있습니다. 신약성경에도 이러한 경우가 종종 있습니다. 귀신들이 돼지 떼에 들어간 사건이 좋은 예입니다(막5:13).

타락 사건에서 우선 생각해야 할 사안은 아담의 통치권이 침해받았다는 것입니다. 뱀은 하나님께서 지으신 들짐승입니다(창3:1). 들짐승은 아담의 다스림을 받는 존재입니다. 그것이 하나님께서 세우신 질서입니다. 물론, 여자도 아담이 다스리는 대상입니다. 동시에 지킴의 대상이기도 합니다.

창세기 2:15에서 아담에게 동산을 '다스리며 지키게 하시고'라고 했습니다. 이때 지킨다는 것은 무엇으로부터 공격받을 가능성이 있음을 전제하고 있는 것입니다. 그러니 아담이 동산을 잘 지키는 것은 하나님 나라를 다스리는 매우 중요한 측면입니다. 지킴의 영역에는 동산을 지키는 것도 있지만, 여자도 지켜야 합니다.

동산의 정상적인 모습을 생각해 봅시다. 아담은 왕으로서 다스립니다. 여자는 그 다스림에 복종하며 동시에 배필로서 아담의 다스림을 돕습니다. 각종 짐승과 생물들은 아담의 다스림과 보호 아래 있습니다. 이러한 관계와 모습이 정상적으로 유지되는 것이야말로 가장 아름다운 상태입니다. 세상의 원래 모습은 바로 이러합니다.

사단인 뱀은 바로 이 모습을 무너뜨립니다. '하나님 → 아담 → 여자 → 들짐승'으로 이어지는 순서가 정상적입니다. 그러나 사단은 바로 이 순서를 전복시킴으로써 하나님께서 만드신 질서를 무너뜨립니다. '사단(뱀) → 여자 → 아담 → 하나님'으로 말입니다.

예나 지금이나 사단은 항상 같은 방식으로 교회를 공격합니다. 하나님께서 교회를 세우실 때 직분자들을 세우시고 질서를 따라 성장케 하셨습니다. 사단은 교회의 질서를 무너뜨립니다. 고린도 교회가 사도 바울의 사도권에 의문을 던졌던 것도 같은 맥락에서 이해할 수 있습니다.

우리 교회에서 일 년에 한 차례 정기심방 중에 각 가정을 방문하면서 늘 확인하는 것이 있습니다. 부인들에게 제가 묻습니다. "남편을 존경합니까?" 이 말의 의미를 잘 이해하면 좋겠습니다. 이 질문은 남편들이 부인들보다 신앙생활을 더 잘하고 있음을 인정하라는 뜻이 아닙니다. 하나님께서 우리에게 주신 가정의 질서라는 것이 있습니다. 바로 그 질서를 잘 세우라는 뜻에서 질문하는 것입니다. 결혼을 앞둔 자매들은 이 원리를 잘 이해할 수 있기를 바랍니다.[15]

---

15) 여권운동을 하는 분들의 입장에서는 이러한 가르침이 매우 불합리하게 보일 것입니

교회를 세울 때도 바로 그런 방식으로 세워나가야 합니다. 우리가 교회를 위해서 기도할 때에 가장 먼저 교역자들을 위해서 기도하는 이유는 무엇입니까? 교역자들의 영적 권위가 무너지면 교회가 제대로 세워질 수 없기 때문입니다. 물론 권위주의를 배격해야 하는 것은 분명합니다. 그렇다고 하여 권위를 배격하면 안 됩니다. 권위주의와 권위를 혼동하여 둘 다 무너뜨려서는 안됩니다.

죄의 본질

이제 죄에 대해 생각해봅시다. 뱀이 여자에게 말하면서 하나님의 명령을 왜곡시킵니다. "동산 모든 나무의 실과를 먹지 말라 하시더냐"(창3:1)라고 말입니다. 하나님께서는 모든 나무의 실과를 양식으로 주셨습니다. 금지하신 것은 오직 한 나무의 실과였습니다. 그런데 뱀은 마치 하나님께서 모든 나무의 실과를 금지하신 것처럼 말했습니다. 이에 대해 여자는 금단의 열매를 먹는다면 죽을 것이라는 하나님의 말씀을 비교적 정확하게 전했습니다. 그러자 뱀 곧 사단은 죽지 않을 것이라 했습니다. 결국 여자는 금단의 열매를 먹었습니다. 여자는 하나님의 말씀보다 아담의 가르침보다 뱀의 말을 더 신뢰했습니다. 하나님의 말씀보다 더 신뢰하는 것, 이것이 바로 죄의 본질입니다. 하나님보다 땅 위의 것을 더 좋아하는 것, 바로 이것이 죄인 것입니다.

　여기에서 한 가지를 더 생각해봅시다. 여자가 뱀으로부터 선악의

다. 그러나 교회는 여권운동을 통해 세워지지 않습니다. 물론 우리는 남편과 아내가 인격적으로 전혀 차이가 없으며 동등함을 믿습니다. 그러나 하나님께서 기능상의 차이를 분명히 두셨고 바로 그러한 차이를 통해 가정을 세우실 것을 말씀하셨기 때문에 그 말씀을 따르는 것입니다.

실과를 먹어도 죽지 않는다는 말을 듣고 어떠한 행동을 하기 전에 필연적으로 거쳐야 할 단계가 있습니다. 생각하는 것 곧 이성의 작용입니다. 자신의 이성적 판단을 작동시켜 봅니다. 그리고 결론에 다다릅니다. '생각해 보니 오히려 뱀의 말이 훨씬 믿을 만하네!'

원래 인간의 이성은 하나님께서 자신의 왕국을 영화롭게 하기 위해 주신 것입니다. 바로 그것으로 여자는 오히려 하나님을 대적하는 것에 사용했습니다. 인간 스스로 생각하고 판단하는 힘. 우리는 이것을 인간의 위대함이라 칭송합니다. 인간이 다른 동물들과 다른 점은 생각할 수 있는 힘이 있다는 것입니다.

그러나 성경은 바로 그 이성이 하나님을 대항하는 것으로 작용하자 사람이 죄인 되었음을 가르칩니다. 인간의 이성과 감정은 무척 좋은 것입니다. 그러나 그것이 칭송받기 위해서는 분명한 조건이 있습니다. 인간의 사고와 감정이 하나님의 말씀을 위배하지 않고 주의 뜻과 일치할 때 그 인간의 이성과 감정은 복이 됩니다.

우리가 죄를 생각할 때 꼭 기억해야 할 두 가지가 있습니다. 하나님보다 더 신뢰하는 무엇 그리고 인간의 이성이 작용하는 방향. 여자에게 있어서 우상은 사단과 자신의 이성이었습니다.

아담은 다스림의 직임을 제대로 감당하지 못했습니다. 여자를 사단의 공격으로부터 지키지 못했습니다. 또한 여자가 범죄 했을 때 동참할 것이 아니라 권징을 행해야 마땅합니다. 그러나 아담은 여자와 함께 금단의 열매를 먹었습니다.

죄를 심판하시는 하나님

범죄한 인간에게 하나님께서는 심판주로 오십니다. 창세기 3:8입니다. "그들이 날이 서늘할 때에 동산에 거니시는 여호와 하나님의 음성을 듣고 아담과 그 아내가 여호와 하나님의 낯을 피하여 동산 나무 사이에 숨은지라".

클라인(Meredith Kline)은 이 본문을 다시 번역하길, "그들이 정원을 지나 그날의 영(심판의 영)으로 오시는 여호와 하나님의 소리를 듣고"라고 했습니다.[16] 여기 하나님의 소리는 세미한 소리가 아닌 우레와 번개가 치는 매우 큰 소리를 의미합니다. 즉 너무나 큰 소리이기에 인간이 공포와 두려움에 사로잡히는 것을 묘사한 표현입니다. 이렇게 번역을 하고 나니 죄를 심판하기 위해 찾아오시는 하나님의 위엄이 잘 드러납니다. 이러한 하나님의 임재를 보고 숨지 않을 인간은 없을 것입니다. 그래서 창세기 3:8의 하반부에서 보듯이 아담과 하와가 숨었던 것입니다.

숨었다는 것은 하나님의 얼굴을 볼 수 없다는 의미이기도 합니다. 얼굴을 보지 않는다는 것은 이혼을 선언하는 것입니다. 즉 언약 관계의 파기를 의미합니다. 같은 내용이 창세기 4장의 가인에게서 발견됩니다. 가인이 하나님으로부터 책망을 받을 때에 낯빛이 변했다고 했습니다. 낯빛이 변했다는 것은 얼굴을 돌렸다는 말입니다.

죄는 이렇듯 하나님의 무서운 심판을 청구합니다. 하지만 하나님께서는 언약을 파기한 인간을 심판 아래 내버려 둘 수 없으셨습니다. 이때 하나님의 한량없는 사랑이 선언됩니다.

모든 것을 아시는 하나님께서는 뱀을 저주하십니다. 우리가 흔히

---

16) 이 부분에 대한 더 깊은 이해를 원하시는 분들은 멜리딧 G. 클라인, 『구약에 나타난 성령의 형상』, 서흥종 역(서울: 줄과추, 1999), 제 4장을 참고하세요.

원시복음이라 부르는 약속이 선언되었습니다(창3:15).[17] 뱀과 여자, 뱀의 후손과 여자의 후손은 원수가 된다고 하셨습니다. 여자의 후손은 뱀의 머리를 상하게 합니다. 뱀은 여자의 후손의 발꿈치를 상하게 할 것입니다. 여자의 후손이신 그리스도께서 뱀의 머리를 상하게 하셨습니다. 그분의 십자가는 사단으로부터 발꿈치를 물린 것입니다. 그러나 그리스도께서는 뱀의 가장 강력한 무기인 죽음의 권세 곧 머리를 상하게 하셨습니다. 예수님께서 이 약속을 성취하시기까지 구약백성들은 여자의 후손에 대한 약속을 믿음으로 받아들여야 하고 인내하며 기다려야 합니다. 이것이 신앙입니다.

하나님의 심판을 겸허히 받아들인 아담

아담은 하나님의 선언을 모두 듣고 난 후 자기 아내의 이름을 하와라고 지었습니다. 하와라는 이름은 산자의 어머니라는 뜻입니다. 여기 '산다'라는 것은 '죽음'의 반대말입니다. 죽음이란 하나님과의 관계가 단절되었다는 것입니다. 그러니 산다는 것은 하나님과의 관계가 다시 회복된다는 의미입니다.

하나님과의 관계가 단절된 인간은 죄인입니다. 인간 스스로 하나님을 만날 수도 없고 알 수도 없습니다. 동산에서 쫓겨나는 것은 이 사실을 눈으로 보여주는 것입니다. 인간이 하나님을 만날 수 없는 관계에 놓이는 것이야말로 죽음의 상태입니다.[18] 이러한 상태에서

---

17) 이 본문에 대한 더 풍성한 이해를 위해 고재수, 『구속사적 설교의 실제』(서울: 기독교문서선교회, 1987) 중 첫 번째 설교인 '적개심'을 참고하세요.

18) 아담의 후예 곧 모든 인류가 죄인인 것은 바로 하나님과의 관계가 단절된 상태에 놓였기 때문입니다. 우리는 이것을 다른 말로 '원죄 아래 있다.'라고 합니다. 인간이 자신을 스스로 구원할 수 없습니다. 인간이 구원에 이르는 길은 하나님께서 인간에게 찾아오시는 방법밖에 없습니다.

관계가 회복될 수 있는 유일한 방법은 무엇일까요? 하나님께서 직접 인간에게 찾아오시는 것입니다. 다른 길은 없습니다.

아담은 하나님으로부터 새로운 생명의 길이 제시되었음을 깨닫고서 아내의 이름을 하와 즉 산자의 어머니라고 지었습니다. 아담은 여자의 후손에 대한 약속을 믿음으로 받았습니다. 동시에 그 여자의 후손이 오기까지 여자는 반드시 잉태와 출산의 고통을 끊임없이 겪어야 합니다.

언약 관계를 회복하는 과정에는 반드시 죄에 대한 대가가 따르게 되어있습니다. 여자는 잉태와 출산의 고통에 덧붙여 남편을 주관하려는 것도 엄격하게 차단됩니다.[19] 이것 역시 죄의 대가였습니다. 아담은 자신의 아내가 이 모든 형벌을 고스란히 받는 것을 인정합니다. 자신에게 임한 하나님의 징계도 감사함으로 받습니다. 아내의 이름을 짓는다는 것은 하나님의 징계를 감사함으로 받았다는 증거입니다.[20]

---

19) 개역 한글판 성경에서는 "너는 남편을 사모하고 남편은 너를 다스릴 것이니라"(창3:16)라고 했습니다. 이것이 여자가 받을 형벌입니다. 그러나 남편을 사모하는 것이 어떻게 형벌이 될 수 있습니까? 여기에는 약간의 번역상의 문제가 있습니다. '너는 남편을 사모하고'라는 표현을 '너는 남편을 다스리려 하고'로 이해하면 좋겠습니다. 원래 여자는 남편의 가르침에 복종해야 합니다. 죄가 들어온 후에는 이 관계를 끊임없이 파괴하려 합니다. 하지만 하나님께서 여자에게 그것을 허락하지 않겠다고 하셨습니다.

20) 아담의 깨달음은 매우 깊은 의미가 있습니다. 뱀을 통하여 죄가 들어왔습니다. 그리고 그 뱀의 유혹으로 여자가 범죄 했고 자신도 범죄 했습니다. 그런데 하나님께서 뱀을 저주하셨습니다. 뱀을 저주한 것은 곧 죄를 정복한 것입니다. 이어서 여자의 몸을 통해서 구원의 문이 열린다고 합니다. 남자는 여자의 잉태와 출산을 통해 구원이 구체적으로 이루어질 것을 소망하면서 기다려야 합니다. 그러나 땅 위에 살면서 그 약속이 이루어질 것을 기다리는 동안 아무것도 하지 않는 것이 아닙니다. 남자는 여자의 후손이 태어나도록 모든 것을 헌신해야 합니다. 곧 수고하여 식물을 얻어 여자를 먹여야 합니다. 아담이 아내를 돌보고 땀을 흘리는 이유는 하나님의 약속 때문입니다. 동시에 사단이 행한 일들을 다시 원래의 상태로 되돌려야 합니다. 즉 사단이 파기한 하나님과 사람의

아담 이후의 모든 인류역사는 '여자의 후손'과 '사단과 사단의 후손' 사이에 발생하는 적개심의 역사입니다. 거룩한 백성과 사단의 군대 사이의 전투. 한 쪽은 약속을 이루려하고 다른 한 쪽은 약속을 저지하려는 불꽃 튀는 전쟁. 그러므로 구약성경은 하나님 당신께서 약속하신 바를 이루고자 하시는 열심이라는 관점으로 읽어야 합니다 (사9:7). 사단은 쉼 없이 하나님의 열심을 훼방합니다.

구속(구원)은 영생입니다. 이 면에서 우리는 하나님 나라를 이루는 하나님의 구체적 방식이 언약임을 확증하게 됩니다. 언약은 하나님의 나라를 이루는 방편입니다. 그러므로 언약적 관점으로 성경을 읽는 것은 단순히 성경을 읽는 여러 방법 중 한 가지가 아니라, 성경 자체가 하나님의 백성들에게 제시하는 방식입니다. 성경 자체가 하나님의 백성들에게 제시하는 방식을 버리고 성경을 읽는 것은 매우 위험천만한 일입니다.

관계를 다시 회복하는 것입니다. 하나님께서 바로 그렇게 하시겠다고 선언하셨습니다. 뱀은 저주받은 땅과 더불어 살아갑니다. 여자는 남편 위에 군림하려 하지만 하나님께서 허용치 않으십니다. 남자는 땀을 흘림으로 통치권을 회복해야 합니다. 즉 자신의 수고를 통하여 그에게 주어진 가족의 양식을 책임져야 합니다.

요약과 질문

1. 3장을 요약해 봅시다.

2. 사람을 유혹한 뱀이 사단이라는 것을 직접적으로 증거하는 신약의 본문은 어디입니까?

3. 하나님으로부터 짐승에게 이르는 질서의 모습은 죄가 동산에 들어오기 전에 어떠했으며, 사단은 이것을 어떻게 변개시켰습니까?

4. 죄의 본질은 무엇입니까?

5. 여자에게 있었던 우상 두 가지는 무엇입니까?

6. 창세기 3:15을 기록해 봅시다.

7. 아담이 하나님의 징계를 믿음으로 받았다는 증거는 무엇입니까?

8. 하나님 나라와 언약의 관계를 한 마디로 요약해 봅시다.

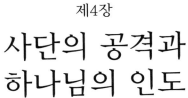

제4장

사단의 공격과
하나님의 인도

제4장
사단의 공격과 하나님의 인도

가인과 아벨의 탄생

죄는 하나님의 자리에 하나님이 아닌 다른 것을 올려놓는 것입니다. 우상이 될 수도 있고 인간의 이성이 될 수도 있습니다. 로마서 1장의 표현대로 하나님의 영광을 썩어질 사람과 금수와 버러지의 형상으로 바꾼 것입니다(롬1:23). 버러지란 짐승과 기어 다니는 것을 말합니다.

죄 아래 있는 인간을 영생으로 인도하시기 위해 하나님께서는 여자의 후손을 약속하셨습니다. 여자의 후손은 사단의 머리를 상하게 할 것입니다. 이 약속이 바로 믿음의 내용입니다. 믿음은 하나님의 약속을 신뢰하는 것입니다. 그 약속을 신뢰하여 순종하며 따라가는 것입니다.

아담과 하와 부부에게 아들이 태어났습니다. 한 명이 아니라 두 명이나 태어났습니다. 첫째는 가인이고 둘째는 아벨입니다. 두 아이의 이름은 대조적입니다. 가인은 '내가 얻었다'라는 뜻이고 아벨은 '하찮은'이라는 뜻입니다.

도대체 아담 부부는 두 아이를 출산하면서 무엇을 생각했기에 이런 이름을 지었을까요? 정확하게 알 수는 없지만 짐작해 볼 수 있는 이유가 있습니다. 여자의 후손 곧 자녀를 기다리고 있는 부부에게 첫 아이의 탄생은 하나님의 약속이 이루어지고 있다는 증거이기 때문입니다.

　이 부부는 자신들의 불순종과 죄의 강력함을 너무나 뼈저리게 경험했습니다. 하루빨리 하나님과의 아름다운 관계가 회복될 것을 소망하는 것은 당연합니다. 저 너머 굳게 닫힌 동산으로 돌아갈 기회가 속히 오기를 학수고대하였던 것입니다.

　가인이라는 이름을 지은 이유는 바로 이런 소망의 표출이었습니다. 그런 중에 둘째가 태어났습니다. 아담 부부는 이렇게 생각했을 것입니다. '우리에게 둘째까지 필요한가? 한 아이가 오는 것으로 족하지 않은가! 하나님의 약속은 한 명으로 충분하다고 하지 않았는가!' 그렇게 그들은 둘째의 이름을 아벨이라 짓습니다. 아담 부부는 기도합니다. '하나님, 둘째까지 갈 필요가 없습니다. 그러니 첫째를 통해서 승리를 주세요. 하나님과의 기쁨의 교제를 다시 회복하게 해 주세요.'

　종교개혁자 루터(Martin Luther)는 창세기 4:1을 "내가 사람을 얻었다. 곧 여호와다."라고 번역했습니다. 하나님께서 이제 자신들 가운데 오셔서 은혜를 베푸실 것이라고 보는 것입니다. 자신들의 실패를 덮고 두루 도는 화염검이 있는 문을 지나 다시 평화와 안식의 영원한 처소에 들어가 영광의 찬송을 부르길 소망한 것입니다. 그러나 그들의 소망은 비참하게 깨어졌습니다. 두 자녀의 예배는 참 예배와

거짓 예배의 모델이 되었습니다.[21]

두 씨(seed)의 전투

가인은 사단의 후예였습니다. 그는 보란 듯이 아벨을 죽였습니다. 성경은 가인이 아벨을 어떤 방식으로 죽였는지 구체적으로 설명하지 않습니다. 그러나 우리는 그의 행위를 충분히 짐작할 수 있습니다. 가인은 불신자였습니다. 사단의 씨였습니다.

가인이 아벨을 죽인 이유를 요한일서 3:12이 설명합니다. "가인같이 하지 말라 저는 악한 자에게 속하여 그 아우를 죽였으니 어찐 연고로 죽였느뇨 자기의 행위는 악하고 그 아우의 행위는 의로움이니라". 가인은 자기 행위가 악하고 아우의 행위는 의롭기 때문에 죽였습니다. 여기 의롭다는 것은 무슨 의미입니까? 사람이 의롭게 되는 것은 하나님의 약속을 믿음으로 받기 때문입니다. 아브라함이 어떻게 하나님으로부터 의롭게 되었습니까? 창세기 15:6에서 아브라함이 여호와를 믿었다고 했습니다. 아브라함의 믿음의 내용이 무엇입니까? 하나님의 약속입니다. 그러므로 아벨이 가인에게 죽임당한 이유는 그가 하나님의 약속을 굳게 믿었기 때문이었습니다.

---

21) 흔히 하나님께서 가인의 제사를 받지 않으시고 아벨의 제사를 받으신 것에 대해 가인은 곡식 제사를 드렸기 때문이고 아벨은 피의 제사 곧 동물 제사를 드렸기 때문이라고 이해하곤 합니다. 그러나 이는 성경의 가르침과 일치하지 않습니다. 하나님께서는 제물의 내용에 따라 제사를 받거나 받지 않으시는 분이 아닙니다. 레위기를 보면 곡식 제사도 하나님께서 받으신다고 했습니다. 소제가 바로 그것입니다. 하나님께서 가인의 제사를 받지 않으신 이유는 가인 자체를 받지 않으셨기 때문입니다. 창세기 4:5에서 "가인과 그 제물은 열납하지 아니하신지라"라고 했습니다. 성경은 분명히 가인도 받지 않으셨고 제물도 받지 않으셨다고 합니다. 즉, 가인은 처음부터 약속을 믿는 신앙을 소유하지 않았던 것입니다. 그는 요즘 표현으로 하면 교회 안에 가만히 들어온 불신자입니다. 그래서 히브리서는 이것을 "믿음으로 아벨은 가인보다 더 나은 제사를 하나님께 드림으로"(히11:4)라고 했습니다.

여기에서 우리는 또 다른 중요한 사실을 생각해야 합니다. '가인은 악한 자에게 속하여'라는 표현입니다. 가인은 처음부터 약속의 자녀가 아니었던 것입니다.

우리는 가인의 행위를 보면서 하나님의 약속을 훼방하려는 사단의 집요함을 봅니다. 가인의 행위는 하나님의 복음에 대한 비꼼입니다. 하나님께서는 여자의 후손을 통하여 뱀의 머리를 상하게 할 것을 약속하셨습니다. 가인은 이 약속을 조롱한 것입니다. 아벨의 머리를 치면서 여자의 후손이 뱀의 머리를 상하게 할 것이라는 약속을 희롱한 것입니다. 복음이 참이 아니라 거짓이라고 외친 것입니다.

하나님께서는 자신의 약속이 공격받았음을 아시고 가인에게 찾아가셨습니다. 하나님께서는 이미 한 번 그에게 돌이킬 것을 제안하셨습니다. 제사를 받지 않은 일로 하나님께서는 그에게 기회를 주셨습니다. 그러나 가인은 하나님의 제안을, 그분의 용서를 무참히 짓밟았습니다. 하나님의 복음을 희롱하는 것에서 그치지 않고 모든 것을 아시고 찾아온 왕을 향하여 "내가 내 아우를 지키는 자니이까"(창4:9)라고 항의합니다. 하나님께서는 교회의 대적, 사단의 씨를 유리하는 자로 만드십니다. 그러나 가인은 그것조차 지키지 않습니다. 그는 에덴 동편 놋 땅에 거하면서 자신의 왕국을 건설합니다(창4:16~17).[22]

거짓 교회는 참 교회와 공존할 수 없습니다. 거짓 교회의 특징은 참 교회를 내칩니다. 그것이 원리입니다. 예수님께서 활동하시던 시대에도 그러했습니다. 복음을 거부한 거짓 교회인 유대인들이 예수

---

22) 가인이 에덴의 동편에 자신의 왕국을 건설한 것은 하나님의 왕국인 에덴을 탈취하려는 의도가 숨어 있습니다. 에덴으로 들어가는 문은 에덴 동편에 있습니다(창3:24). 동시에 여자의 후손들에게 세상 왕국을 건설하여 보여줌으로 복음에 대해 시위하는 것입니다. 참 복음은 이런 것이라고 유혹하는 것입니다.

님을 따르는 제자들을 출회하고 죽였습니다. 참 교회를 핍박한 것입니다. 예수님께서는 요한복음 16:2에서 이 말씀을 분명하게 선언하셨습니다. 종교개혁 시대에도 그러했습니다. 로마가톨릭은 참 교회를 핍박하고 쫓아내었습니다. 거짓 교회는 참 교회를 토해냅니다. 그 안에 담고 있을 수가 없습니다.

사단의 공격을 꺾으신 하나님의 방법, 부활신앙

그러나 하나님께서는 새로운 생명을 보내십니다. 새 백성을 보내셨습니다. 아벨 대신에 셋이 태어났습니다. 죽음의 권세를 무찌르고 부활의 새 생명을 허락하셨습니다. 부활신앙이야말로 하나님께서 주신 복음의 핵심입니다.

하나님께서는 바로 새 생명을 통하여 믿음이 존속되게 하셨습니다. 교회는 이러한 부활신앙을 풍성하게 해야 합니다. 교회의 강단이 부활신앙을 선언하지 않으면 힘이 없습니다. 교회가 살아가는 유일한 위로는 부활신앙입니다. 부활에 대한 확신은 죽음을 두려워하지 않게 합니다. 죽음이 두렵지 않은 이들은 세상이 감당할 수 없습니다(히11:38). 약속에 신실하신 하나님께서는 셋에게서 에노스가 태어나게 하셨습니다.

한편, 사단의 씨인 가인은 하나님의 왕국에 대항하는 인간의 왕국을 건설합니다. 인간 왕국의 모습은 육축을 치는 것, 수금과 퉁소를 잡는 것, 각양 날카로운 기계를 만드는 것으로 드러났습니다.

인간이 추구하는 모든 것들이 여기에 있습니다. 정치, 경제, 문화 및 군사적 측면들이 모두 나열되었습니다. 죄 아래 있는 인간의 눈으로 볼 때에 이것들은 가히 보암직도 하고 먹음직도 한 것입니다.

바로 이 왕국이야말로 모든 인류가 추구하고 꾸며야 하며 영원히 존속시켜야 할 것처럼 보입니다.

그러나 하나님께서는 사단의 씨들이 행하는 온갖 요란한 것들 사이에서 언약백성들의 찬송을 받으십니다. 창세기 4:26에서 "여호와의 이름을 불렀더라"라는 말씀입니다. 이 말은 숙어입니다. 즉 예배드렸다는 의미입니다. 참다운 부흥이 일어났습니다. 사람들이 인간 왕국을 건설하는 동안 하나님께서는 자기 백성들에게 영적 회복을 선물로 주셨습니다.

족보, 죽음 너머의 세상을 말하다

창세기의 두 번째 톨레도트가 시작됩니다. 창세기 5장의 족보는 믿음의 족보입니다. 가인 계열의 족보가 아니라 약속을 믿는 이들의 족보입니다. 이 족보에는 몇 가지 특징이 있습니다. 그중 한 가지가 죽음입니다. 누가 몇 세에 누구를 낳고 몇 년을 살면서 자녀를 낳다가 몇 세에 죽었다고 했습니다. 이러한 패턴이 계속해서 반복됩니다.

우리는 믿음의 자녀들 가운데 깊이 드리운 죄의 결과를 발견합니다. 죽음을 통해 죄의 세력이 얼마나 강력한가를 보여줍니다. 결국 모든 여자의 후손들은 다 죽을 수밖에 없는 존재로 태어난다는 사실을 가르쳐주고 있습니다. 이것이 중요한 이유는 무엇입니까? 죽음의 권세 아래 놓인 인간의 비참함은 구속주를 대망하게 합니다. 하나님께서 약속하신 여자의 후손을 소망케 하는 것입니다.

창세기 5장의 다른 특징은 자녀의 출생입니다. 성경은 자녀 생산을 생물학적으로 설명하지 않습니다. 즉 종족보존이 아닙니다. 성경에서 자녀 생산은 항상 하나님 나라와 관계되어 있습니다. 생육하고 번성하며 땅에 충만하라는 것은(창1:26~28) 사람에게 주어진 왕적 통치권을 확장하여 하나님의 왕국을 건설하라는 뜻입니다. 하지만 인간의 범죄로 이 통치권의 확장은 잠시 중단되었습니다.

그렇다면 죄가 세상에 들어온 뒤에 이루어지는 자녀 출생의 의미는 무엇일까요? 죽음의 세력이 끊임없이 약속의 자녀들을 공략하지만 하나님께서는 자녀 출생을 통해 참 믿음이 이어지게 하십니다. 곧 신앙을 계승시키는 것입니다.

창세기 5장의 또 다른 특징은 모든 사람들이 죽음을 경험했지만 유독 한 사람 에녹은 죽음을 보지 않았다는 점입니다. 에녹의 모습은 본보기입니다. 아무리 죽음의 권세가 강력해도 하나님의 능력과 사랑을 능가할 수는 없음을 가르칩니다. 여자의 후손에 대한 믿음을 가진 성도는 궁극적으로 죽음을 보지 않고 승리할 것임을 가르칩니다.

노아를 통한 위로

족보의 마지막에 노아가 등장합니다. 하나님께서는 노아의 출생을 말씀하시면서 그의 사명을 언급하십니다. "여호와께서 땅을 저주하시므로 수고로이 일하는 우리를 이 아들이 안위하리라"(창5:29). 여기 땅의 저주는 아담의 범죄 시에 하나님께서 내리신 형벌입니다(창 3:17).

땅은 저주 받음으로 가시덤불과 엉겅퀴를 냅니다.[23] 이런 형벌 가

---

23) 가시덤불과 엉겅퀴는 형벌의 표이기도 합니다만 이후 성경에서 하나님을 대적하는 사람들을 상징하는 것으로 쓰이기도 합니다(삿9장). 바울은 고린도후서 12:7에서 "내 육체에 가시 곧 사단의 사자"라고 했습니다. 흔히 이 본문을 바울이 간직한 육체적 질병으

운데서 하나님께서는 노아를 통하여 안위를 약속하셨습니다. 안위라는 것은 위로한다는 의미입니다. 그렇다면 우리의 무엇을 위로한다는 의미입니까? 수고롭게 일하는 것입니다. 땅의 저주 곧 가시덤불과 엉겅퀴가 무성한 땅을 땀 흘리며 경작하는 것은 아담의 범죄 때문입니다. 수고롭게 일하는 우리를 위로한다는 것은 범죄에 대한 대가를 치름으로 우리를 자유롭게 한다는 의미입니다.

실제로 하나님께서는 노아 시대에 홍수를 통하여 인류를 심판하셨습니다. 물로 온 세상을 심판하심으로 죄에 대한 하나님의 징계가 이루어졌습니다. 하나님의 공의로운 심판의 물이 지난 뒤에 구속의 약속은 노아를 통하여 계승되고 보존되었습니다. 노아의 여덟 식구가 방주를 통하여 생명이 보존된 것은 모든 인류에게 위로입니다. 만약 그들도 심판의 물에 죽음으로 끝을 맺었더라면 여자의 후손에 대한 약속은 사라졌을 것입니다.

홍수심판이 끝난 뒤, 노아는 하나님께 제사 드렸습니다. 제사를 받으신 하나님께서는 땅을 더 이상 저주하지 않겠다고 하십니다(창 8:21). 왜냐하면, 사람의 생각이 어려서부터 항상 악하기 때문입니다.

아담의 범죄로 땅이 저주 받았습니다. 땅은 사람에게 종속되어 있었습니다. 그런데 노아 시대에 이르러 땅을 사람으로부터 자유롭게 하십니다. 죄 아래 있는 사람은 죄를 먹고 마시기 때문에 땅을 사람

로 이해합니다. 그러나 또 다른 해석이 있음을 상기해야 합니다. 그는 왜 '사단의 사자'라는 표현을 사용했을까요? 자신의 육신적 질병이 어떻게 사단의 메신저가 될 수 있을까요? 구약성경에 나타난 사단의 메신저란, 항상 하나님의 언약을 파괴하고 약속을 믿는 자들을 핍박하는 자리에 있었던 이들에게 주어진 이름입니다. 바울이 말한 가시는 오히려 자기 자신과 복음을 거부하는 동족 유대인들로 이해할 수 있습니다. 이와 동시에 가시는 저주의 상징이기에 형벌의 표로서 예수님께서 십자가에서 그 머리에 쓰신 것입니다.

에게 종속시켰다가는 땅이 남아날 수가 없습니다. 땅이 보존되지 못하면 여자의 후손이 올 수 있는 터가 사라져 버립니다. 그러니 태생부터 악한 인간으로부터 땅을 분리하여 보존하시는 것입니다.

창세기 5:29에 의하면, 노아는 "수고로이 일하는 우리를 이 아들이 안위하리라"고 했습니다. 안위는 대적의 공격을 물리치고 평화와 안녕을 누릴 때에 사용됩니다. 그래서 다윗은 시편 23편에서 "주의 지팡이와 막대기가 나를 안위하시나이다"고 찬양했습니다(시23:4). 하나님의 물 심판 가운데 노아는 은혜를 받았고, 언약으로 초청된 백성들에게 안위를 제공했습니다.

요약과 질문

1. 아담과 하와가 첫째 아들에게 '가인'이라는 이름을, 둘째 아들에게 '아벨'이라는 이름을 지은 이유는 무엇입니까?

2. 하나님께서 가인의 제사를 받지 않으셨던 궁극적인 이유는 무엇이며, 이것을 히브리서 11:4에서 무엇이라고 표현했습니까?

3. 가인이 아벨을 죽인 것은 궁극적으로 어떤 의미가 있습니까?

4. 가인이 에덴을 떠나 에덴의 동편에 도시를 건설한 의도는 무엇입니까?

5. 거짓 교회는 참 교회를 핍박하고 쫓아냅니다. 예수님 시대에도 그러했습니다. 이것을 증거하는 신약 구절은 어디입니까?

6. 죽은 아벨 대신에 셋을 주신 것은 사단의 공격에 대한 하나님의 승리가 무엇을 통해 이루어지는지 보여주신 것입니까?

7. 가인의 후손을 통해 인간 왕국의 모습이 드러났습니다. 그 모습은 어떠했습니까?

8. 창세기 4장에 등장하는 부활신앙을 설명해 봅시다.

9. 성경은 자녀 출생을 생물학적으로 설명하지 않습니다. 그렇다면, 성경에서 자녀 출생은 어떤 의미입니까?

10. 창세기 5장의 족보에서 오직 한 사람 에녹은 죽음을 맛보지 않았습니다. 그 이유는 무엇입니까?

11. 여호와께서 노아를 통해 안위하신다는 말의 의미가 무엇인지 설명해 봅시다.

제5장

홍수심판과 노아 언약

결혼제도의 파괴와 하나님의 심판 | 인생의 낙에
취한 이들 | 세례, 선한 양심으로 하나님을 좇다 |
홍수를 통해 배우는 믿음의 의미 | 옛 세상과
새 세상의 구분, 홍수심판 | 남은 자들과 하늘에
걸린 활 | 성취의 축배, 나실인의 포도주 |
하나님의 왕국에 가만히 들어온 사단의 씨

제5장

홍수심판과 노아 언약

결혼제도의 파괴와 하나님의 심판

노아의 시대를 두 단어로 표현하면 무엇일까요? 성경은 노아의 시대를 '패괴와 강포'로 요약합니다(창6:11~13). 패괴는 '하나님께서 만드신 모든 만물이 파괴되었다.'라는 의미입니다. 문자 그대로 '부패하다, 더럽혀지다'라는 뜻입니다. 다르게 표현하면, 질서의 파괴입니다. 하나님의 창조질서가 완전히 파괴된 것입니다. 강포는 권력자들의 압제가 심한 것을 의미합니다. 패괴가 그 시대의 일반적인 특징이라면 강포라는 말은 그 시대 지도자들의 특징입니다.

이렇게 노아 시대에 패괴와 강포가 지배하는 세상이 된 이유는 결혼제도가 파괴되었기 때문입니다. 하나님의 아들들이 사람의 딸들과 결혼함으로 여호와 신앙을 버렸습니다.[24] 하나님의 약속은 건강

---

24) 창세기 6:2에 등장하는 '하나님의 아들들'과 '사람의 딸들'이 구체적으로 누구를 가리키는지에 대해 여러 가지 견해가 있습니다. 가장 많은 지지를 얻은 견해는 하나님의 아들들은 창세기 5장에 나오는 거룩한 백성들로, 사람의 딸들은 가인의 후손들로 이해하는 것입니다. 이 견해에 의하면 불신결혼이 이루어진 것으로 이해할 수 있습니다. 어떤 사람들은 하나님의 아들들을 천사들로 이해하기도 합니다. 그러나 이 견해에는 많은 문제가 있습니다. 첫 번째 견해와 비슷하게 지지를 받는 또 다른 견해는 하나님의 아들들

한 가정을 통해서 전수되어야 합니다. 하나님께서 가정을 내신 목적이 바로 여기에 있습니다. 여자의 후손이 올 것이며 그 후손이 뱀의 머리를 상하게 할 것이라는 약속, 바로 그것에 대한 믿음이 남편과 아내를 통하여 자녀들에게 계승되어야 합니다. 노아 시대는 이러한 혼인 정신이 무시되었습니다. 노아의 가정 외에는 온전한 신앙을 소유한 사람들이 아무도 없었습니다. 오직 노아의 가정만 믿음을 지켰습니다.

하나님께서는 세상을 심판하기로 작정하셨습니다. "나의 신이 영원히 사람과 함께하지 아니하리니"(창6:3) 하셨습니다. 성령님께서 사람들을 떠나셨습니다. 성령이 떠나니 그들은 모두 육체가 되었습니다. 하지만 하나님께서는 곧바로 그들을 심판하지 않으셨습니다. 그들에게 돌아올 기회를 주셨습니다. 그 기간은 120년입니다. 하나님께서는 사람들의 범죄에도 불구하고 심판하시기 전에 항상 유예기간을 주십니다. 즉 돌아올 기회를 주십니다. 여기에 하나님의 사랑이 있습니다.[25]

노아가 방주를 지었습니다. 방주 안에는 노아의 여덟 식구와 암수

을 왕의 자녀들로 번역하여 한 국가의 지도자들로 이해하는 것입니다. 그래서 창세기 6:4에 등장하는 네피림과 창세기 6:2을 연관지어 이해합니다. 어떤 견해가 옳은지 여러 측면에서 생각해 볼 여지가 있습니다.

25) 하나님께서 심판의 유예기간을 주시는 모습은 이후에도 성경에서 반복적으로 나타납니다. 이스라엘이 가나안에 들어간 후 약 300년 동안 범죄했습니다. 그때도 하나님께서는 곧바로 심판하지 않으셨습니다. 오랫동안 기다리셨습니다. 그 후 분열왕국 시대의 이스라엘과 유다도 마찬가지였습니다. 오랫동안 기다렸다가 북이스라엘을 멸망시키셨고 남유다를 포로로 잡혀가게 하셨습니다. 예수님께서 이 땅에 오셨을 때에도 동일합니다. 예수님께서는 예루살렘의 멸망을 말씀하셨지만 실제로 그 일이 일어난 일은 주후 70년이었습니다. 이렇듯 하나님께서는 사랑과 인내가 풍성한 분이십니다.

일곱씩의 정결한 짐승들과 암수 둘씩의 부정한 짐승들도 함께 했습니다(창7:2). 그리고 40일 동안 비가 내렸습니다. 깊음의 샘이 터지고 하늘의 창들이 열렸습니다. 방주에 있는 것들만 살았고 나머지는 모두 죽었습니다. 40일 동안 쏟아진 비는 일 년 가까이 온 땅을 덮었습니다. 옛 세상은 사라졌습니다. 죄의 삯은 사망이라는 말씀이 이루어졌습니다. 방주는 구원의 처소였습니다.

인생의 낙에 취한 이들

홍수심판과 방주에 대해 구약성경 자체에서 가르치는 바가 있지만 신약성경에서 이 사건을 어떻게 설명하는가를 또한 이해한다면 그 의미는 매우 풍성해 질 것입니다.

먼저, 예수님께서 예루살렘 멸망에 대해 가르치면서 마지막에 "노아의 때와 같이 인자의 임함도 그러하리라"(마24:37)고 말씀하셨습니다.[26] 그리고 노아 시대에 살던 사람들의 모습을 설명하셨습니다. 먹고 마시고 장가들고 시집가고 있으면서 홍수가 나서 멸망될 때까지 깨닫지 못했다고 했습니다(마24:38~39). 노아가 방주를 지으면서 심판이 임박했음을 선포하던 것을 전혀 진지하게 받아들이지 않고 각자 자신의 일을 즐기면서 살아갔다고 했습니다.

우리는 노아 시대 사람들의 영적 상태를 분명히 알 수 있습니다. 어제가 있었으니 오늘도 별다른 일이 없이 지나갈 것이요, 오늘이

---

26) 마태복음 24장이 예수님의 재림에 대한 가르침인지 아니면 예루살렘 멸망에 대한 가르침인지에 대해 많은 논란이 있었습니다. 어떤 이들은 앞부분은 예루살렘 멸망에 대해 가르치지만 뒷부분은 예수님의 재림에 대해 가르친다고 주장하기도 합니다. 필자는 예루살렘 멸망에 대한 가르침으로 이해하는 것이 더 좋지 않을까 생각합니다. 이 부분에 대한 연구서로는 R.C.스프라울, 『예수님께서 말씀하신 종말』, 김정식 역 (서울: 좋은씨앗, 2003)을 참고하세요.

있었으니 내일 역시 큰 어려움 없이 지나갈 것이라는 안이한 사고가 그 시대 사람들을 지배하고 있었습니다.

인생의 목적이 무엇이며 사람이 참으로 행복해지는 길이 어떤 것인지 이 세상이 과연 어디를 향하여 달려가는지, 이러한 것들에는 전혀 관심이 없었습니다. 즉 하나님의 구속역사에 대한 관심과 소망은 사라지고 그저 당장 바로 앞에 보이는 인생의 즐거움만 쫓아가는 어리석은 인간의 모습이 적나라하게 드러나고 있습니다. 얼마 있지 않으면 하나님의 심판의 물이 온 천지를 덮을 것을 알면서도 이를 생각지도 않고 살아가는 모습입니다.

세례, 선한 양심으로 하나님을 좇다

다음으로 베드로전서 3:20~21입니다. "그들은 전에 노아의 날 방주 예비할 동안 하나님이 오래 참고 기다리실 때에 순종치 아니하던 자들이라 방주에서 물로 말미암아 구원을 얻은 자가 몇 명뿐이니 겨우 여덟 명이라 물은 예수 그리스도의 부활하심으로 말미암아 이제 너희를 구원하는 표니 곧 세례라 육체의 더러운 것을 제하여 버림이 아니요 오직 선한 양심이 하나님을 향하여 찾아가는 것이라".

여기에는 몇 가지 강조점이 있습니다만 모두를 살펴보지 않고 한 가지만 생각하려 합니다. 홍수심판 때의 물이 세례라고 했습니다. 세례는 죄로 죽었던 사람이 그리스도로 옷 입는 것입니다. 내가 죽고 그리스도가 내 안에 사는 것입니다. 성경은 노아 홍수에서의 물이 택하신 백성을 구원하는 표라고 했습니다. 다시 말해, 노아의 식구들도 세례를 경험했던 것입니다. 하나님께서는 홍수사건을 통하여 세례의 의미를 가르치셨습니다.

그리고 여기에 아주 재미있는 표현이 나타납니다. 일반적으로 세례는 죄의 더러움을 제거하는 것으로 이해합니다. 하지만 베드로전서 3:21은 세례를 "육체의 더러운 것을 제하여 버림이 아니요 오직 선한 양심이 하나님을 향하여 찾아가는 것이라"고 했습니다. '선한 양심이 하나님을 향하여 찾아가는 것'이 세례의 의미라고 합니다. 물론, 세례에는 죄인이 그리스도와 함께 십자가에서 죽었다는 개념이 있습니다. 즉 육체의 더러움을 제하는 측면이 있습니다.

그런데 이 구절에서는 전혀 다른 개념으로 설명합니다. '선한 양심이 하나님을 향하여 찾아간다'라는 것은 어떤 의미일까요? 공동번역판 성경은 이것을 "깨끗한 양심으로 살겠다고 하나님께 서약하는 것"이라 번역했습니다. 여기 깨끗한 양심이란 하나님의 형상이 회복된 모습입니다. 그렇게 회복된 형상을 따라 살아가겠다는 맹세인 것입니다. 그러므로 세례는 그리스도의 구원을 경험한 성도들이 그리스도를 따라 살겠다고 맹세하는 굳은 충성서약이라고 할 수 있습니다.

홍수를 통해 배우는 믿음의 의미

노아 시대에 대한 또 다른 설명은 히브리서 11:7에 있습니다. 노아에 대한 평가입니다. 노아는 먼 훗날에 일어날 일을 믿음으로 받았습니다. 많은 이들이 자신의 눈에 보이는 것과 바로 보이지는 않더라도 누구나 예상할 수 있는 것들을 믿습니다. 그러나 노아는 자신의 눈에 보이지 않고 어느 누구도 예상하지 못한 하나님의 경고를 겸허히 믿음으로 받아들입니다. 노아의 믿음은 방주를 예비하여 구원에 이르는 결과를 가져왔습니다. 믿음의 결과는 구원입니다. 노아의 홍수는 믿음의 종국이 무엇을 의미하는지 가르치는 중요한 사건입니다.

노아는 여자의 후손을 통한 구원을 소망했습니다. 그 믿음 곧 여자의 후손이 사단의 머리를 상하게 할 것을 신뢰하는 바로 그 믿음으로 방주를 예비했고 그 결과 그의 집이 구원을 얻었습니다. 이러한 면에서 방주는 구원의 장입니다.

방주의 기능은 오늘날 교회가 이어갑니다. 노아가 방주를 지음으로 구원과 심판을 선포했습니다. 방주 안으로 들어오면 구원을 얻지만 방주 밖에 거하면 죽음입니다. 노아가 방주를 짓는 것 자체가 바로 구원과 심판의 선언입니다. 이와 같이, 교회가 진리의 말씀을 따라 바르게 세워지는 것 자체가 곧 세상에 대해 하나님의 구원과 심판을 동시에 선언하는 것입니다.

옛 세상과 새 세상의 구분, 홍수심판

노아 시대를 생각하면서 우리는 홍수심판을 통해 옛 세상과 새 세상이 구분되었다는 점도 깨닫습니다. 베드로후서 2:5에 노아 시대를 '옛 세상'이라고 했습니다. 그렇다면 논리적으로 홍수 이후의 세상은 새로운 세상입니다. 그러므로 창조 때부터 노아 시대까지는 옛 세상입니다. 이러한 시대 구분은 성경 자체가 지니고 있는 중요한 세계관입니다.

창조 때부터 홍수심판까지를 살펴봄으로써 하나님께서 옛 세상을 어떻게 만드셨고 인도하셨으며, 무엇 때문에 심판하셨는지 그리고 어떻게 심판하셨는지를 알 수 있습니다. 동시에 믿음의 사람들이 생존할 수 있었던 비결은 무엇인지도 알 수 있습니다. 그리고 이 모든 것은 홍수심판 이후의 새 세상을 다스리시는 하나님의 섭리에서도

그대로 이어지고 있음을 발견합니다.[27]

남은 자들과 하늘에 걸린 활

마지막으로 노아 시대를 생각하면서 깨닫게 되는 것은 하나님께서
는 심판 가운데서도 항상 언약에 신실한 남은 자들을 준비시키신다
는 것입니다. 옛 세상을 심판하실 때에 하나님께서는 노아의 가족을
남기셨습니다. 그리고 그들을 통하여 구원 역사가 이어지게 하셨습
니다.

이 원리는 이후 이스라엘의 역사에서도 발견됩니다. 분열 왕국 시
대가 길어지면서 북이스라엘과 남유다는 점점 하나님의 심판대 앞
으로 가까워집니다. 그때에 하나님께서는 엘리야와 엘리사 선지자
를 통하여 신실한 백성들을 남기셨습니다. 바알에게 무릎 꿇지 않은
칠천 명을 남기시고 선지생도들을 훈련시켜 언약백성들이 존속되게
하셨습니다. 예수님께서는 옛 언약백성들에게서 열두 제자와 칠십
명의 제자들을 준비하셨습니다. 그리고 새로운 백성들인 교회를 출
범시키셨습니다.

노아 시대는 여자의 후손을 통한 구원약속에 대한 믿음이 가장 강

---

27) 옛 세상과 새 세상을 구분하는 기준은 홍수심판입니다. 홍수에서 물은 세례를 의
미합니다. 그러므로 세례는 새로운 세상으로 들어가는 관문입니다. 예수님께서 승천하
시기 직전에 하늘과 땅의 모든 권세를 받으시고 제자들에게 명령하셨습니다. "너희는 가
서 모든 족속으로 제자를 삼아"(마28:19)라고 하셨습니다. 여기 제자 삼음은 사도행전 6
장에 의하면 교회를 세우는 것입니다. 또한 예수님께서는 같은 구절에서 세례를 주면서
제자를 삼으라고 하셨습니다. 즉 세례를 통하여 교회를 세우라는 명령입니다. 세례는 옛
세상을 종결하고 새로운 세상으로 진입하는 출발점입니다. 여기에서 세례와 교회의 관
계가 더욱 명료해집니다. 세례가 새로운 세상으로 들어가는 관문이라면 교회는 바로 그
관문을 통과하여 펼쳐지는 새로운 세계입니다.

력하게 공격받던 시대였습니다. 그럼에도 하나님께서는 노아의 집을 구원하심으로 그 믿음이 한 줄기 빛으로 이어지게 하셨습니다. 하나님의 은혜를 찬양하지 않을 수 없습니다. 방주를 통하여 노아의 집을 구원하지 않으셨다면 지금 우리의 믿음도 없습니다. 하나님의 열심, 이것이 모든 것을 가능케 했습니다. 그러니 구원은 전적으로 하나님의 은혜요 선물입니다.

심판이 끝나고 하나님께서는 노아에게 무지개를 보여주셨습니다. 그와 그의 후손들 그리고 모든 생물들과 언약을 맺으셨습니다. 다시는 물로 심판하지 않겠다고 하셨습니다. 그 증거로 무지개를 보여주셨던 것입니다.

우리는 노아 언약을 보존의 언약이라고 합니다. 그 이유는 물로 심판하지 않고 땅을 보존하시겠다는 약속 때문입니다. 땅의 보존은 여자의 후손이 올 수 있는 터전을 존속시키는 것입니다. 하나님께서는 약속을 이루시기 위해 땅을 인간의 죄와 분리시키셨습니다(창 8:21~22).

언약의 표로 무지개를 주신 것도 의미가 있습니다. 무지개는 다른 말로 '활'이라는 말입니다. 활을 하늘에 걸어 두셨습니다. 전쟁이 끝나고 평화의 시기가 도래했음을 상징적으로 보여줍니다. 하나님께서는 심판의 도구인 활을 하늘에 걸어두심으로 이제 새로운 평화가 임했음을 자기 백성들에게 보여주셨습니다.

성취의 축배, 나실인의 포도주

모든 것이 끝났습니다. 노아는 포도농사를 지어 포도주를 만들어 먹었습니다. 취하여 장막에 벌거벗은 채 누웠습니다. 함은 장막에서 아비의 하체를 보고 형제들에게 고했습니다. 그러나 셈과 야벳은 아비의 하체를 옷으로 덮었습니다. 이 사건으로 노아는 가나안의 아비 함을 저주했고 셈과 야벳을 축복했습니다(창9:20~27).

이 본문에 대한 전통적인 해석은 매우 부정적입니다. 먼저, 노아가 포도주를 먹음으로 자녀들에게 좋지 못한 모습을 보인 것으로 이해합니다. 또 자신이 실수한 것 때문에 함을 저주한 것을 지나친 처사로 이해합니다.

이러한 성경 이해는 엄격하게 말해 윤리적인 접근의 결과입니다. 물론 성경은 여러 곳에서 술 취함에 대해 분명히 경고하고 있습니다. 그러나 포도주와 관련하여 다른 가르침을 주는 부분도 많이 있습니다. 이 사건을 해석하는 몇 가지 중요한 열쇠가 있습니다. 그중에 이 책에서는 노아의 포도주 먹음과 함을 저주한 것 두 가지를 중심으로 살펴보고자 합니다.

먼저, 노아가 포도주를 마신 것이 과연 죄인지에 대한 것입니다. 많은 이들은 포도주를 성경에서 금지한 식품으로 이해합니다. 그러나 성경의 곳곳에는 포도주를 허용하고 있습니다.

포도주는 하나님의 축복의 표였습니다. 이삭이 야곱에게 장자의 축복을 할 때를 봅시다(창27:25~28). 이삭은 야곱이 요리한 고기도 먹지만 포도주도 마십니다. 그리고 야곱에게 축복하면서 하나님께서 풍성한 곡식과 포도주로 네게 주시기를 원한다고 했습니다. 야곱도 이와 동일한 내용으로 유다를 축복합니다(창49:10~12). 심지어 포도주는 하나님께 제사드릴 때도 사용됩니다(출29:40).[28]

---

28) 이 외에도 포도주는 하나님께서 주시는 축복의 상징으로 많이 사용되었습니다(신11

포도주에 대한 성경의 가르침 중에서 노아와 관련하여 생각할 수 있는 중요한 본문이 있습니다. 바로 민수기 6장입니다. 민수기 6장은 나실인에 대한 규례를 가르칩니다. 나실인은 하나님께 특별한 서원을 한 사람들입니다(민6:2). 즉, 하나님 앞에서 개인적인 사명이나 혹은 공동체적인 특별한 일을 감당하겠노라고 맹세한 사람들이 나실인입니다.

그러므로 이들은 자신이 서원한 그 일을 온전히 이루기 전에는 구별된 모습을 보여야 합니다. 포도주나 독주를 마시는 것은 물론이고 머리카락을 자르는 것도 금지되었습니다. 또한 시체를 가까이하지 말아야 합니다. 심지어 자신의 가족이 죽는 일이 있어도 그러해야 합니다. 이렇듯 나실인은 보통 사람들과 구별된 거룩한 사람이기에 하나님께 서원한 일을 이루기 위해 모든 신경을 그곳에 집중해야 합니다.[29]

하지만 나실인이 포도주를 마실 때가 있습니다. 나실인으로서 구별한 날이 다 차면 그는 일정한 절차를 따라야 합니다(민6:13~20). 절차의 맨 마지막에 포도주를 마실 수 있다고 했습니다(민6:20). 나실인

:13~14, 14:23; 전9:7; 사25:6 등). 포도주가 복의 상징이라 한다면 포도주가 사라지는 것은 언약의 저주이기도 합니다(신28:39,51; 합3:17).

29) 나실인으로서 많은 이들에게 대표적으로 알려진 사람은 사사 삼손입니다(삿13:5). 또한, 우리는 예수님께서도 나실인으로서 구원사역을 감당하셨음을 알 수 있습니다. 예수님께서는 나사렛 사람으로 불릴 것이라 했습니다(마2:23). 여기 나사렛 사람이라는 것을 나실인에 대한 다른 음역으로 이해합니다. 포도주와 관련하여 예수님께서는 십자가에 못 박히시기 전에 포도주를 마시지 않으셨습니다(막15:23). 그 이유는 마가복음 14:25에서 약속하신 것을 성취하기 위함이셨습니다. 그것은 바로 나실인으로서 자신이 하나님께 서원했던 것이었습니다. 모든 서원을 다 이루시면서 예수님께서는 포도주를 드셨습니다(막15:36). 포도주를 드신 후 곧 운명하셨습니다. 자신이 하나님 앞에서 받은, 나실인으로서 이루어야 할 책무를 모두 감당하신 것입니다.

이 포도주를 마시는 것은 자신이 행해야 할 모든 책무를 완수했다는 표입니다.[30]

바로 이런 측면에서 노아가 포도주를 마신 것을 이해해야 합니다. 노아는 하나님께 특별한 서원을 하였고 나실인으로서 특수한 임무를 부여받았습니다. 그는 방주를 지어 옛 세계에 속한 하나님의 백성들을 구원할 사명을 받았습니다. 이제 그 사역이 완성되었습니다. 그러니 포도나무를 심고 포도주를 마시고 취하여 장막 안에 누운 것은 자신의 사역이 완성되었음을 증거하는 것입니다.

그가 벌거벗은 채 누웠다는 것을 또 다른 각도에서 생각할 수 있습니다. 그의 벌거벗음이 단순히 술 취함의 표가 아니라 새로운 세계의 출현에 대한 예고로 이해하는 것입니다. 첫 사람 아담과 하와는 벌거벗은 몸으로 있었지만 부끄러워하지 않았습니다. 그들에게 주어진 하나님의 동산은 새로운 세계였습니다. 노아의 벌거벗음도 바로 이런 측면에서 이해할 수 있을 것입니다.

하나님의 왕국에 가만히 들어온 사단의 씨

함의 행위에 대한 노아의 저주에서 우리는 매우 독특한 한 가지를 발견합니다. 그것은 직접적으로 함을 저주하지 않고 함의 아들 가나안을 저주한 면입니다. 왜 그럴까요? 노아는 창세기 3:15 말씀에 근거하여 그렇게 했습니다. 곧, 뱀의 범죄는 그 후손들에 의해 지속됩

---

30) 포도주 마심이 나실인의 사역과 관련이 없는 경우도 있습니다. 신명기 14:22~27을 보면 모든 소출이 끝난 뒤에 그 소출의 십일조를 하나님께 바치면서 포도주를 마십니다. 즉 모든 것이 주께로부터 왔으니 우리가 얻은 일부분을 주님께 다시 드림으로 우리 삶이 주의 것임을 고백하는 것입니다. 바로 그 고백은 생산 활동이 끝났을 때 일상적으로 하는 행위입니다. 한편으로 이런 측면의 포도주 마심도 하나님의 법을 지킨 신실한 믿음의 행위임을 알 수 있습니다.

니다. 가인은 여자의 후손 아벨을 죽였습니다. 가인의 후손들도 가인과 같은 걸음을 걸었습니다. 창세기 4장에 등장하는 라멕의 모습에서 충분히 알 수 있습니다. 바로 이와 같은 원리 때문에 노아도 함이 아니라 그 자녀 가나안을 저주했습니다. 물론, 노아는 하나님의 언약에 대하여 함이 노골적으로 도전했음을 알았고, 그의 자녀 가나안도 그 길을 갈 것을 예견했습니다.

다음으로 노아가 함의 아들 가나안을 저주한 내용을 살펴봅시다. 보통, 부모가 자식을 저주할 이유는 전혀 없습니다. 모든 부모는 자식을 축복하기를 원합니다. 그러나 노아는 그렇지 않았습니다. 노아가 단순히 일시적인 감정으로 함을 저주한 것일까요? 함의 잘못이 그렇게도 무거웠던 것일까요?

우리는 성경에서 부모가 자식을 저주하고 죽일 수 있는 경우가 있는지 살펴보아야 합니다. 그러면 노아의 이런 행위를 이해할 수 있을 것입니다. 아버지나 어머니를 치거나 저주하는 자는 반드시 죽여야 합니다(출21:15,17). 또 다른 경우가 있습니다. 완악하고 패역한 아들이 있어서 부모의 말을 순종하지 않고 벌을 받아도 고치지 않으면, 부모는 자식을 성문으로 데려가 장로들에게 고합니다. 그러면서 부모는 장로들에게 이 자식이 완악하고 패역하여 우리말을 순종치 않고 방탕하며 술에 잠긴 자라고 고합니다. 그 말이 사실이라면 성읍 사람들은 그 자식을 돌로 쳐 죽여야 합니다(신21:18~21). 요약하면, 부모가 자식을 죽음으로 내몰 수 있는 경우는 부모를 저주하거나 구타하는 것 그리고 부모의 가르침에 끝까지 순종치 않고 방탕한 생활을 하는 경우입니다.

함의 경우는 어디에 해당할까요? 물론, 함은 직접적으로 노아를 구타하거나 저주하지 않았습니다. 동시에 방탕하여 술에 잠긴 자도 아닙니다. 성경은 직접적으로 함의 행위에 대해 말하지 않았습니다. 만약 노아가 실수한 것이 아니라면 노아는 함의 무엇을 본 것일까요?

노아는 함의 불순종을 보았습니다. 함이 아비의 장막에 들어가 하체를 보고 형제들에게 고했습니다. 우리는 바로 이러한 함의 행위에 주목합니다. 함은 하나님의 구속사역을 성취하고 그것을 공포하고 있는 노아의 신앙 행위를 다른 형제들에게 조롱거리로 삼은 것입니다.

노아가 함을 저주한 시기에는 온 땅에 교회밖에 없습니다. 모두 거룩한 백성들입니다. 그러나 함은 아버지의 구속사역을 이해하지 못했습니다. 그뿐만 아니라 아버지의 신앙 행위를 다른 성도들에게 조롱하면서 알렸던 것입니다. 노아가 본 것은 바로 이 면이었습니다. 함은 신명기 21:18에 등장하는 '패역한 아들'에 해당합니다. 패역하다는 것은 여호와의 말씀을 의지하지 않고 우상을 섬기는 것을 의미합니다. 함은 약속보다 자신의 이성을 더 믿었던 사람입니다.[31]

포도주와 자식에 대한 저주라는 두 측면을 통해 노아가 함의 아들 가나안을 저주한 것을 분명하게 이해할 수 있습니다. 반면에 노아는

---

31) 노아의 가족을 통해 우리는 매우 중요한 도리 한 가지를 알아야 합니다. 선택과 언약의 관계입니다. 함은 노아의 방주를 통하여 구원을 목도했습니다. 그는 언약백성입니다. 그러나 그는 선택받은 백성은 아닙니다. 함의 후예들을 통해 알 수 있듯이 그는 사단의 후예입니다. 언약은 하나님의 구원을 드러내는 수단입니다. 선택은 하나님의 구원에 참여케 하는 능력입니다. 히브리서 6:6에 등장하는 '타락한 자들'은 함과 같은 이들을 말하는 것으로 이해할 수 있을 것입니다. 이렇듯 교회 안에는 선택받은 백성과 그렇지 않은 백성이 섞여 있습니다. 누가 참 선택받은 백성인지 최종적으로 판단하실 분은 하나님뿐입니다. 교회는 최종적인 판단 권한을 갖고 있지 않습니다. 단지 천국의 열쇠를 통해 택하신 백성을 부르는 일에 충성할 따름입니다.

셈의 하나님 여호와를 찬양합니다. 창세기 9:26은 이렇게 번역할 수도 있습니다. '여호와를 찬송하라, 그 분이 셈의 하나님이 되셨다.' 이제 구속역사는 셈의 계열을 통해 이어집니다. 사단의 머리를 상하게 할 여자의 후손에 대한 약속은 셈의 후손을 통하여 성취될 것입니다. 아브라함은 바로 셈의 후예 중 한 사람입니다.

요약과 질문

1. 노아 시대를 설명하는 두 단어는 무엇이며, 그 뜻은 각각 무엇입니까?

2. 노아 시대에 노아 가족 외에 모든 사람들이 신앙을 버리는 지경에 이르게 된 직접적인 이유는 무엇입니까?

3. 창세기 6장에 등장하는 '하나님의 아들들'과 '사람의 딸들'은 누구를 가리킵니까?

4. 노아 홍수와 관계된 신약 본문 중 마태복음 24:37과 베드로전서 3:20~21이 가르치는 바는 각각 무엇입니까?

5. 히브리서 11:7을 통해서 노아의 믿음에 대해 배웁니다. 믿음의 결과는 무엇입니까?

6. 다음 (   ) 안에 들어갈 알맞은 말은 무엇입니까?

   > 노아 시대를 생각하면서 깨닫게 되는 것은 하나님께서는 심판 가운데서도 항상 언약에 신실한 (   )자들을 준비시키신다는 것입니다.

7. 심판이 끝난 후에 하나님께서는 노아에게 무지개를 보여주셨습니다. 무지개를 직역하면 무엇이며, 노아의 언약을 무슨 언약이라고 합니까?

8. 노아가 포도주를 먹은 것은 어떤 의미가 있습니까? 두 가지 근거를 통해 설명해 봅시다.

9. 노아가 함을 저주하였습니다. 노아는 함의 어떤 면을 보았기에 그렇게 했습니까?

10. 신약의 교회는 노아의 방주와 동일한 의미를 지닙니다. 그렇다면, 오늘날 교회의 사명은 무엇이라고 할 수 있습니까?

제6장

노아의 세 아들과 바벨탑

족보의 의미 | 하나의 언어에서 각 방언으로 |
반역의 시기와 거룩한 백성들의 타락 | 인간의
도시, 바벨 | 셈의 후예를 통해 이어지는 여호와 신앙

제6장

노아의 세 아들과 바벨탑

족보의 의미

셈, 함, 야벳은 새로운 세상의 첫 조상들입니다. 홍수심판 후에 이들로부터 많은 아들이 출생했습니다(창10:1). 창세기 10장은 복잡한 이름들로 가득합니다. 우리가 성경을 읽으면서 가장 당혹스러워 하는 내용 중 하나가 족보입니다. 족보를 읽으면 우선 그 이름들의 생소함에 당황하고 곧 지루해집니다.

많은 그리스도인들은 성경 인물들의 이름을 외우는 것을 힘들어합니다. 실제로 우리 교회에서도 남유다와 북이스라엘 왕들(39명)의 이름을 외우고 시험을 치른 적이 있습니다. 이름이 잘 외워지지 않아 애먹는 것을 옆에서 늘 지켜보았습니다. 그래도 족보를 제대로 알면 그때부터 성경이 무척 재미있어집니다.

창세기 10장은 야벳, 함, 셈의 후예라는 순서로 구성되어 있습니다(창10:2,6,21). 이 이름들은 단순히 한 아버지에게서 출생한 아들들의 이름을 나열한 것이 아닙니다. 이 이름들은 각각의 나라들입니다. 창세기 10:5,20,31에서 알 수 있듯이 각기 방언과 종족과 나라대로입니다. 그러므로 각각의 이름을 한 나라로 생각해도 무방합니다.

함의 아들 중에 구스가 있고(창10:6) 구스의 아들 중에 니므롯이 탄생합니다(창10:8). 니므롯은 왕입니다. 창세기 10:10에서 "그의 나라는 시날 땅의 바벨"이라 했습니다. 창세기 11장에 나오는 바벨탑 운동을 일으킨 장본인이 바로 니므롯입니다.

하나의 언어에서 각 방언으로

'각각의 나라들'이라는 단어와 함께 사용된 중요한 용어가 있습니다. 바로 방언입니다. 여기 이 방언은 무엇을 의미할까요? 오늘날 어떤 사람들의 주장처럼 알아들을 수 없는 이상한 하늘의 소리일까요? 본문을 자세히 읽으면 여기에서 말하는 방언은 각 족속이 사용하는 언어입니다. 즉, 외국어입니다. 각 종족의 고유한 언어입니다.

창세기 11장에서 바벨탑 건축이 가능했던 중요한 요인 중 하나는 바로 통일된 언어였습니다. 여자의 후손을 통한 구원의 신앙에 대항하여 인간 왕국을 건설할 수 있었던 것은 모든 사람들이 하나의 언어를 사용했기 때문입니다.

하나님께서 하나의 언어를 주신 것은 인간에게 복입니다. 우리가 외국인을 만나 우리의 생각을 전달하려 할 때 얼마나 많은 불편을 경험합니까? 엄청난 수고와 노력 없이는 한국 사람이 일본인에게 자신의 사상을 제대로 전달할 수 없습니다. 언어가 하나라는 것은 서로의 사상과 삶이 매우 쉽게 하나의 이념으로 뭉쳐질 수 있다는 의미입니다.

하나님께서 무엇 때문에 인류에게 하나의 언어를 주셨을까요? 하나님께서 노아의 후예들에게 하나의 언어를 주신 것에는 그들이 약속의 말씀을 따라 하나님의 왕국을 회복하게 하시려는 의도가 있습니다.

생육하고 번성하여 땅에 충만하기 위해서는(창9:1) 언어가 하나일 때에 훨씬 더 쉽습니다. 즉, 하나님께서는 인류에게 한 언어를 주심으로 구원사역을 풍성하게 이루기 원하셨습니다. 그러나 인류는 하나님께서 주신 복을 복음사역에 사용하지 않고 하나님을 대항하기 위해 사용했습니다. 그것이 바벨탑 사건의 특징입니다. 하나님께서 주신 좋은 것을 사람의 이름을 내고 하나님을 대항하는 것으로 사용했습니다. 인간의 악함과 죄의 세력이 얼마나 강력한가를 보여줍니다. 하나님께서는 바벨탑 사건을 일으킨 인간들을 흩으시기 위해 각 종족을 따라 언어를 다양하게 만드셨습니다. 다양한 언어는 하나님의 심판의 표입니다.[32]

반역의 시기와 거룩한 백성들의 타락

바벨의 반역은 언제 일어났을까요? 물론 정확한 연대를 알 수는 없습니다. 그러나 창세기 10장의 족보에 등장하는 이름들을 세세히 살펴보면 그 시기를 대략적으로 짐작할 수 있습니다. 창세기 10:25에

32) 방언, 즉 언어가 종족에 따라 다양한 것은 하나님께서 내리신 심판의 표입니다. 그러므로 사도행전 2장에서 오순절 성령 강림 때 사도들이 각 나라의 방언으로 하나님의 큰일과 비밀을 말하는 것은 심판의 메시지입니다. 이사야 28:11에서 하나님께서는 자기 백성들에게 "생소한 입술과 다른 방언"으로 말씀하신다고 했습니다. 언약백성들에게 그들이 알아들을 수 없는 말로 계시를 주시면 그것은 복이 아닙니다. 하나님의 백성들은 그들이 알아들을 수 있는 말로 계시를 받아야 복입니다. 그런데 알아들을 수 없는 말로 계시를 주시니 그것은 오히려 심판입니다. 바울은 방언의 심판적 기능을 고린도전서 14:21~22에서 분명하게 설명합니다. 바울 당시에 사도들이 방언으로 말하는 것은 유대인들에게 심판입니다. 그러한 이유 때문에 방언은 믿는 자들을 위하지 않고 믿지 아니하는 자들을 위하는 표적이라 했습니다.

"그 때에 세상이 나뉘었음이요"라는 말씀이 있습니다. 셈의 후예를 차례대로 기록하고 에벨 대(代)에 이르러 세상이 나뉘었습니다. 여기에서 말씀하시는 세상의 나뉨은 창세기 11:9에서 말씀하시는 '온 지면에 흩으심'입니다.

에벨은 셈에게서 출발하여 아르박삿, 셀라를 거쳐 태어났습니다. 그러니까 셈, 아르박삿, 셀라, 에벨 이렇게 4대입니다. 바로 그의 때에 세상이 나뉘었습니다. 곧 바벨 운동이 일어났고 하나님께서 심판하셔서 언어를 혼잡하게 했습니다.

셈의 족보를 함의 족보와 비교하면 바벨 운동의 시기를 더 입체적으로 이해할 수 있습니다. 바벨은 시날 땅의 한 부분입니다(창10:10). 시날은 니므롯이 다스리는 곳입니다. 니므롯은 함으로부터 3대째입니다. 함, 구스, 니므롯으로 이어집니다. 함의 계열로는 3대이지만 셈의 계열로는 4대째에 반역이 일어났습니다.

바벨 운동이 함의 후예인 니므롯의 주도하에 이루어졌다는 것은 이설이 없습니다. 성경이 너무나 명료하게 제시하기 때문입니다. 한편, '셈의 후예들은 아무런 관련이 없느냐?'라는 의문이 생깁니다. 문맥에 따라 성경을 자세히 읽으면 셈의 후예들 중 일부가 니므롯의 바벨 운동에 동참한 것을 알 수 있습니다.

창세기 10:21 이하를 읽으면 에벨이 벨렉과 욕단을 낳습니다. 그리고 욕단의 아들들의 이름이 나열되었습니다(창10:26~29). 그리고 성경은 그들이 거하는 곳이 메사에서부터 스발로 가는 길의 동편 산이라고 설명합니다.

창세기 11:2에서는 "그들이 동방으로 옮기다가"라고 했습니다. 문맥을 따라 읽으면 욕단의 아들들이 동방으로 옮기다가 시날의 바벨을 만난 것으로 이해할 수 있습니다. 그러므로 함의 후예인 니므롯이 바벨 운동을 주도했고 이 운동에 셈의 후예들 중 일부가 동참한 것으로 분명히 이해할 수 있습니다.[33] 사단의 후예들이 그 운동을 주도했고 거룩한 계보에서도 반역이 일어난 것입니다.

인간의 도시, 바벨

이제 바벨 운동의 본질을 생각하겠습니다. 우선 그들이 만든 것의 실체를 봅시다. 보통 바벨탑으로 소개된 이 운동은 엄격하게 말해, 하나의 탑을 건설한 것이 아닙니다. 창세기 11:4에서 "성과 대를 쌓아"라고 했습니다. 성과 대는 도시입니다.

바벨 운동은 하나님의 나라에 대비되는 인간의 도시를 건설하였습니다. 이 운동은 복음 운동에 대한 가장 강력한 도전이며 하나님의 약속에 대한 희롱입니다. 사람들의 눈이 번쩍 뜨이는 휘황찬란한 도시. '여기가 바로 천국이구나!'라고 할 만큼 강력한 인상의 지상낙원. 신이라는 존재도 인간의 이성과 과학 앞에 여지없이 자리를 내어주어야 하는 찬란한 문화의 왕국. 바벨 운동의 목적은 바로 인간의 도시를 건설하고자 했던 것입니다.

"우리의 이름을 내고"라는 선언은 땅 위에 여호와 신앙을 말살하겠다는 의지의 표현입니다. 땅은 원래 하나님의 소유입니다. 인간도 하나님의 소유입니다. 모든 것이 주의 것입니다. 그러나 주인의 자리에 인간이 앉았습니다. 그리하여 하나님의 명령은 안중에도 없이 반역을 구체적으로 표합니다.

---

33) 성경의 장과 절의 구분은 처음 성경이 기록될 당시에 붙여진 것이 아닙니다. 성경의 장, 절 구분은 주후 13세기와 15세기경이 되어야 나타납니다. 그러므로 우리가 창세기 10장과 11장을 구분하지 않고 이어서 읽어야 하는 이유가 여기에 있습니다.

노아는 생육하고 번성하여 땅에 충만하라는 명령을 받았습니다. 그러나 인간들은 "온 지면에 흩어짐을 면하자"(창11:4)라고 하며 하나님의 말씀에 정면으로 도전했습니다. 이것은 마치 가인이 하나님으로부터 유리하는 자가 되어야 한다는 형벌을 정면으로 거부하며 한 곳에 정착하여 도시를 건설한 것과 같습니다.

옛 세상에서 일어난 반역이 똑같은 형태로 되살아났습니다. 죄는 항상 동일한 방식으로 하나님의 구속역사에 도전합니다. 가인은 성을 쌓았습니다. 니므롯은 성과 대를 쌓았습니다. 니므롯은 가인보다 한걸음 더 나아갔습니다.

여기 '대'는 나선형의 계단을 가진 원추형 건물입니다. 일반적으로 지구랏으로 알려진 건물입니다. 맨 꼭대기에 제단이 설치된 종교적 건물입니다. 이들은 종교를 폐기한 것이 아닙니다. 하나님을 믿는 신앙을 버리고 다른 신앙의 종교를 만든 것입니다. 참다운 예배를 폐기하고 가짜 예배를 만들었습니다. 하나님의 자리에 사람을 올려놓고 경배의 대상으로 삼았습니다. 마치 신의 도시 같이 꾸며져 있지만 결국 그 도시는 인간의 도시였습니다.

셈의 후예를 통해 이어지는 여호와 신앙

하나님의 왕국 건설에 대항하는 인간 왕국 건설 운동에 함의 후예인 니므롯이 주도적인 역할을 했습니다. 그 운동에 셈의 후예 일부도 동참했습니다. 그럼으로 하나님의 구원의 약속은 — 여자의 후손을 통하여 뱀의 머리를 상하게 할 것이라는 약속은 — 치명적인 도전에 직면했습니다. 약속을 신실하게 믿고 그 신앙을 계승해야 할 셈의 후예들 중에서 반역이 일어난 것은 매우 심각한 문제입니다. 그리하여 하나님께서는 '새로운' 셈의 후예를 통하여 하나님의 언약을 이루려고 하십니다.

창세기 10:21~29과 11:10~26까지의 족보를 비교해 봅시다. 셈은 아르박삿을 낳고 아르박삿은 셀라를 낳고 셀라는 에벨을 낳았습니다. 창세기 10:25에서 에벨은 벨렉과 욕단을 낳았습니다. 그리고 욕단의 후예들이 반역에 동참했습니다. 그러니 창세기 11장의 족보에서는 자연스럽게 욕단을 말하지 않습니다. 에벨이 벨렉을 낳고 벨렉은 르우를 낳습니다. 에벨에서 벨렉, 르우로 이어지는 이 족보는 10장의 족보와는 다른 것입니다.

르우, 스룩, 나홀, 데라, 아브람으로 이어지는 족보가 등장합니다. 아브람은 바로 셈의 후예입니다. 11장에서는 10장을 대체하는 새로운 족보가 소개되었습니다. 이들은 하나님의 약속을 신실하게 믿는 믿음의 사람들이었습니다. 우리는 성경 구석구석에서 바로 이러한 약속의 사람들, 하나님의 언약을 믿고 의지하는 사람들의 역사를 만납니다. 그래서 성경은 언약의 책입니다.

요약과 질문

1. 창세기 10장에 등장하는 이들은 모두 몇 명이며, 각각의 이름은 무엇을 드러 냅니까?

2. 창세기 11장에 나오는 바벨탑 사건을 일으킨 장본인은 누구이며, 그는 노아의 세 아들 중 누구의 아들입니까?

3. 하나님께서 인류에게 하나의 언어를 주신 목적은 무엇입니까?

4. 방언과 관련하여 이사야 28:11이 의미하는 바는 무엇입니까?

5. 창세기 10:25에서 "그 때에 세상이 나뉘었음이요"라고 했고, 11:9에서는 "온 지면에 흩으시며"라고 했습니다. 이러한 일이 셈의 후예 중 누구 때에 일어났 습니까?

6. 바벨탑 사건과 언어는 어떤 관계가 있습니까?

7. 함의 후손 니므롯은 바벨 운동의 주도적인 역할을 했습니다. 셈의 후예 중 일 부가 이 운동에 참여했다는 증거는 무엇입니까?

8. 니므롯의 주도하에 일어난 바벨 운동을 설명할 때, "성과 대를 쌓아"라는 말 이 지닌 의미는 무엇입니까?

9. 바벨 운동의 본질은 무엇입니까?

10. 창세기 10:21~29과 11:10~26을 비교함으로써 두 성경 본문이 강조하고자 한 바는 무엇입니까?

제7장

족장들과 맺은 언약

아브람을 부르신 하나님 | 아브람 언약의 본질,
하나님 나라 | 하나님의 신실하심의 표 | 이삭과
야곱으로 이어진 약속 | 요셉을 통해 드러난
하나님의 뜻 | 교회의 보호자, 요셉 | 유다, 그리고
요셉의 눈물

제7장
족장들과 맺은 언약

아브람을 부르신 하나님

데라의 아들 아브람은 갈대아 우르에서 하나님으로부터 부름 받았습니다. 하나님의 부르심에 아브람은 갈 바를 알지 못했지만 순종하며 갔습니다(히11:8).

창세기 12:1에서는 하나님께서 아브람을 부르시는 내용이 기록되었습니다. "너는 너의 본토 친척 아비 집을 떠나 내가 네게 지시할 땅으로 가라"(창12:1). 창세기 본문에서는 이러한 명령이 하란에서 주어진 것처럼 보입니다. 창세기 11:31~32에서 아브람의 아버지 데라가 하란에서 죽었다 했습니다. 그리고 창세기 12:1에서 부르심에 대해 말합니다. 문맥을 따라 읽으면 하나님의 부르심이 하란이라는 도시에서 이루어졌다고 자연스럽게 이해하게 됩니다. 하지만 사도행전 7:2~3에서는 하나님의 부르심이 메소보다미아 즉 우르에서 있었다고 합니다. 두 본문을 종합하면 갈대아 우르에서 부르시고 하란에서 다시 한 번 부르신 것으로 이해할 수 있습니다.

아브람이 부름 받을 때의 영적 상황을 여호수아 24:2,14에서 짐작할 수 있습니다. 그의 가족은 강 저편 곧 우르에 있을 때에 우상을 섬겼습니다. 물론 하나님에 대한 신앙을 완전히 버리고 다른 신들만을 섬긴 것은 아닌 것으로 이해됩니다.

아브람은 셈의 후예입니다. 창세기 9:26의 약속에서 드러나듯이 셈의 후예를 통하여 신앙이 이어지고 있었습니다. 아브람 집안은 하나님에 대한 신앙도 이어가면서 또 다른 면에서는 지역의 다른 신들도 섬기고 있습니다.

다른 말로 하면, 일종의 혼합신앙에 처한 것입니다. 여호와도 좋고 다른 신들도 좋은 모양입니다. 오늘날 어린 성도들이 흔히 경험하는 '교회도 좋고 세상 재미도 좋은 것'과 같은 것입니다. 이러한 혼합신앙은 하나님의 약속을 단절시키는 무서운 죄악입니다. 교회가 하나님을 섬기라 하면서 재물도 좋으니 수단과 방법을 가리지 말고 부자가 되라고 가르치는 것도 바로 혼합신앙의 한 형태입니다.[34]

아브람 언약의 본질, 하나님 나라

셈의 후예들 가운데 깊이 들어온 불신앙은 여자의 후손에 대한 하나님의 약속이 위기에 처했음을 의미합니다. 그렇지만 하나님께서는 당신의 약속을 이루시기 위해 우상을 섬기고 있는 데라의 집안을 불러내셔서 가나안으로 인도하셨습니다.

하나님께서 아브람에게 하신 약속은 일반적으로 세 가지로 나누어

---

34) 이스라엘이 남유다와 북이스라엘로 나뉜 뒤, 북이스라엘은 마지막 왕 호세아 때에 멸망하였습니다(주전 722년). 열왕기하 17장은 북이스라엘의 멸망 원인을 소개합니다. 그 원인의 핵심은 바로 하나님의 왕국에서 우상을 섬긴 것이었습니다(왕하17:7~12). 바로 혼합신앙이었습니다. 북이스라엘이 앗수르에 의해 멸망하면서 많은 백성들이 포로로 잡혀갔습니다. 앗수르 왕은 사마리아 땅에 다른 나라 사람들을 데려와 살게 했습니다.

이해합니다. ① 큰 민족을 이루고 ② 복의 근원이 되며 ③ 가나안 땅을 주리라. 세 약속을 한 마디로 요약하면 '나라'입니다. 하나님께서 다스리시는 하나님의 나라를 약속하셨습니다.

'민족'은 백성이며 '가나안 땅'은 그 백성들이 기거하는 곳입니다. 땅이 있고 백성이 있으니 나라가 되는 것입니다. '복의 근원'이라는 말은 아브람을 통하여 땅의 모든 족속이 복을 받을 것이라는 의미입니다.[35]

물론 여기에서 말하는 복이라는 것은 흔히 우리가 말하는 개념의 복은 아닙니다. 이 복은 여호와 하나님으로부터 오는 복입니다. 곧 영생을 의미합니다. 하나님 나라의 백성이 되는 것을 의미합니다.

하나님께서 아브람을 통하여 나라를 건설하고자 하시는 것은 매우 중요합니다. 하나님께서 건설하고자 하시는 나라가 어떤 성격의 나라인지도 중요하며, 아브람에게 그 약속을 언제 하고 계시는지 곧 시기에 대한 이해도 중요합니다.

먼저 시기에 대해 생각해봅시다. 하나님께서 아브람에게 나라를 약속하신 시점은 언제입니까? 물론, 우리는 성경의 문맥을 따라 이

그때에 하나님께서 새로 들어온 백성 중 몇을 죽이시는 일이 있었습니다. 그 일로 앗수르 왕이 제사장 한 사람을 데려다가 여호와를 섬기는 법을 사마리아에 정착한 사람들에게 가르치게 했고, 이후로 사마리아는 혼합신앙의 전형이 되었습니다(왕하17:33).

35) 하지만 아브람의 조카 롯은 재산이 많아지자 삼촌을 떠났습니다. 이것은 단순히 가족 간의 이별이 아닙니다. 롯이 아브람을 떠난 것은 약속의 땅을 떠난 것이며 동시에 복의 근원을 떠난 것입니다. 그래서 베드로후서 2:7~8에서 롯을 평가하기를 '의인'이라 했습니다. 그러면서 의인이 복의 근원, 하나님 약속의 땅을 떠나 살면서 "무법한 자의 음란한 행실을 인하여 고통"한다고 했습니다. 또한 "이 의인이 저희 중에 거하여 날마다 저 불법한 행실을 보고 들음으로 그 의로운 심령을 상하니라"라고 했습니다. 롯의 삶은 우리의 삶의 모습이 어떠해야 하는지 다시금 생각하게 합니다. 하나님의 백성들이 물질을 좇아 살아갈 때 그 결말이 어떠한지를 보여주는 것 같아 씁쓸한 느낌을 지울 수 없습니다.

문제를 생각해야 합니다.

창세기 10장은 각 나라들의 이름임과 동시에 족보입니다. 여기에 소개된 나라들은 모두 70족속입니다.[36] 바벨의 반역을 통하여 각 종족들은 각기 다른 언어를 사용하게 되었습니다. 물론 그중에 경건한 백성들이 있습니다. 그럼에도 불구하고 거룩한 계보인 셈의 후예들 가운데 일부가 바벨 운동에 동참했습니다.

사단의 강력한 도전에 직면한 온 세계는 죄로 오염되기 시작했습니다. 심지어 셈의 후예인 아브람 집안에도 우상을 섬기는 모습이 나타났습니다. 이러한 때에 하나님께서는 아브람을 통하여 한 나라를 만드시겠다고 선언하셨습니다.

바벨의 반역으로 출현한 전 세계의 70족속(나라)을 하나님의 나라로 인도하기 위해서는 70족속에 버금가는 나라가 필요합니다. 하나님께서는 이방 나라 곧 죄의 세력이 지배하는 세계에서 당신이 다스리는 나라를 두심으로 이들에게 하늘의 왕국을 보여주고자 하셨습니다.

더 나아가 모든 세계에 하나님의 복음이 울려 퍼질 것을 소망하셨습니다. 출애굽기 19:6에서 이스라엘 백성들에게 '제사장 나라'를 말씀하셨습니다. 바로 이 사명, 이 특권을 자기 백성에게 주시기 위해 아브람에게 나라를 약속하셨습니다. '세상이 죄의 지배 아래 있고 각각의 나라들로 구성되어 있으니 인간 왕국에 대비되는 내 나라를 보여주어 구속의 길을 가르치겠다.'라는 하나님의 계획이 드러난 것입

---

36) 창세기 10장에 등장하는 국가의 숫자 70은 이후 성경 역사에서도 중요한 의미로 사용됩니다. 출애굽기 15:27에서 이스라엘이 출애굽 하여 엘림에 도착했습니다. 그곳에는 샘 열둘과 종려 칠십 주가 있었습니다. 이것은 이스라엘의 열두 지파(샘 열둘)가 이방 족속들(종려 칠십 주)을 먹인다는 것을 상징적으로 보여주는 것입니다. 또한, 예수님께서도 열두 제자를 부르신 후에 일흔 명의 제자를 부르시고 파송하셨습니다(눅10:1).

니다.

다음으로 아브람에게 약속하신 나라의 본질을 생각해봅시다. 하나님께서 아브람에게 약속을 주시면서 먼저 행해야 할 것을 말씀하셨습니다. 본토 친척 아비 집을 떠나는 것입니다. 본토는 자신이 근거로 삼았던 지역공동체를 의미합니다. 친척과 아비 집은 혈연공동체를 의미합니다.

지역공동체와 혈연공동체는 모든 인간들의 삶의 터전이며 힘의 근원입니다. 하나님께서는 아브람에게 바로 그것들로부터 떠나라 하셨습니다. 즉, 인간으로서 의지할 수 있는 모든 것들로부터 단절되도록 하시는 것입니다. 이것이 바로 구원의 도리입니다.

예수님께서는 제자들에게 "내 이름을 위하여 집이나 형제나 자매나 부모나 자식이나 전토를 버린 자마다 여러 배를 받고 또 영생을 상속하리라"(마19:29)라고[37] 말씀하셨습니다. 예수님께서 말씀하신 것과 하나님께서 아브람에게 말씀하신 것은 원리적으로 동일합니다.

구원은 인간이 스스로 의지하고 있는 모든 것들로부터 떠나는 것에서 출발합니다. 자신이 의지하는 모든 것들을 버리는 것입니다.

---

37) 모든 것을 버린 이들에게 같은 것을 여러 배 받는다는 것은 중요한 의미를 담고 있습니다. 집, 형제, 자매, 부모, 자식을 버렸는데도 어떻게 여러 배를 받습니까? 이 약속은 어떤 자연인이 복음을 받았을 때 세상의 것과 상응하는 새로운 가족관계가 주어짐을 가르칩니다. 곧 교회에 대한 약속입니다. 우리가 복음을 받을 때에 세상으로부터 단절됩니다. 그러나 새로운 공동체인 교회를 선물로 받습니다. 이런 면에서 교회는 새로운 가족으로서 그 본질을 드러내어야 합니다. 물론 우리가 이 땅에서 완벽하게 그 모습을 드러내는 것은 불가능합니다. 그렇지만 교회가 하나님의 거룩한 새로운 가족이라는 믿음과 소망을 갖고 살아가는 것과 그렇지 않고 아무런 생각 없이 살아가는 것은 삶의 자세에서 큰 차이가 있습니다.

곧, 아상(我想)을 의지하지 않는 것입니다. 그리하여 오직 여호와 하나님만 의지하며 그분의 의로 옷 입는 것입니다. 하나님께서 세우고자 하시는 나라는 바로 이런 나라입니다.

사실 하나님께서 아브람에게 떠나게 하신 것들(본토, 친척 아비 집)과 새롭게 주시는 것들을 비교해 봅시다. 하나님께서 약속하신 민족, 땅, 복은 아브람이 버려야 할 것들과 비슷한 모습을 하고 있습니다. 아니, 같은 것입니다. 눈으로 볼 때는 같습니다. 본토 대신에 땅이 주어집니다. 친척 아비 집 대신에 민족이 주어집니다. 겉으로 드러난 모습은 모두 같은 것입니다. 그러나 여기에는 완전히 다른 측면이 하나 있습니다. 하나님께서 약속하신 것들은 하나님의 것들이요 거룩한 것이지 결코 죄악된 인간의 것이 아닙니다. 완전히 다른 면이란 바로 이것입니다.

하나님의 신실하심의 표

무자한 아브람은 약속대로 자식을 기다리지만 좀처럼 자녀가 생기질 않습니다. 아브람은 다메섹에서 얻은 종 엘리에셀을 자식으로 삼으려 했습니다(창15:2~3). 하나님께서는 "네 몸에서 날 자가 네 후사가 되리라"(창15:4) 말씀하시고 그 약속을 꼭 이루겠다는 의지를 표하셨습니다.

삼년 된 암소와 암염소, 숫양, 그리고 산비둘기와 집비둘기 새끼를 취하여 중간을 쪼개라고 하셨습니다. 아브람이 잠든 중에 여호와께서 타는 횃불로 나타나 쪼갠 고기 사이로 지나가셨습니다. 이는 '내가 너에게 약속한 것을 지키지 않으면 쪼갠 짐승들처럼 저주를 받을 것이라.'라는 선언입니다. 하나님께서는 아브람에게 하신 언약을 확실히 지킬 것을 보여주셨습니다(창15:12~17).

또한, 할례를 약속의 표로 삼았습니다(창17:11). 민족과 땅에 대한 약속을(창17:1~8) 이루시겠다는 표로 아브라함의 집에 있는 모든 남자들에게 할례를 명하셨습니다. 할례는 남자의 성기의 일부분을 칼로 자르는 행위입니다.

'내가 너에게 주는 자식(민족)은 너의 힘으로 얻는 것이 아니니라.'라는 것을 선포하신 것입니다. 할례는 할례를 받은 이들에게 하나님께서 약속을 신실하게 이루실 것이라는 믿음의 표입니다. 하나님께서 아브라함의 자손으로 큰 민족을 이루게 하시며 복의 근원이 되게 하시고 가나안 땅을 선물로 주시겠다는 약속을 기꺼이 받아들이는 것. 바로 그 하나님의 약속을 전적으로 신뢰하겠다는 표가 할례입니다.

생식기를 자르는 것은 믿음의 자녀가 생물학적인 방식으로는 출생할 수 없다고 고백하는 것입니다. 아브라함에게서 이삭이 출생할 때를 생각해 보십시오. 아브라함과 사라는 나이가 많아 늙었고 사라의 경수(생리)는 끊어졌다고 했습니다(창18:11). 이삭의 출생은 인간의 노력의 결과물이 아닙니다. 그것은 하나님께서 주신 은혜의 선물입니다. 할례는 하나님께서 하신 약속을 하나님의 방식으로 이루신다는 것에 대한 수납의 표입니다.[38]

---

38) 할례는 신약성경에서 매우 중요한 문제로 등장합니다. 초대교회에서 할례 문제는 교회를 어지럽히는 거짓 교사들의 대표적인 주장 중 하나였습니다. 할례를 행함으로 구원을 얻을 수 있다는 주장은 그리스도의 십자가의 은혜를 무위로 돌리는 것입니다. 그리하여 바울은 골로새서 2:11에서 그리스도의 십자가의 은혜로 구원 얻음을 '그리스도의 할례'라고 했습니다.

이삭과 야곱으로 이어진 약속

아브라함에게 주어진 약속은 아들인 이삭과 손자 야곱을 통하여 계속되었습니다. 이삭이 그랄에 거할 때에 하나님께서는 땅과 민족과 복에 대해 아브라함에게 하신 약속과 동일한 약속을 하셨습니다(창 26:2~4).

이삭에게는 쌍둥이 아들이 있었습니다. 에서와 야곱입니다. 하나님의 구속역사는 야곱을 통하여 이어집니다.[39] 야곱이 형 에서를 피해 외삼촌이 있는 밧단아람으로 가는 중 루스(벧엘)에서 하나님을 만났습니다. 하나님께서는 이삭에게 약속하셨던 것을 똑같이 야곱에게도 약속하셨습니다(창28:13~15).

이삭과 야곱은 각각의 인생에서 독특한 경험을 많이 했습니다. 그들이 경험한 것들 중에 한 가지 공통점이 있습니다. 이삭은 모리아 산에서 아버지가 바치는 제사의 제물이 되었다가 숫양이 자신의 죽음을 대신했던 경험이 있습니다. 죽었다가 살아난 것입니다.

야곱도 마찬가지입니다. 얍복강에서 하나님과 더불어 씨름했습니다. 하나님께서 그의 환도뼈를 치셨습니다. 여기 '치셨다'는 것은 아주 살짝 건드리셨다는 것입니다. 만약 하나님께서 강하게 치셨으면 야곱은 죽었을 것입니다. 결국 야곱도 죽음에서 건져졌습니다. 이삭과 야곱은 모두 부활신앙을 경험했습니다. 야곱은 이 사건으로 이름이 바뀌었습니다.

큰 민족의 약속이 이루어지기 위해서는 자녀들이 많이 출생해

---

39) 에서와 야곱은 하나님의 선택을 이해하는 열쇠입니다. 로마서 9:11~13에 두 아이가 태어나기 전에 곧 어떤 행위가 있기 전에 택하심을 따라 큰 자(에서)가 어린 자(야곱)를 섬겨야 한다고 하셨습니다. 그러면서 말라기 1:2~3 말씀을 인용하면서 야곱은 사랑하고 에서는 미워하였다고 했습니다. 하나님의 선택은 하나님의 주권적인 사역입니다.

야 합니다. 그러나 아브라함에게는 이삭밖에 없었습니다. 이삭은 에서와 야곱을 낳았습니다. 야곱은 12명의 자녀를 낳았습니다(창 35:22~26). 아브라함에게 하신 민족에 대한 약속이 이제 서서히 이루어지는 것을 발견합니다.

그러나 땅에 대한 약속은 아직도 많은 시간을 기다려야 했습니다. 하나님께서 아브라함과 언약을 맺으실 때에 가르쳐주신 것이 있습니다. 그의 후예들이 이방에서 객이 되어 사백 년 동안 괴로움을 당할 것이라 하셨습니다(창15:13). 땅에 대한 약속은 이 괴로움의 시간이 지난 뒤에 성취될 것입니다.

요셉을 통해 드러난 하나님의 뜻

야곱의 열두 아들은 하나님께서 아브라함에게 하신 약속이 성취되어가고 있음을 증거하는 표입니다. 하지만 사단은 그 아들들이 온전하고 정당한 신앙인으로 자라나는 것을 볼 수 없었습니다.

사단은 집요하게 하나님의 백성들을 공격합니다. 사단의 공격과 하나님의 방어가 야곱의 아들들의 행적에서 매우 적나라하게 드러납니다. 야곱은 여러 아들 가운데 요셉을 눈여겨보았습니다. 야곱은 요셉을 여러 아들보다 깊이 사랑하였고 채색 옷을 지어 입혔습니다(창37:3). 이것은 단순히 부모가 자식을 편애한 것이 아닙니다. 물론 야곱이 요셉에게 더 애착을 느낀 것은 사랑하는 아내 라헬에게서 낳은 아들이기 때문일 수도 있습니다. 그러나 야곱이 요셉을 다른 자녀들보다 더 사랑한 것은 그의 어머니 때문만은 아닙니다.

요셉은 계시의 사람이었습니다. 하나님께서는 요셉을 통하여 그 시대의 자기 백성들을 보호하시고 인도하셨습니다. 요셉이 처음 형들(단, 납달리, 갓, 아셀)의 과실을 아버지에게 고한 것은 단순한 고자질이 아닙니다(창37:2). 이것은 마치 교회의 한 성도가 직분자에게 정당한 권징을 요청하는 것과 같습니다.

요셉은 거룩한 열망으로 가득 찬 신실한 사람이었습니다. 바로 그에게 꿈이 주어졌습니다. 꿈은 구약 시대에 하나님께서 자기 백성들에게 자신의 뜻을 알리시는 방편이었습니다.[40] 그러므로 꿈을 꾸었다는 것은 하나님의 계시를 받았다는 의미입니다.

요셉은 두 가지 꿈을 꾸었습니다. 요셉의 곡식 단에 형들의 곡식 단들이 절하는 장면이었습니다. 다른 한 가지는 해와 달과 열한 별이 요셉에게 절하는 내용이었습니다. 여기에서 아주 재미있는 일이 일어납니다. 요셉은 부모님과 형제들에게 꿈을 말할 따름입니다. 그 꿈을 해석하는 사람들은 누구입니까? 바로 부모와 형제들입니다. 그런데 두 꿈의 해석이 동일합니다. 형들은 요셉을 향하여 "네가 참으로 우리의 왕이 되겠느냐"(창37:8)라고 했고, 아버지는 "나와 네 모와 네 형제들이 참으로 가서 땅에 엎드려 네게 절하겠느냐"(창37:10)라고 했습니다.

두 꿈에 대한 두 해석은 요셉이 왕적 사역을 행한다는 것입니다. 형들은 스스로 이러한 해석을 하고 요셉을 시기했습니다. 그러나 아

---

40) 하나님께서는 오늘날 꿈을 통하여 계시하지 않으십니다. 우리는 하나님의 완전한 계시인 성경을 선물로 받았습니다. 만약 어떤 사람들이 오늘날에도 꿈을 통하여 하나님의 뜻을 알 수 있다고 한다면 그는 성경의 완전성을 부인하게 됩니다. 성경의 완전성을 부인하면 성경 이외의 수많은 방법으로 하나님의 뜻이 알려질 수 있다는 의미가 되기 때문에 더 이상 성경은 성도들의 삶의 절대적 기준이 아니라 하나의 참고문서에 지나지 않게 됩니다. 이것이야말로 오늘날 교회가 지양해야 할 가르침입니다. 성경 외에는 하나님의 뜻, 계시가 주어지지 않습니다. 웨스트민스터 신앙고백서 제 1장 '성경'의 1절 말미에서도 "하나님은 그의 백성에게 그의 뜻을 계시하던 이전의 방법들을 지금은 그치셨다."라고 했습니다.

버지 야곱은 그 말을 마음에 두었습니다(창37:11).

교회의 보호자, 요셉

야곱은 요셉이 장차 어떤 기능을 담당할 것인지 서서히 알게 되었습니다. 야곱은 자녀들이 세겜에서 양 떼를 칠 때 요셉을 그곳으로 보냅니다. 요셉은 감독자(왕적 직분)로서 형들의 사역을 살핀 것입니다.

그러나 형들은 그를 죽음으로 몰아갔고 요셉은 르우벤과 유다에 의해 생명을 보존함과 동시에 애굽으로 팔려갔습니다.[41] 야곱은 자신이 아버지와 형에게 거짓말했던 것과 같은 방법으로 자식들에게 속임을 당했습니다.

하나님께서는 요셉이 어디를 가든지 꿈이 이루어지게 하셨습니다. 애굽의 시위대장 보디발의 집에서 가정 총무가 되었습니다(창39:4). 보디발은 자신의 아내를 제외한 모든 것을 관리할 책임을 요셉에게 주었습니다.

보디발의 아내 때문에 감옥에 갇혔을 때도 마찬가지였습니다. 전옥(교도소장)은 옥중 죄수를 모두 요셉에게 맡겼습니다(창39:22). 마침내 요셉은 애굽의 총리가 되었습니다(창41:41). 하나님께서 그에게 꿈으로 계시하신 대로 되었습니다.

가나안에 기근이 임했습니다. 야곱은 곡식을 구하기 위해 자녀들을 애굽으로 보냈습니다. 바로 그곳에서 야곱의 아들들은 요셉을 만났습니다. 요셉은 형들을 안심시킵니다. "당신들이 나를 이곳에 팔았으므로 근심하지 마소서 한탄하지 마소서 하나님이 생명을 구원

---

41) 이것은 마치 그들의 구원자를 이방인에게 팔아 십자가에 못 박은 예수님 당시의 언약백성들을 미리 보여주는 듯합니다. 그러므로 요셉을 예수님의 그림자라고 해도 무방할 것입니다. 그는 형제들에 의해 배척받았습니다.

하시려고 나를 당신들 앞서 보내셨나이다"(창45:5). 하나님께서 자신에게 주신 계시에 대한 온전한 이해가 없었다면 이런 고백이 나올 수가 없습니다.

요셉은 하나님의 선한 인도하심과 자신이 감당할 사명이 무엇인지 정확하게 이해하고 있었습니다. 오래 전, 아브라함에게 하신 약속이 틀림없이 이루어질 것을 확신하고 있었습니다. 요셉 때문에 야곱의 가족들은 애굽으로 내려갔습니다. 고센 지방에 머문 그들은 안락하고 편안한 생활을 영위했습니다. 애굽으로 일흔 명의 가족이 내려갔습니다(창46:27). 그러나 그들이 애굽을 떠날 때에는 장정만 약 60만이나 되었습니다(출12:37).

유다, 그리고 요셉의 눈물

야곱은 열두 명의 아들을 축복했습니다. 그중 유다에게 한 축복은 우리가 꼭 기억해야 합니다. "홀이 유다를 떠나지 아니하며 치리자의 지팡이가 그 발 사이에서 떠나지 아니하시기를 실로가 오시기까지 미치리니 그에게 모든 백성이 복종하리로다"(창49:10). 이 축복은 바로 메시야가 유다 지파를 통하여 올 것을 말씀하신 것입니다. 뱀을 저주하면서 약속하신 여자의 후손, 바로 그 후손이 유다 지파를 통하여 올 것을 예언했습니다.

하나님께서 무엇 때문에 유다 지파를 통하여 메시야를 보낼 것을 작정하셨는지 정확하게 알 수 없습니다. 짐작건대, 요셉의 팔림과 야곱의 모든 가족이 애굽으로 옮겨가는 과정에서 유다가 보인 행동들에서 몇 가지 단서를 찾을 수 있습니다. 그는 항상 다른 형제를 위해 자신의 생명을 내어놓습니다. 바로 이런 유다의 모습이 대속사역을 감당할 메시야의 사역과 일치했던 것으로 보입니다.

야곱은 죽었습니다. 야곱의 죽음은 그의 아들들을 당황하게 만들었습니다. 요셉의 형제들은 요셉에게 찾아가 아버지의 유언을 언급하면서 자신들을 선처해 달라 부탁합니다. 요셉은 그러한 형들의 모습을 보면서 눈물을 흘렸습니다(창50:17).

요셉의 눈물은 당대 교회의 신앙 없음에 대한 안타까움의 표현입니다. 하나님의 계시를 온전히 이해하지 못한 교회의 모습. 하나님의 약속을 전적으로 신뢰하지 못하는 믿음 없는 교회의 형편. 아! 연약한 그리스도의 신부여!

요셉은 죽음을 눈앞에 두고 유언을 했습니다. 하나님께서 아브라함과 이삭과 야곱에게 맹세하신 땅으로 그들을 인도하실 것이라 했습니다. 또한 요셉은 그들에게 자신의 해골을 메고 약속의 땅으로 올라갈 것을 맹세하라고 청했습니다. 연약한 교회를 위해 자신의 죽은 몸까지 하나님의 언약을 기억케 하는 도구로 사용되기를 바라는 왕의 모습이 선연(鮮姸)하게 빛납니다.

요약과 질문

1. 하나님께서 아브람을 부르실 당시의 영적인 상황을 설명해 봅시다.

2. 하나님께서 아브람에게 하신 약속 세 가지는 무엇입니까? 아브라함 언약을 한 마디로 요약하면 무엇입니까?

3. 베드로후서 2:7~8은 롯을 의인이라고 말하지만 그는 신앙인으로서의 비참한 삶을 대표합니다. 아브라함 언약과 관련하여 롯의 모습을 설명해 봅시다.

4. 아브라함에게 약속이 주어진 시기의 특징은 무엇입니까?

5. 아브라함 언약의 본질을 마태복음 19:29과 관련하여 설명해 봅시다.

6. 창세기 15:12~17을 통해 아브라함 언약의 특징을 설명해 봅시다.

7. 할례가 의미하는 바는 무엇입니까?

8. 아브라함, 이삭, 야곱이 경험한 부활신앙의 내용을 설명해 봅시다.

9. 요셉의 두 가지 꿈과 그 꿈이 의미하는 바는 무엇입니까?

10. 요셉의 사명이 이루어지는 과정과 창세기 45:5을 통해 요셉의 신앙을 정리해 봅시다.

11. 야곱이 죽자 요셉의 형제들은 아버지의 유언을 언급하여 요셉에게 선처를 부탁합니다. 그때 요셉은 눈물을 흘립니다. 요셉의 눈물이 의미하는 바는 무엇입니까?

제8장

출애굽과 시내 산 언약

사단의 공격과 하나님의 인도 | 구원자 모세와
거부하는 이스라엘 | 예배를 위하여 | 하나님의
군대의 출현 | 출애굽과 가나안 정복, 죄 문제의
해결 | 시내 산 언약, 제사장 나라 | 율법, 하늘을
땅 위에 아로새기다 | 하늘의 보좌가 땅 위에
| 금송아지 너머 약속은 깨어지고 | 죄의 값을
치루고 다시 얻은 언약

제8장
출애굽과 시내 산 언약

사단의 공격과 하나님의 인도

하나님께서 아브라함에게 하신 약속은 정확하게 이루어져 갔습니다. 출애굽기 1장은 열두 지파의 이름을 나열한 뒤에 이스라엘 백성들의 생육이 중다하고 번식하고 창성하고 심히 강대하여 온 땅에 가득하게 되었다고 했습니다(출1:7). 내가 너로 큰 민족을 이루리라는 약속은 이미 이루어졌습니다.[42]

그러나 사단의 공격은 집요했습니다. 이제 사단은 바로를 이용했습니다. 바로는 이스라엘 백성들이 아이를 낳지 못하도록 힘든 노동을 하게 했습니다. 육체적 고통으로 부부가 정상적인 생활을 하지 못하게 하면 자연스럽게 자녀 출생이 줄어들 것으로 본 것입니다.

그러나 결과는 반대였습니다. 더 고통스러운 노동여건을 만들었지만 별 소용이 없었습니다. 좀 더 직접적인 방법이 동원되었습니다.

---

42) 야곱 가족이 애굽에 내려간 인원은 70명입니다(창46:27). 그러나 이 인원은 직계 가족들의 숫자입니다. 원래 아브라함에게는 318명의 사병이 있었습니다. 그리고 아브라함이 애굽에 내려갔을 때 아내 사라와의 일로 바로로부터 노비를 선물로 받았습니다(창12:16). 그러니 야곱이 애굽에 갈 때 동행한 종들까지 합하면 상당히 많은 숫자였던 것으로 추정할 수 있습니다.

산파들에게 남자아이들이 출생하면 모두 죽이라는 명령이 내려졌습니다. 그러나 히브리 산파들은 하나님을 두려워하는 자들이었기에 바로의 명령에 순종치 않았습니다.

바로는 결국 극단적인 조치를 취합니다. 자기의 모든 백성들에게 이스라엘 백성들의 집에 남자아이가 태어나면 강에 던지고 여자아이는 살려주라고 했습니다(출1:22). 하나님의 백성들은 무엇 때문에 이러한 고통을 당하는 것일까요? 사단의 공격이라는 측면도 있지만, 한편으로 이스라엘 백성들의 범죄도 한 원인임을 생각합니다. 이스라엘은 애굽에서 하나님 외에 다른 신을 섬겼습니다(수24:14).

사단의 공격은 하나님의 백성들에게 고통을 주었습니다. 아기들의 울음소리가 강가에 울려 퍼졌습니다. 아니, 아기의 울음소리가 아니라 울음소리도 크게 내지 못하고 서럽게 몸부림치는 어미들의 모습이 강가에 어른거렸습니다.

구원자 모세와 거부하는 이스라엘

그러나 하나님께서는 사단의 집요한 공격과 자기 백성들의 흐느낌을 보시고 모세를 태어나게 하셨습니다. 죽음의 강에서 모세로 하여금 생명을 얻게 하셨습니다. 그리고 모든 남자아이를 죽이라는 명령이 내려진 곳, 바로의 궁으로 모세는 유유히 들어갔습니다. 모세의 어머니는 모세의 유모가 되었습니다.

모세는 레위 지파의 신실한 용사로 자랐습니다. 하루는 동족의 고역을 보다가 애굽 사람이 자기 형제를 치는 것을 보고 그 애굽인을 죽였습니다. 이튿날에는 형제들끼리 싸우는 것을 중재하였습니다. 그때 모세의 동족이 말합니다. "누가 너로 우리의 주재와 법관을 삼았느냐"(출2:14). 모세는 자기 형제들로부터 배척받았습니다. 모세가 애굽 사람을 죽인 사실이 바로의 귀에 들어갔고 모세는 광야로 갔습니다.[43]

하나님의 백성들은 부르짖기 시작했습니다. 자기 백성의 기도를 들으신 하나님께서는 아브라함과 이삭과 야곱에게 세운 언약을 기억하셨습니다(출2:24). 하나님께서는 모세를 다시 부르셨습니다. 그를 자기 백성들에게 보내어 구원하게 하셨습니다.

그러나 모세는 백성들이 자신의 말을 믿지 않을 것이라 항변합니다. 하나님께서는 모세의 지팡이로 뱀이 되었다가 다시 지팡이가 되는 기적을 보이셨습니다(출4:1~4). 창세기 3:15에서 약속된, 뱀을 제어하는 모습을 미리 보여주신 것입니다.

또한 손에 문둥병이 발하였다가 사라지는 것과 강물이 피가 되는 기적을 통하여 부정한 이스라엘을 정결케 하며 원수는 피로 심판하겠다는 것을 가르치셨습니다. 모세는 다시 자신이 말에 능치 못한 자라고 핑계 댑니다. 그러자 하나님께서는 화를 내시며 아론을 붙여 주셨습니다.

예배를 위하여

결국 모세는 바로에게 갔습니다. 광야에서 절기를 지킬 것이니 내

---

43) 모세의 광야행을 지도자로서 더 준비하기 위함이라고 해석하는 사람들이 있습니다. 그러나 이러한 해석은 많은 의문이 들게 합니다. 사도행전 7:25에는 "저는 그 형제들이 하나님께서 자기의 손을 빌어 구원하여 주시는 것을 깨달으리라고 생각하였으나 저희가 깨닫지 못하였더라"라고 했습니다. 즉 모세는 준비가 되었지만 백성들이 모세를 그들의 구원자로 인정치 않은 것입니다. 동족 한 명이 모세에게 한 말이 매우 중요합니다. "누가 너로 우리의 주재와 법관을 삼았느냐". 이는 모세가 이스라엘의 주재와 법관이 아니라는 주장입니다. 이 모습은 예수님께서 자기 동족들에게 메시야로서 많은 증거를 보이셨지만 끝까지 배척당하셨던 것과 같습니다.

백성을 보내라는 하나님의 메시지를 전달합니다. 여기 '절기를 지킨다(출5:1)'라는 말은 '여호와께 희생을 드린다(출5:3)'라는 말과 같은 의미입니다. 희생을 드린다는 것은 문자적으로 '제사 드리다'라는 의미입니다. 하나님께서는 자기 백성으로부터 온전한 예배를 받기 원하셨습니다. 바로는 모세의 요청을 단호히 거절했습니다. 하나님께서는 바로를 강퍅하게 하셨습니다. 하나님께서는 의도적으로 애굽과 바로를 열 가지 재앙으로 심판하셨습니다.

마지막 재앙으로 모든 초태생이 죽음에 이르게 하신 것에는 여러 가지 의미가 있습니다. 유월절 절기는 바로 이 심판에서 유래했습니다. 하나님의 백성들을 대신하여 어린 양의 피가 뿌려졌습니다. 어린 양의 피로 인해 하나님의 백성들은 생명을 보존했습니다.

하나님의 백성들은 대속 죽음의 도리를 배우게 되었습니다. 애굽에 내린 열 재앙은 하나님의 백성들에게는 구원의 도리를 가르치는 사건이기도 하지만 다른 한편으로는 애굽의 모든 신들에 대한 여호와의 징계였습니다(출12:12).

바로의 장자도 죽었습니다. 바로는 태양의 아들입니다. 하나님께서는 흑암을 통하여 태양을 제압하시고 태양의 아들인 바로의 장자까지 죽이셨습니다. 이를 통해 하나님을 대적하는 자는 반드시 심판하시는, 그분의 영광을 드러내셨습니다.

이스라엘이 애굽에 거한 지 사백 삼십 년 만에 가나안을 향하여 출발했습니다. 아브라함에게 약속하신 대로 보행하는 장정이 육십 만 가량이었고 중다한 잡족과 양과 소와 많은 생축이 함께 따라 나왔습니다.

하나님의 군대의 출현

우리는 이제 출애굽의 의미를 좀 더 다른 측면에서 생각하려 합니다. 먼저, 출애굽은 하나님의 군대의 출현입니다. 출애굽기 12:41,51에서 이스라엘은 '여호와의 군대'로 불렸습니다. 아브라함에게 이삭을 제물로 바치라 하시고 약속하시길 "네 씨가 그 대적의 문을 얻으리라"(창22:17)라고 하셨습니다. 대적 곧 사단의 권세를 무너뜨리는 하나님의 군대가 출현한 것입니다.

출애굽의 다른 의미는 이스라엘이 하나님의 군대로서 단련되어 온전한 백성으로 나아온다는 것입니다. 신명기 4:20에서 애굽은 이스라엘에게 '쇠풀무'였습니다(렘11:4). 쇠를 단련하여 불순물을 제거하고 순수한 철을 만드는 곳이 풀무입니다. 이집트는 이스라엘에게 쇠풀무와 같은 기능을 했습니다. 이스라엘은 애굽에서 다른 신을 섬겼습니다(수24:14). 하나님께서는 우상을 숭배하는 이스라엘에게 고난을 주심으로 정결케 하셨습니다.

동시에 출애굽은 하나님께서 애굽에게 내리신 심판이라는 의미도 있습니다. 느헤미야 9:10에서 "바로와 그 모든 신하와 그 나라 온 백성을 치셨사오니 이는 저희가 우리의 열조에게 교만히 행함"이라 했습니다. 애굽이 하나님의 백성들에게 교만히 행했다고 했습니다. 그런 연유로 바로와 그 모든 백성을 징계하셨다고 했습니다.

결국 이집트에서 하나님의 거룩한 백성이 나온 것에는 여러 가지 의미가 있는 것입니다. 한편으로는 죄악된 삶에서 당신의 택하신 백성을 꺼내어 하나님의 거룩한 백성이 되게 하는 것, 즉 이집트에서 나오는 것은 죄에서부터 해방되는 것을 의미합니다. 동시에 거룩한 백성들을 고통 가운데 있게 했던 애굽인들을 정죄하고 죽임으로 대적 원수를 무찌르는 의미도 있습니다. 또한, 이스라엘이 하나님의 군대가 되어 새로운 전투를 준비하게 된다는 의미도 있습니다.

출애굽과 가나안 정복, 죄 문제의 해결

여기에서 아주 재미있는 본문 한 곳을 소개하려 합니다. 시편 105:23 입니다. "이에 이스라엘이 애굽에 들어감이여 야곱이 함 땅에 객이 되었도다". 시편 본문은 이스라엘이 애굽에 들어간 것을 가리켜 야곱이 함 땅에서 나그네로 산 것이라고 했습니다.

애굽을 '함 땅'으로 설명했습니다. 우리는 창세기 10장에서 함의 후예들에 대한 족보를 알고 있습니다. 함에게는 가나안이라는 아들이 있습니다. 이스라엘 백성들은 애굽에서 나와 가나안으로 갑니다.

시편의 말씀대로라면 이스라엘은 함의 땅에서 나와 그 아들의 땅인 가나안으로 갑니다. 창세기 9장에 기록된 노아의 포도주 사건에 의하면 함은 사단의 씨입니다. 그렇다면 함은 죄의 뿌리요 그 아들인 가나안은 죄의 열매로 이해할 수 있습니다.

하나님께서 왜 자기 백성들을 애굽으로 들이시고 그리고 그곳으로부터 탈출하여 가나안 땅을 선물로 주셨는지 이제 쉽게 이해될 것입니다. 애굽은 죄의 근원이며 가나안은 죄의 열매입니다. 출애굽 하여 약속의 땅 가나안을 차지하는 것은 결국 죄의 근원과 죄의 열매를 정복함으로써 인간의 가장 근본적인 죄 문제를 해결하는 것입니다.

이런 면에서 이스라엘이 군대가 되는 것은 단순히 전쟁을 위한 군대가 아니라 죄와 맞서 싸우는 거룩한 군대가 되는 것입니다. 그 전투가 바로 열 재앙이며 홍해를 건너는 것입니다. 홍해 사건은, 자기 백성은 안전하게 생명을 얻어 물 가운데로 지나 구원을 얻는 것이며(고전10:1) 대적들은 죽음에 이르게 하는 것입니다. 물론 이 전쟁은 여호와의 전쟁입니다. "여호와께서 너희를 위하여 싸우시리니"(출14:13~14). 그 백성들은 여호와의 말씀에 순종함으로 승리를 얻습니다.[44]

시내 산 언약, 제사장 나라

애굽을 떠난 하나님의 백성들은 석 달째 되는 날 시내 산에 이르렀습니다(출19:1). 하나님께서는 이곳에서 자기 백성들과 언약을 갱신하십니다. 아브라함과 맺은 언약을 더욱 구체화합니다. 시내 산 언약, 혹은 모세 언약으로 불리는 이 언약은 이후 구약역사 가운데에서 매우 중요하게 작용합니다.[45]

아브라함에게 하신 약속대로 이스라엘은 나라가 되었습니다. 하나님께서는 그 나라와 좀 더 농밀한 관계를 선언하십니다. 이스라엘이 하나님의 언약을 잘 지키면 열국 중에서 '내 소유'가 된다고 하셨습

---

44) 홍해 사건에 대한 매우 독특한 표현이 있습니다. 출애굽기 14:21에 의하면 여호와께서 큰 동풍으로 바닷물을 물러가게 했다고 했습니다. 하지만 모세와 이스라엘이 노래를 부를 때에는 "주의 콧김에 물이 쌓이되 파도가 언덕같이 일어서고"(출15:8)라고 했습니다. 바람과 콧김은 사실 같은 단어입니다. 종종 이 단어는 성령님으로 번역되었습니다. 우리는 성령님께서 홍해의 물을 가르신 것으로 이해합니다.

45) 출애굽기 19~24장까지는 시내 산 언약입니다. 그 구조를 살펴보면: ⑴ 역사적 서언 (출19:4) ⑵ 언약 당사자 간의 관계규명(출19:5~6) ⑶ 중재자 모세를 통한 교섭(출19:7~8) ⑷ 언약 당사자들의 대면(출19:9~25) ⑸ 언약조건① – 언약 당사자가 직접 준 조건(20장) ⑹ 언약조건② – 중재자를 통하여 준 조건(출21~23장) ⑺ 언약비준 예식 (출24:3~8) ⑻ 축하연(출24:9~11)입니다. 이 구조에 대한 좀 더 깊은 내용은 송제근, 『시내산 언약과 모압언약』(서울: 솔로몬, 1998)을 참고하세요.

니다(출19:5). '소유'라는 말은 '보배'라는 뜻입니다. 세상에서 둘도 없는 아주 귀한 보배를 일컫는 말입니다. 이스라엘은 하나님의 보배입니다.

또한 그들은 제사장 나라가 되며 거룩한 백성이 될 것입니다(출19:6). 제사장 나라가 된다는 것은 아브라함 언약에서 '복의 근원'이 된다는 말과 같은 의미입니다. 제사장은 하나님과 언약백성의 관계에 있어 중보적 기능을 담당합니다. 하나님의 백성들이 하나님을 만나는 것은 반드시 제사장을 통해서만 가능합니다. 또한 제사장들이 가르치는 법을 따라 하나님을 만나야만 합니다. 이스라엘은 바로 이러한 기능을 담당합니다. 이것이야말로 놀라운 특권입니다. 복의 근원이 된다는 것은 다름 아닌 제사장 나라가 되는 것입니다.

율법, 하늘을 땅 위에 아로새기다

언약의 조건으로 주신 규례(율법)는 제사장 나라와 거룩한 백성으로서 살아가는 삶의 모습을 알려줍니다. 십계명으로 요약되는 율법은 구원의 조건이 아닙니다(참고, 롬3:28). 율법은 이스라엘로 하늘의 모습을 이방 세계에 보여주도록 하는 방편입니다.

이스라엘이 율법을 따라 살아가면 그 율법에 부합된 어떤 모습을 드러냅니다. 바로 그 모습이 하늘 백성의 모습입니다. 땅 위의 나라와는 전혀 다른 모습의 왕국이 출현합니다. 가인이 성을 쌓고 인간 왕국의 아름다움을 보였듯이 그리고 바벨 운동을 통하여 인간 왕국의 현란함을 세상에 드러내었듯이, 하나님께서는 이스라엘을 통하여 인간 왕국과는 비교할 수 없는 하늘의 왕국을 나타내기로 하신 것입니다. 이스라엘이 율법을 따라 산다는 것은 바로 그러한 의미입니다.

언약서(출20~23장)에 기록된 법들은 요약본입니다. 우리는 레위기와 신명기를 통하여 다양한 법들을 만납니다. 이런 다양한 법들은 하나님께서 이루고자 하시는 왕국의 모습을 규정하는 것들입니다.[46]

그래서 칼빈(John Calvin) 선생은 율법이 세 가지 용도가 있다고 가르쳤습니다. 첫째, 율법은 죄가 무엇인지 알게 하는 것(롬3:20)이며 둘째, 하나님의 백성들을 그리스도께로 인도하는 몽학선생(갈3:24)이고 셋째, 성도들의 삶의 원리입니다(딤전1:8; 히10:1; 롬2:13; 마5~7장).

하나님께서는 이스라엘을 제사장 나라로 삼으셨습니다. 열방들이 하나님의 백성이 되기 위해서는 오직 이스라엘을 통해야만 했습니다. 이스라엘은 율법을 지킴으로 열방들에게 하늘 왕국의 모습을 보여줍니다. 이러한 측면에서 율법은 하늘 왕국의 법입니다. 그러므로 이스라엘은 땅의 원리로 살아갈 수 없는 사람들입니다. 하늘의 법으로 살아가는 사람들입니다.

스바 여왕이 솔로몬의 지혜를 시험하기 위해 찾아왔습니다. 그녀는 솔로몬의 지혜를 들었고 그 왕국의 모습(신하들이 시립한 것, 음식, 의복)을 통하여 하나님을 찬양합니다(왕상10:1~10). 이것이 바로 제사장 나라로 기능하는 모습입니다. 율법은 바로 제사장 나라의 정체성

---

46) 율법에는 매우 다양한 내용이 있습니다. 하나님께서 다양한 법을 주신 것은 하나님의 백성들이 그 법 속에 담긴 하나님의 뜻을 깨달아 하늘의 왕국을 이 땅에 건설하도록 하시기 위함입니다. 예를 들어, 집을 지을 때 옥상에 난간을 만들라는 말은 하나님께서 주택에 관심이 있으셔서가 아닙니다. 또한 곡식을 파종할 때 여러 종류의 씨앗을 섞어서 뿌리지 말라는 것은 이스라엘의 농사를 걱정하시기 때문이 아닙니다. 그것은 이스라엘이 거룩한 백성으로서 이방인들과 섞일 수 없는 존재임을 가르치기 위함입니다.

을 드러냅니다.[47]

제사장 나라는 율법을 통해 완성됩니다. 이것은 아주 중요한 도리를 우리에게 가르칩니다. 오늘날 복음전파의 현장에서 가장 무시되는 것이 바로 이 부분입니다. 물론 오늘날 교회는 구약의 법, 곧 돌판에 새긴 법을 통해 제사장 나라가 되는 것은 아닙니다.

오늘날 교회는 성령의 법을 완성함으로 제사장 나라가 됩니다. 교회가 가장 교회다울 때에 복음이 강력하게 전파됩니다. 예를 들어, 일곱 살 된 아이가 자기 가정에 대해 친구에게 소개한다고 합시다. 아이는 아빠와 엄마에 대해 어느 정도 알고 있습니다. 그러나 아이는 아빠와 엄마에 대해 정확하게 알지는 못할 것입니다. 친구에게 아빠가 무엇을 좋아하시는지 혹은 엄마가 진정 원하시는 것이 무엇인지 잘못 소개할 가능성이 매우 큽니다. 교회가 교회다워야 한다는

47) 율법은 하나님 사랑, 이웃 사랑으로 요약됩니다. 이스라엘이 후에 하나님으로부터 징계를 받는 이유가 무엇이라 하였습니까? 이사야 1:10~17과 예레미야 7장을 통해 알 수 있듯이 그들이 하나님 사랑과 이웃 사랑인 율법을 버렸기 때문입니다. 이스라엘과 유다의 실패를 통하여 참다운 하나님 백성의 대표이신 메시야가 약속됩니다. 예수님께서는 이 땅에 오셔서 율법을 완성하셨습니다. 누가복음 10:30~37에 선한 사마리아인의 비유가 기록되어 있습니다. 이 비유의 핵심은 '누가 나의 이웃이냐?'가 아니라 '참다운 영생의 길은 사마리아인처럼 되는 것이다.'입니다. 대제사장과 레위인들은 율법을 맡은 자들이었지만 그들은 이웃 사랑의 법을 지키지 않았습니다. 이웃에 대한 개념도 자신들 나름대로 바꿔 버렸습니다. 이스라엘은 제사장 나라입니다. 그러니 이방인에게도 하늘의 법을 그들 가운데 드러내야 합니다. 즉, 이웃 사랑의 법을 보여주어야 합니다. 그러나 바리새인과 서기관들이 보기에는 율법을 가장 모르는 사람인 사마리아인이 이웃 사랑의 법을 완성하였습니다. 예수님께서는 자신이 바로 그 사마리아인이라고 말씀하십니다. 바리새인과 서기관들 곧 율법을 가장 잘 알고 있다고 하는 이들은 예수님을 율법도 모르는 사람으로 대접했습니다. 마치 사마리아인처럼 대했습니다. 하지만 예수님께서는 그들에게 "가서 너도 이와 같이 하라"(눅10:37)고 하셨습니다. 이 말씀은 단지 이웃 사랑의 법을 온전히 지키라는 뜻이 아닙니다. 인간은 율법을 온전히 지킬 수 없습니다. 오직 예수님만이 모든 율법을 지키고 완성시키시며 인간은 오직 그분을 믿고 의지함으로만 가능합니다. 그러므로 예수님께서는 율법사(눅10:25)에게 다름 아닌 예수님 자신을 믿으라는 천국복음을 소개하신 것이라고 할 수 있습니다.

것은 바로 이와 같습니다. 하나님의 법을 통하여 하나님께서 진정으로 원하시는 것과 그 백성들은 어떻게 살아야 하는지를 잘 배워야합니다. 그 후에 자신이 믿는 하나님을 바르게 소개할 수 있습니다.

하나님과 그 백성이 시내 산에서 맺은 언약은 또 다른 의미가 있습니다. 모세가 바로에게 찾아가 이스라엘 백성을 보내라는 말을 전달하면서 한 가지 이유를 말했었습니다. 하나님께서 자기 백성들로부터 예배 받기 위해 이스라엘을 부르신다고 했습니다(출5:1,3).

그렇다면, 광야에서 이스라엘의 예배 행위가 나타나야 합니다. 출애굽기 5:1에서는 '절기'라고 했고 출애굽기 5:3에서는 '희생'이라 했습니다. 곧, 제사드림입니다. 예배라는 말의 문자적 의미는 꿇어 엎드려 절한다는 뜻입니다.

꿇어 엎드려 절함은 절을 하는 이와 받는 이 사이에 어떤 관계가 형성되어야만 이루어지는 행위입니다. 즉 하나님과 사람 사이에 분명한 관계규명이 이루어지지 않으면 불가능합니다. 그러니 시내 산에서 이스라엘과 하나님이 맺으신 언약 체결식은 예배의 의미와 요소들에 대한 중요한 가르침을 제공합니다. 언약서에 포함되는 수많은 규례들은(특히, 제사와 절기) 예배가 무엇이며 예배의 구성요소는 어떠한지를 가르치는 내용으로 가득합니다.

하늘의 보좌가 땅 위에

하나님께서는 시내 산에서 당신의 백성들의 정체성을 분명하게 하셨습니다. 그리고 곧이어 하늘 왕국을 모델로 지은 집을 선물로 주셨습니다. 바로 성막입니다. 성막은 모세가 시내 산에서 하나님께서 보여주신 대로 지었습니다(출25:9).

이 집은 땅 위의 집이 아닙니다. 이 집은 하나님의 집입니다. 그러므로 하늘 백성인 이스라엘은 이 집을 통해 하늘의 모습을 더욱 잘 이해할 수 있습니다.

제사장의 옷을 보면서 잃어버린 동산을 그리워합니다. 제사장의 흉배에 붙은 열두 개의 보석은 바로 에덴 동산에서 발원한 강을 따라 내려간 곳에 있었던 보석들을 기억나게 합니다. 지성소를 통하여 하나님의 통치와 다스림의 원리를 배우고, 성소의 분향단, 떡 상, 촛대를 통하여 하나님께서 그 백성들을 어떻게 보호하고 인도하는지를 배웁니다. 뜰 앞에 차려진 제단은 대속의 깊은 도리를 깨우치게 합니다.[48]

하나님의 집인 성막을 이해하는 또 다른 측면을 설명하려 합니다. 하나님께서 창조하신 세계를 세 영역으로 구분할 수 있습니다. 세계의 가장 핵심인 동산, 동산보다는 좀 더 넓은 지역이면서 동산을 포함하고 있는 에덴, 그리고 세계입니다.

첫 사람 아담과 하와는 동산에서 범죄함으로 쫓겨났습니다. 그들은 에덴에서 살았습니다. 가인은 아벨을 살해함으로 에덴에서 쫓겨났습니다. 시간이 흐르면서 가인과 아담의 후손 모두 죄로 물들었습니다. 그리하여 노아 시대가 되면 온 세계가 다 범죄합니다. 하나님께서는 세상을 심판하셨습니다. 노아로 하여금 방주를 만들게 하시고 바로 그 방주에 친히 타셨습니다. 하나님께서 방주에 타신 이유는 그분께서는 언제나 자기 백성과 항상 함께 하기를 기뻐하시기 때문입니다. 심판을 통하여 옛 세상을 정화하시고 새로운 세상을 만드

---

48) 성막(성전)과 제사에 대한 더 자세한 가르침은 기동연, 『성전과 제사에서 그리스도를 만나다』(서울: 생명의 양식, 2008)를 참고하세요.

셨습니다.

셈, 함, 야벳을 통하여 인류는 번성하였습니다. 죄의 세력은 강하여 또다시 온 세상을 죄로 가득 차게 했습니다. 바벨 운동의 결과였습니다. 하나님께서는 언어를 혼잡케 함으로 각 나라들을 흩으셨습니다. 그리고 아브라함을 부르셔서 한 나라를 약속하셨습니다.

이제 그 나라가 시내 산에서 하나님으로 더불어 언약을 맺었습니다. 하나님께서는 신실한 자기 백성들에게 당신의 집인 성막을 지을 것을 명하셨습니다. 설계도는 하나님께서 직접 만드셨습니다(출 25:9). 새로운 세계가 옛 세상처럼 멸망할 것을 막기 위해 하나님께서는 잃어버린 동산과 에덴을 대체할 수 있는 것을 준비하셨습니다. 그것이 바로 성막(성전)과 가나안입니다.

하나님께서는 노아 이전의 세상에 대비되는 새로운 왕국을 계획하셨습니다. 그 계획을 실행하시는 과정으로 가나안 땅을 약속하시고 성막을 짓게 하셨습니다. 동시에 시내 산에서 언약을 맺어 자기 백성들에게 법을 주시고 그 백성들의 사명이 무엇인지 가르치신 것입니다.

출애굽기 40장에서 성막의 완성을 말합니다. 성막이 완성되자 영광의 구름이 성막에 가득했습니다. 하나님께서 그곳에 임재하셔서 좌정하신 것입니다. 이것이 바로 자기 백성을 만나시던 오래전 에덴의 동산에 상응하는 새로운 동산입니다.

금송아지 너머 약속은 깨어지고

모세가 하나님으로부터 새로운 왕국 건설을 위한 청사진을 받는 동안 시내 산 아래에서는 심각한 일이 발생했습니다. 이스라엘 백성들이 아론에게 "우리를 인도할 신을 우리를 위하여 만들라"(출32:1)라고 했습니다. 그리하여 그들은 금송아지를 만들고 그 금송아지를 향하여 말하길 "이스라엘아 이는 너희를 애굽 땅에서 인도하여 낸 너희 신이로다"(출32:4)라고 했습니다. 금송아지를 향하여 '신'이라 했습니다. 여기 '신'이라는 말은 하나님이라는 말입니다. 금송아지를 하나님이라고 한 것입니다. 신명기 9:12에서는 "자기를 위하여 우상을 부어 만들었느니라"라고 했습니다. 이 사건은 매우 중요한 교훈을 줍니다.

흔히 우리의 신학함을 가리켜 '계시 의존적 신앙'이라고 규정합니다. 계시 의존적이라는 것은 인간이 자기의 생각을 첨가하지 않고 철저하게 하나님께서 당신을 드러내신 것만을 신앙의 기준으로 삼는다는 의미입니다.

출애굽기 32장의 금송아지 사건은 바로 인간이 자신의 생각으로 하나님을 만든 꼴입니다. 하나님께서 당신을 계시하시는 모습 그대로를 섬기는 것이 아니라 인간이 만들어낸 하나님을 섬긴 것입니다.

하나님께서는 진노하셨습니다. 모세 역시 산 아래에서 일어나는 일을 보고 대단히 화가 났습니다. 모세의 화는 인간적인 모습이 아닙니다. 모세는 율법을 기록한 십계명의 돌판을 깨뜨렸습니다(출32:19). 모세의 행위는 언약을 파기한 이스라엘의 모습을 보고 하나님과 맺은 언약이 깨어졌음을 증거하는 것입니다. 쉽게 말해 계약서를 찢은 것입니다.

죄의 값을 치루고 다시 얻은 언약

깨어진 언약을 다시 맺기 위해서는 죄 문제를 해결해야 했습니다.

금송아지를 불살라 가루로 만들었습니다. 그리고 그 가루를 물에 뿌려 이스라엘 백성들에게 마시게 했습니다. 죄를 해결하는 매우 독특한 방식이 등장합니다.

무엇인가의 가루를 뿌려 마시게 하는 행위는 민수기 5:11 이하에 기록된 의심법 규례에서 나타납니다. 남편이 아내가 정절을 지키지 못하고 다른 남자와 어떤 관련이 있는 것으로 의심이 되면 제사장에게 찾아가 해결을 청합니다.

그러면 제사장은 거룩한 물을 토기에 담아 성막 바닥의 티끌을 물그릇에 넣고, 저주의 말을 두루마리에 써서 그 글자를 그 쓴 물에 빨아 넣고 여자에게 마시게 합니다. 만약 여자가 정결하여 범죄한 일이 없으면 해를 받지 않고 잉태합니다. 그렇지 않고 실제로 여자가 음행한 일이 있으면 배가 붓고 넓적다리가 떨어져 죽습니다. 이처럼 쓴 물을 마시게 하는 것은 음행을 확인하는 절차입니다.

하나님께서 모세에게 금송아지를 부수어 그 가루를 이스라엘 백성에게 마시게 한 것은 음행을 확인하는 일종의 절차입니다. 실제로 이스라엘은 여호와 대신에 금송아지를 섬겼습니다. 그것이 바로 음행입니다. 그리하여 모세는 레위 지파를 통하여 삼천 명 가량의 백성들을 칼로 도륙하였습니다. 의심법 규례에 의하면 범법한 여자는 배가 붓고 넓적다리가 떨어져 죽습니다. 이스라엘 백성의 일부도 죽었습니다.

하나님께서는 범죄한 이스라엘과 함께 있을 수 없으셔서 그들과 함께 약속의 땅으로 올라가지 않으려 하십니다. 그리고 이스라엘 가운데 거하시던 하나님께서 이제는 이스라엘의 진 밖으로 나가십니다(출33:7).

모세는 하나님을 향하여 간청합니다. "이 족속을 주의 백성으로 여기소서"(출33:13) 시내 산에서 하나님과 언약을 맺은 이스라엘은 하나님께 보배였습니다. 그런데 언약을 파기함으로 보배는커녕 백성도 아니게 되었습니다.

그래서 모세는 하나님께 이 백성을 다시 주의 백성으로 삼아달라고 간청합니다. 그리하여 하나님은 모세에게 다시 언약의 두 돌판을 주셨습니다(출34:28). 그리고 백성들에게 평안을 허락하셨습니다. 언약을 맺었지만 곧장 반역을 일으킨 이스라엘의 우상숭배 사건을 통하여 인간의 연약함과 사단의 집요함, 그리고 하나님의 긍휼하심과 사랑을 동시에 배웁니다. 죄의 삯은 사망이라는 진리가 하나님의 온 백성들에게 선명하게 각인되었습니다.

요약과 질문

1. 출애굽기 1장에는 아브라함에게 하신 '큰 민족'에 대한 약속이 이루어졌다는 것을 잘 표현한 구절이 있습니다. 그 구절은 무엇입니까?

2. 모세는 애굽인을 죽이고 형제들의 싸움에 중재자로 섰습니다. 그러나 그는 결국 광야로 갔습니다. 모세의 광야행은 무슨 의미이며, 그 근거 구절은 무엇입니까?

3. 모세가 바로에게 찾아가 자기 백성을 보내라는 하나님의 말씀을 대신 전합니다. 하나님께서 자기 백성을 광야로 부르신 목적은 무엇입니까?

4. 장자와 초태생의 죽음을 통해 하나님께서 가르치신 두 가지는 무엇입니까?

5. 출애굽의 의미를 다음 성경 구절들을 통해 설명해 봅시다(출12:41,51; 신4:20; 느9:10).

6. 시편 105:23과 관련하여 출애굽의 의미를 설명해 봅시다.

7. 시내 산 언약에서 선포된 이스라엘의 특권이자 사명은 무엇입니까?

8. 칼빈이 말한 율법의 세 가지 용도는 무엇이며, 하나님께서 이스라엘 백성에게 율법을 주신 목적은 무엇입니까?

9. 성막의 구조를 설명해 봅시다.

10. 모세가 율법을 받는 동안 아론을 중심으로 이스라엘 백성들은 금송아지를 만들고 우상을 섬깁니다. 모세가 이 모습을 보고 언약의 돌판을 깨뜨렸습니다. 이것이 의미하는 바는 무엇입니까?

11. 금송아지 사건을 해결하는 방법으로 의심법의 규례를 따라 금송아지를 가루로 만들어 백성들에게 마시게 했습니다. 의심법에 대한 규례를 설명하는 성경 구절은 어디입니까?

제9장

광야에서

가나안을 향하여 | 광야, 예배를 배우는 학교
| 이스라엘의 광야, 불순종과 하나님의 징계
| 거룩한 군대로 출발하는 이스라엘 | 믿음을
상실한 백성과 하나님의 사랑 | 하나님께서 친히
싸우셨다 | 안식, 약속의 땅을 얻음 | 소견대로
행한 이스라엘의 약함 | 언약의 복과 저주 | 주님의
인자와 긍휼이 드러나는 곳, 광야

제9장
광야에서

가나안을 향하여

첫 사람 아담의 실패로 끝난 하나님의 왕국 건설은 새로운 방식으로 이루어질 것입니다. 여자의 후손에 대한 약속은 셈의 후예를 통해 이어질 것을 선포하셨습니다. 셈으로부터 아브라함이 왔고 그에게는 나라가 약속되었습니다.

이삭, 야곱, 요셉을 이어오면서 아브라함의 후손들은 실로 큰 민족을 이루었습니다. 레위 지파에서 출생한 모세는 하나님의 인도로 바로에게 갔습니다. 바로는 하나님의 백성들을 보내지 않겠다고 했습니다.

그러나 하나님께서는 바로의 권세를 꺾으시고 자신의 약속을 이루셨습니다. 드디어 아브라함에게 약속된 가나안 땅으로 출발하게 되었습니다. 시내 산에 선 이스라엘 백성들은 율법과 성막을 통하여 장차 재건될 하나님의 왕국이 지니는 정체성과 사명 그리고 그 사명을 이루는 원리에 대해 충분한 배움의 기회를 가졌습니다. 성막이 완성되자 하나님의 영광은 그곳에 가득 찼습니다.

광야, 예배를 배우는 학교

이스라엘 백성들에게 가나안은 쉽게 갈 수 있는 곳이 아니었습니다. 무려 사십 년이 지난 뒤에야 가나안 땅으로 들어갈 수 있었습니다. 호렙에서 가데스바네아까지는 열 하룻길입니다(신1:2). 아이들과 노년들이 함께 걸어가도 가나안까지는 한 달이면 족합니다.

짧은 시간에 도달할 수 있는 거리였음에도 사십 년이나 걸렸다는 것을 통해 광야에서 많은 일들이 있었음을 쉽게 짐작할 수 있습니다. 이제 다음의 표를 통해 이스라엘의 광야 여정을 정리해 보겠습니다.

날 짜	도착 장소 및 일어난 일	성경 본문
1월 14일	첫 유월절	출애굽기 12:1~14
3월 초	시내 광야에 도착	출애굽기 19:1
3월 초~4월 중순	모세가 율법을 받기 위해 40일을 산 위에 있음[49]	출애굽기 24:18
4월 중순	금송아지 사건에 대한 하나님의 심판	출애굽기 32장
4월 중하순~5월 하순	모세가 다시 율법을 받기 위해 시내 산에 오름	출애굽기 34:28
6~12월(2년 1월 1일)	성막 기구 제작 및 세움	출애굽기 40:17
2년 1월 1일	하루 한 지파씩 예물 드림[50]	민수기 7:11
2년 1월 14일	첫 유월절 절기를 지킴	민수기 9:2~3
2년 2월 1일	인구조사	민수기 1:1
2년 2월 20일	시내 광야에서 바란 광야로	민수기 10:11~12
40년 11월 1일	모압 평지 도착	신명기 1:1~5

49) 모세가 율법을 받던 날을 일반적으로 오순절로 이해합니다. 이것은 사도행전 2장에 등장하는 오순절 성령 강림 사건과 깊은 관련을 맺습니다. 즉 시내 산에서 법을 받았던 것과 같이 신약의 교회가 새로운 법, 성령의 법을 받은 것입니다.

50) 민수기 7:1은 지파별로 하루씩 예물을 드린 날을 "그 모든 기구와 단과 그 모든 기구에 기름을 발라 거룩히 구별한 날에"라고 했습니다. 그래서 우리는 성막을 세운 그날부터 열두지파의 예물드림이 시작된 것으로 이해합니다.

위의 표에서 알 수 있듯이 애굽에서 출발한 이스라엘은 그 해 3월에 시내 산에 도착했고 그곳에서 약 10개월 가까이 머물렀습니다. 10개월 동안 이스라엘은 율법을 받고 성막을 건축했습니다.[51]

그리고 이듬해 2월 1일에 인구조사를 시작했습니다. 인구조사가 끝난 그 해 2월 20일에 바란 광야로 출발합니다. 모든 것이 준비되었으니 약속의 땅 가나안으로 향했습니다. 모세가 바로에게 하나님의 뜻을 전달할 때 이스라엘이 광야로 가야할 목적을 분명히 제시했습니다.

'광야에서' 내 앞에 '절기'를 지킬 것이라(출5:1)는 여호와의 말씀은 그 백성들의 여정 속에 잘 드러납니다. 절기 혹은 제사로 표현된 것은 오늘날의 예배로 이해할 수 있습니다. 그러므로 시내 산에서 약 10개월 동안 하나님과 언약을 맺고 여러 기구들을 만들어 성막을 완공했던 것은 하나님께 예배드리기 위함이었음을 알 수 있습니다.

광야는 하나님의 백성들에게 가장 행복한 곳입니다. 하나님과 대면하며 여호와의 이름을 높이고 그분의 뜻을 받아 생명의 양식을 먹고 마시는 삶은, 사람이 누릴 수 있는 최고의 삶입니다. 하지만 실제 이스라엘 백성들에게 주어진 광야는 불순종과 죄의 강력함을 체험하는 곳이었습니다. 이제 우리는 이스라엘의 연약함과 죄의 강력함에 대해 살펴보겠습니다.

이스라엘의 광야, 불순종과 하나님의 징계

민수기 1장은 이스라엘 백성들의 인구조사에 대해 설명합니다. 이

---

51) 레위기는 각종 제사 제도와 규례에 대해 소개하고 있습니다. 이 책에서는 각각의 제사들이 갖는 의미와 규례들에 대한 논의는 생략합니다. 레위기는 모세가 받은 법들을 구체화시킨 것입니다. 시간상으로 시내 산에서 받았던 법으로 이해하면 좋겠습니다.

조사는 군인을 점고하는 것입니다(민1:20). 이십 세 이상의 남자를 헤아린 총 숫자는 60만 3,550명이었습니다. 이 숫자는 시내 산에서 헤아린 것입니다. 광야 생활이 끝나고 난 뒤 다시 헤아려 보니 60만 1,730명이었습니다(민26:51). 큰 차이가 없습니다.

그런데 지파별로는 차이가 있습니다. 그중 가장 현격한 차이를 보이는 한 지파가 있습니다. 시므온 지파입니다. 시내 산을 출발할 때 그들은 5만 9,300명이었습니다(민1:23). 그러나 광야 여정이 마무리 될 때의 숫자는 2만 2,200명입니다(민26:14). 3만 7,100명이 줄었습니다. 출애굽 1세대와 2세대의 차이가 이렇게 많은 이유는 여러 가지가 있을 것입니다. 하나님께서 유독 이 지파에게만 자녀의 생산을 막으셨을 수도 있습니다.[52]

또는 이 지파가 다른 지파보다 더 범죄하여 광야에서 죽음을 많이 당했던 것일 수도 있습니다. 민수기 25장에는 이와 관련된 내용이 있습니다. 이스라엘 백성들이 싯딤에 머물 때에 모압 여성들과 음행하는 사건이 일어납니다. 그 일로 하나님께서 그 백성들에게 염병을 내리셔서 2만 4,000명이 죽습니다(민25:9).

이 음행 사건의 핵심적인 인물은 시므온 지파의 족장 중 한 사람인 시므리입니다. 여자는 미디안 여인으로 고스비입니다. 시므리는 모세와 이스라엘 백성들이 보는 앞에서 자신의 장막에서 음행을 저질렀습니다. 이것을 본 제사장 엘르아살의 아들 비느하스가 두 사람의 배를 창으로 찔러 죽였습니다.

---

52) 역대상 4:24~27에 시므온 자손들의 족보를 기록하면서 시므이는 자손이 많지만, 그 형제는 자녀가 몇이 못된다고 했습니다. 이를 통해 시므온 지파의 숫자가 현격하게 줄어든 원인에 자녀가 적게 출생한 것도 포함되어 있음을 알 수 있습니다. 그러나 민수기의 내용 전체가 말하는 바를 따라 이해한다면 시므온 지파의 범죄가 더 큰 원인이라고 할 수 있습니다.

시므온 지파의 범죄 행각과 하나님의 심판은 뿌리가 깊습니다. 야곱의 가족이 세겜성 앞에 장막을 치고 있을 때에 좋지 않은 일이 있었습니다. 야곱의 딸 디나가 그 땅의 추장 세겜에 의해 강간을 당했습니다(창34:2).

이 일로 야곱에게 세겜과 그의 아비 하몰이 찾아와 디나를 아내로 맞이할 것을 약속하며 어떤 결혼 조건도 받아들이겠다고 합니다. 그때 야곱의 아들들은 세겜과 하몰을 속여 할례를 행할 것을 요구합니다. 이 요구에 따라 세겜의 모든 남자들이 할례를 행했습니다. 할례 후 셋째 날에 디나의 친 오빠인 시므온과 레위가 세겜성을 급습하여 성의 남자들을 모두 죽였습니다.

야곱은 시므온과 레위의 행위를 질책했습니다. 야곱은 자신이 죽기 직전에 두 형제에게 예언했습니다. 야곱은 두 형제가 "야곱 중에서 나누며 이스라엘 중에서 흩으리로다"(창49:7)라고 했습니다. 바로 이 예언을 광야 생활 가운데 일어난 시므온 지파의 음행과 더불어 이해하면 좋겠습니다.[53]

시므온 지파와는 반대로 레위 지파는 모세와 아론을 통하여 제사

---

53) 야곱이 시므온과 레위를 책망한 것은 중요한 의미가 있습니다. 물론 세겜은 야곱의 딸 디나에게 몹쓸 짓을 했습니다. 그럼에도 야곱이 시므온과 레위를 책망한 이유는 언약의 징표(할례)를 사사로운 복수에 사용했기 때문입니다. 할례는 하나님의 약속을 받았다는 징표입니다. 곧 세례와 같은 의미가 있습니다. 세례는 성도가 되었다는 공적인 표입니다. 그런데 그것을 개인적인 복수를 위해 사용한 것입니다. 마치 다윗이 우리아의 아내 밧세바를 겁탈하는 것과 같습니다. 다윗과 밧세바 집안은 아주 가까운 사이입니다. 밧세바의 할아버지인 아히도벨은 다윗의 모사였습니다(삼하15:12). 밧세바의 아버지 엘리암은 다윗의 군대 장수 30인 중 한 명이었고(삼하23:34) 남편인 우리아도 30장수 중 한 명입니다(삼하23:39). 이렇게 가까운 사이였음에도 자신의 왕권을 이용하여 밧세바를 취하고 우리아를 죽게 했습니다. 다윗의 행위는 하나님께서 주신 권위를 자신의 사욕을 채우는 일에 사용한 모습의 전형(典型)입니다. 하나님이 내신 거룩한 제도를 악용한 것 이바로 시므온과 레위가 저지른 죄의 본질입니다.

장 지파가 됩니다. 출애굽기 32장에 의하면, 레위 지파는 동족의 범죄를 심판하는 자리에 있는 것을 알 수 있습니다. 그것은 이미 레위 지파가 야곱의 예언을 믿음으로 받아 자신들의 삶을 말씀 앞에 잘 제어했음을 의미합니다. 즉 레위 지파는 회개에 합당한 열매를 맺었던 것입니다.

거룩한 군대로 출발하는 이스라엘

인구조사가 끝난 후에 드디어 구름기둥이 움직이기 시작했습니다(민 10:11). 시내 산에 머물면서 이스라엘은 그들이 앞으로 감당해야 할 사명, 그리고 하나님의 왕국이 어떻게 움직이는지를 배울 수 있었습니다.

다양한 법들을 통해 이스라엘이 거룩한 백성으로서 이방 가운데 하늘의 모습을 어떻게 보여주어야 하는지도 깨우쳤습니다. 성막을 통해 잃어버린 동산을 사모하게 되었으며 나아가 인간의 능력이 아닌 하나님의 도우심으로만 새로운 하나님의 나라가 건설될 수 있다는 사실도 배웠습니다.

이러한 준비가 끝나자 군대를 계수하고 전쟁을 위하여 출발합니다. 민수기 1~2장에서는 이스라엘 백성들을 가리켜 군대라고 합니다. 민수기 10:14에서도 알 수 있듯이 각 군대별로 행진합니다. 하나님의 군대의 핵심적인 무기는 '언약' 곧, 약속입니다. 이 군대의 전투력은 예배에서 나옵니다.

믿음을 상실한 백성과 하나님의 사랑

하지만 군대로 출발한 이스라엘은 얼마가지 않아 자신들의 무기를 완전히 버리는 어리석음을 보입니다. 각 지파마다 한 사람씩 열두 명의 정탐꾼을 뽑아 가나안 지경을 탐지하게 했습니다. 정탐꾼들은 사십 일 동안 약속의 땅을 돌아 보았습니다(민13:25).

열두 사람이 보고했습니다. "모세에게 보고하여 가로되 당신이 우리를 보낸 땅에 간즉 과연 젖과 꿀이 그 땅에 흐르고 이것은 그 땅의 실과니이다. 그러나 그 땅 거민은 강하고 성읍은 견고하고 심히 클 뿐 아니라 거기서 아낙 자손을 보았으며 아말렉인은 남방 땅에 거하고 헷인과 여부스인과 아모리인은 산지에 거하고 가나안인은 해변과 요단 가에 거하더이다"(민13:27~29).

이어서 갈렙이 자신의 의견을 첨언합니다. "우리가 곧 올라가서 그 땅을 취하자 능히 이기리라"(민13:30). 하지만 다른 사람들은 평가하길 "그 백성을 치지 못하리라 그들은 우리보다 강하니라"(민13:31)고 했습니다. 보고를 들은 온 회중은 밤새도록 통곡했습니다.

여호수아와 갈렙이 보고하는 것과 나머지 열 정탐꾼이 보고하는 내용이 다릅니까? 그렇지 않습니다. 보고하는 내용은 같습니다. 그런데 무엇이 다릅니까? 해석이 다릅니다. 두 사람은 가나안 민족들이 아무리 강해도 하나님의 약속을 믿고 올라가면 그 땅을 취할 수 있다는 것입니다. 그러나 나머지 열 정탐꾼에게는 눈에 보이는 가나안 족속들의 강대함이 하나님의 약속보다 더 크게 보였던 것입니다.

이스라엘 백성들은 하나님의 약속보다도 자신들의 눈에 보인 환경을 더 크게 생각했습니다. 믿음의 문제입니다. '약속을 신뢰하고 따르느냐? 우리 자신들의 판단을 따라야 하는가?' 이 문제는 우리 모든 그리스도인들의 삶에 항상 일어나는 것입니다. '말씀을 따라 살 것인가? 나의 눈으로 본 환경에 적응하며 살 것인가?' 여러분들은 어느 쪽인가요?

믿음 없는 이스라엘에 대한 하나님의 판결은 단호했습니다. 정탐꾼들이 사십 일 동안 정탐했으니 하루를 일 년으로 환산하여 사십 년 동안 이스라엘은 광야에서 유리하는 자가 되리라고 하셨습니다 (민14:33).[54] 이스라엘 백성들에게 광야는 하나님을 온전히 예배하는 공간이었습니다. 그러나 예배의 군대로 출발한 이스라엘은 죽음을 기다리며 유리하는 공동체가 되었습니다. 그뿐만 아니라 출애굽 1세대는 모두 광야에서 죽습니다. 그러니 광야는 불순종의 결과가 무엇인지를 배우는 곳입니다. 죄의 삯은 사망임을 다시 한 번 철저하게 깨닫게 됩니다.

그래서 모세는 모압 평지에서 이스라엘 백성들에게 '하나님께서 너희로 광야 길을 걷게 하신 목적을 생각하라'라고 했습니다. "이는 너를 낮추시며 너를 시험하사 네 마음이 어떠한지 그 명령을 지키는지 아니 지키는지 알려 하심이라"(신8:2)라고 했습니다.

광야는 편안한 곳이 아닙니다. 그곳은 불뱀과 전갈이 있고 물이 없는 곳입니다. 그곳은 말 그대로 위험한 광야입니다(신8:15). 그러나

---

54) 이스라엘의 광야행 40년은 열 정탐꾼들의 불순종에 대한 대가였습니다. 이러한 이스라엘의 불순종을 해결하기 위한 하나님의 방법은 예수님께서 이스라엘의 대표자가 되셔서 대신 순종하시는 것이었습니다. 예수님께서는 40일 동안 광야에서 금식하시고 사단으로부터 세 가지 시험을 받으셨습니다. 옛 백성들은 실패했지만 예수님께서는 성공하셨습니다. 하나님의 뜻에 철저히 순종하셨습니다. 우리는 예수님의 순종으로 불순종의 백성에서 순종의 백성으로 옮겨졌습니다. 예수님 당대의 백성들에게 또 다른 의미의 광야가 있습니다. 예수님께서는 자신이 메시야임을 수없이 가르치셨지만 그들은 받아들이지 않았습니다. 예수님께서는 마지막으로 예루살렘을 방문하면서 예루살렘 멸망을 예고하셨습니다(마24장). 실제로 주후 70년에 예루살렘은 멸망했습니다. 예수님의 경고부터 예루살렘 멸망까지, 옛 언약백성들이 구원을 얻고 하나님의 자녀가 되는 길은 광야의 이스라엘 백성들처럼 약속을 붙드는 길밖에 없습니다. 예수님을 메시야로 인정하고 그분을 의지하는 길밖에 없습니다. 그것이 옛 언약백성들이 사는 길입니다.

하나님께서는 그 위험한 광야에서 물을 주시고 하늘의 양식인 만나를 주시며 모든 위험한 것들로부터 지키셨습니다. 의복이 헤어지지 않았고 발이 부르트지 않았습니다.

광야는 여호와를 잊지 않게 하는 곳입니다. 모세는 광야를 지나온 출애굽 2세대들에게 여호와를 잊어버리지 말라고 권합니다(신8:11). 그리하여 교만하지 말며 재물의 축복이 인간의 능력이라 착각하지 말고 다른 신을 섬기지 말라 했습니다.

죽음을 선고 받은 이스라엘은 사십 년 동안 광야에서 살아야 했습니다. 하나님을 잊지 말 것을 여러 번 권면 받았지만 백성들의 삶은 늘 반대의 모습으로 드러납니다. 안식일을 범하다가 죽는 이가 나오고 고라 당의 반역이 이어지며 심지어 모세까지 범죄 합니다.

또한 불뱀 사건을 통해 여호와의 인도에 대해 불평하는 모습을 보입니다. 심지어 모압 왕 발락이 선지자 발람을 통하여 하나님의 백성들을 저주케 합니다. 그럼에도 불구하고 하나님께서는 자기 백성들에게 축복을 선언하십니다. 우여곡절 끝에 사십 년이 지나갔습니다. 이스라엘은 요단 동편 모압 평지에 이르렀습니다. 모세는 온 백성들에게 마지막 권면의 말씀을 줍니다. 그것이 바로 신명기입니다.

하나님께서 친히 싸우셨다

이제 우리는 신명기 말씀 몇 곳을 살핌으로 광야에서의 삶의 의미를 정리하겠습니다. 40년 11월 1일(신1:3). 이 시기는 아모리 왕 시혼과 바산 왕 옥을 죽인 후입니다. 출애굽 한 지 사십 년이 되었다는 것은 곧 약속의 땅으로 들어갈 날이 가까웠다는 뜻입니다.

또한 두 왕의 죽음은 가나안 정복과 관련하여 매우 중요합니다. 신명기 2:24~25에서 이 사건의 의미를 설명합니다. "천하 만민으로 너를 무서워하며 너를 두려워하게 하리니 그들이 네 명성을 듣고 떨며 너로 인하여 근심하리라".

아모리 왕 시혼과 바산 왕 옥의 죽음은 일종의 본보기입니다. 특별히 약속의 땅에 살고 있는 사람들에게 공포와 두려움을 일으키는 사건입니다. 한 민족이 서서히 광야를 지나 자신들의 거처로 올라오면서 주위 나라들을 하나씩 제거하는 모습은 가나안 사람들에게 큰 공포로 다가옵니다.

하나님께서는 고집스럽고 죄를 좋아하는 자기 백성을 사랑하셔서 오래 전 그들의 조상 아브라함에게 하신 약속을 따라 가나안을 선물로 주려 하십니다. 그 선물이 주어지기 전에 미리 주위 국가들에게 경고하십니다. '내 백성이니 너희가 절대로 해할 수 없다.'라는 메시지를 던지시는 것입니다.

또한, 자기 백성들에게는 '내가 너희를 대신하여 싸운다.'라는 것을 분명하게 보여주셨습니다. "그 모든 백성과 그 땅을 네 손에 붙였으니"(신3:2). 이것이 하나님의 메시지였습니다. 하나님의 나라를 얻는 것은 '너희의 공로가 아니라 나의 은혜의 선물이다.'라는 사실을 가르치셨습니다. 인간의 공로를 완벽하게 제거하시고 오직 하나님의 신실하심만 드러나게 했습니다. 모든 성경은, 구원에는 인간의 공적을 결코 주장할 수 없다는 사실을 가르칩니다. 오직 하나님의 은혜만 있습니다.

안식, 약속의 땅을 얻음

신명기 3:20에서 가나안에 입성하는 것을 '안식'이라 표현합니다. 출애굽기 20:11에서 보듯이 이스라엘 백성은 하나님께서 창조사역을 마치시고 안식하신 것에 근거하여 안식일 규례를 받았습니다. 또한 신명기 5:15에서는 애굽에서의 구원을 근거로 안식일 규례가 제시되었습니다. 즉 안식의 개념에는 육일 창조 이후 하나님의 안식과 애굽에서의 구원이라는 두 가지 측면이 있는 것입니다.

그리고 위에서 언급했듯이 신명기 3:20에서는 가나안 입성을 안식이라 합니다. 그렇다면 창조 후의 하나님의 안식과 이스라엘의 출애굽 사건 그리고 가나안 입성 모두가 안식이라는 한 가지 개념으로 연결됨을 알 수 있습니다.

창조가 끝난 뒤 칠일에 하나님께서 안식하신 것은 누림의 의미입니다. 곧, 삼위 하나님께서 계획하신 대로 하나님의 왕국(집)이 완성된 것을 기뻐하며 즐기는 것입니다. 이스라엘의 안식도 이러한 선상에 있습니다. 죄의 권세 아래(애굽) 있다가 하나님의 왕국(가나안)으로 들어왔으니 하나님께서 원하시는 대로 모든 것이 성취된 것을 기뻐하며 즐기는 것입니다. 이제 이스라엘은 하나님의 안식에 동참하게 됩니다.[55]

---

55) 안식의 이러한 측면은 신약성경에서 그리스도를 통하여 완성됩니다. 동시에 성령님의 사역과도 깊은 관련을 맺습니다. 새로운 하나님의 왕국인 교회는 성령님께서 오심으로 성령을 거처로 삼습니다. 오순절 성령 강림은 바로 이 사실을 가르칩니다. 구약 백성들이 가나안에 입성하여 땅을 얻음으로 안식을 누렸듯이 신약교회는 성령님을 모심으로 안식을 누립니다. 그러므로 신약백성에게 땅(가나안)은 더 이상 의미가 없습니다. 구약의 땅은 신약의 성령님으로 대체되었습니다. 그러나 사도행전 5장에 등장하는 아나니아와 삽비라는 성령님을 거처로 삼은 시대에 옛 언약의 축복인 땅을 버리지 못하는 모습을 보입니다. 물론 성령의 공동체인 교회가 이 부부의 죄를 담고 있을 수 없다는 중요한 도리를 가르치는 것은 맞습니다. 그와 동시에 땅이 더 이상 거룩한 처소가 아님을 선언하는 의미도 함께 있는 것입니다.

소견대로 행한 이스라엘의 약함

광야에서의 이스라엘의 삶을 정의할 수 있는 가장 대표적인 구절 중에 하나가 바로 신명기 12:8입니다. "우리가 오늘날 여기서는 각기 소견대로 하였거니와 너희가 거기서는 하지 말지니라". 우리 눈에 아주 익숙한 표현입니다.

"각기 소견대로 하였거니와"라는 표현은 사사기의 주제입니다(삿 17:6, 21:25). 광야에 살았던 이스라엘의 모습을 이처럼 잘 표현할 수는 없을 것입니다. 약속의 땅에 들어가기 전, 광야에서 자기 소견에 옳은 대로 행한 이 모습으로는 하나님의 백성으로서의 삶에 합당치 않다고 하십니다.

광야는 죄 아래 있는 인간의 비참한 모습을 적나라하게 보여줍니다. 죄 아래 있는 인간의 삶이라는 것이 결국은 하나님의 뜻보다 자기 소견에 옳은 대로 행하는 것임을 확인하면서 우리의 모습을 다시 한 번 돌이켜 볼 수 있으면 좋겠습니다.

또한, 가나안에 들어가서는 소견대로 살지 말라는 권면이 모세로부터 이스라엘 백성들에게 주어지지만, 결국은 또다시 약속을 버리고 각기 소견에 옳은 대로 살아가는 구약백성들의 모습을 보며 우리의 삶을 돌아보면 좋겠습니다.

언약의 복과 저주

광야의 마지막 장소인 모압 평지에서 하나님께서는 이스라엘에게 언약의 복과 저주에 대해 가르치셨습니다. 하나님의 약속을 따라 살 때 그 백성이 받게 될 복과 말씀을 버릴 때에 처하게 될 저주에 대해 말씀하셨습니다(신28장). 이 말씀은 가나안 땅에 들어간 이후 동안 이스라엘의 삶을 평가하는 시금석이 됩니다.

그에 앞서 하나님께서는 가나안 땅의 세겜에서 언약 체결식을 어떻게 할 것인지 구체적으로 가르치셨습니다(신27장). 언약의 복은 인간 삶 전체를 통해 나타납니다. 성읍과 들에서 복을 받고, 토지와 소산과 양식, 그리고 대적들로부터의 보호, 온 세계 위에 뛰어난 나라가 될 것을 약속하셨습니다. 이때 언약의 복은 구약 계시의 특징으로서 지극히 물질적인 형태로 주어졌습니다. 하지만 오늘날에는 이러한 언약의 복이 물질적인 형태로 주어지지 않습니다. 이 복은 그리스도 안에서 모두 성취되었습니다.

언약의 저주는 복의 내용보다 더 세밀하고 구체적으로 제시되었습니다. 이스라엘이 말씀을 버리고 자기 소견대로 살면, 양식과 육축에서의 저주가 임합니다. 두려움, 각종 질병, 자연 재해, 대적들의 공격, 마음의 질병들, 이방 국가들로부터의 압제와 노략, 포로로 잡힘 등등. 심지어 대적들에게 공격당하여 양식이 없음으로 자녀를 고기로 먹는 저주까지 있습니다.[56]

언약의 복과 저주는 이후 이스라엘의 삶을 평가하는 잣대입니다. 언약의 복이란, 한 마디로 이스라엘이 하나님 나라의 영광스러운 모습을 온전히 드러내는 것입니다. 반대로 언약의 저주란, 이스라엘이 하나님 나라의 모습이 아니라 죄의 영향 아래에서 신음하는 비참한

---

56) 열왕기하 6:26~30에서 이러한 일이 실제로 일어났습니다. 두 여인이 왕에게 찾아와 자기들끼리 한 약조에 대해 언급하면서 '오늘은 네 아들을 삶아 먹자'라고 하여 한 여인의 아들을 실제로 먹었습니다. 이튿날 다른 여자가 자기 자식을 숨겼습니다. 그것 때문에 두 여인 사이에 불화가 일어났고 왕에게 판결을 요구하였습니다. 여기에서 이튿날 다른 여자가 자기 자식을 숨긴 것은 자녀를 보호하기 위함이 아니었습니다. 자식을 다른 사람에게 양식으로 주지 않고 혼자 삶아 먹기 위해서 숨겼던 것입니다. 이는 당시 이스라엘의 신앙과 영적 상태를 극단적으로 보여주는 예입니다.

인간 왕국의 모습을 고스란히 드러내는 것입니다.

하나님의 백성들이 가나안에 들어간 후에 그들의 삶이 하나님의 뜻에 부합되면 항상 언약의 복이 넘쳐납니다. 그러나 이스라엘이 하나님의 뜻과 관계없이 살면 항상 언약의 저주가 임할 것입니다.

그러므로 우리가 신명기 이후의 성경을 읽을 때에 이스라엘 백성의 삶의 모습을 유심히 살피면서 읽으면, 그들이 말씀과 더불어 살고 있는지 아니면 말씀을 버리며 살고 있는지 정확하게 알 수 있습니다.

주님의 인자와 긍휼이 드러나는 곳, 광야

이스라엘 백성들에게 있어서 광야는 여러 가지 의미가 있습니다. 광야는 하나님을 예배하는 공간입니다. 그러므로 이스라엘에게 광야는 하나님의 사랑과 보호 때문에 감사의 눈물과 뜨거운 경배가 넘쳐나는 곳입니다.

다른 한편으로 광야는 죄 아래 있는 비참한 인간의 모습을 가장 적나라하게 드러내는 공간이기도 합니다. 인간의 불순종이 어디까지인지 가늠할 수 없을 정도로 악한 모습을 보이는 곳이기도 합니다. 그러한 인간들을 자기 백성으로 삼으시고 자기 왕국을 새롭게 건설하기 위해 역사를 주관하시는 하나님의 세밀한 손길이 묻어 있는 곳, 바로 그곳이 광야입니다.

못난 백성들이 위험한 광야를 지날 때 하나님께서는 인도와 보호의 손길을 거두지 않으셨습니다. 그리고 당신의 왕국에서 이스라엘 백성은 어떻게 살아야 하는지도 가르치셨습니다. 주의 인자와 긍휼이 어찌 그리 큰지요!

요약과 질문

1. 다음 (　　) 안에 들어갈 알맞은 말은 무엇입니까?

> 시내 산에서 약 10개월 동안 하나님과 언약을 맺고 여러 기구들을 만들어 성막을 완공했던 것은 하나님께 (　　)드리기 위함이었음을 알 수 있습니다.

2. 40년의 광야행 동안 시므온 지파의 수가 크게 줄어든 이유는 무엇입니까?

3. 거룩한 군대로 출발하는 이스라엘의 핵심적인 무기는 무엇입니까?

4. 여호수아·갈렙의 가나안 땅 정탐 평가가 나머지와 다른 이유는 무엇입니까?

5. 예수님의 40일 금식과 이스라엘의 40년 광야생활은 어떤 관련이 있습니까?

6. 출애굽기 20:11, 신명기 3:20, 5:15을 통해 안식의 의미를 정리해 봅시다.

7. 아모리 왕 시혼과 바산 왕 옥의 죽음을 통해 하나님께서 가나안 족속들과 이스라엘 백성들에게 알게 하시고자 하는 바가 각각 무엇인지 설명해 봅시다.

8. 구약 시대의 땅과 신약 시대의 성령님의 오심의 관계를 설명해 봅시다.

9. 다음 (　　) 안에 들어갈 알맞은 말은 무엇입니까?

> 우리가 오늘날 여기서는 각기 (　　)대로 하였거니와 너희가 거기서는 하지 말지니라(신12:8)

10. 신명기 12:8은 광야에서의 이스라엘의 삶을 요약한 것입니다. 이 말씀이 의미하는 바는 무엇입니까?

11. 언약의 복과 저주를 소개한 성경 구절은 어디입니까?

12. 이스라엘 백성의 광야 삶과 나의 삶을 비교해 봅시다.

제10장

가나안 입성과
반역의 역사

제10장

가나안 입성과 반역의 역사

약속의 땅을 얻는 법

가나안 지역에 살고 있는 모든 족속들은 진멸의 대상입니다. 호흡이 있는 자들은 모두 죽여야 합니다(신7:1, 20:16~18). 하나님께서 너무 잔혹하시다고 생각하지 않으십니까? 그러나 그렇지 않습니다. 가나안 지역에 살고 있는 족속들은 자신들의 죄악 때문에 죽음을 자초한 것입니다(창15:16).

이스라엘이 가나안에 들어간 뒤에는 정복의 역사가 이어져야 합니다. 아브라함에게 하신 땅에 대한 약속이 구체적으로 실현되는 것입니다. 위대한 지도자 모세도 광야에서 죽었습니다. 여호수아가 모세의 뒤를 이어 새로운 지도자가 되었습니다.

여호와께서는 여호수아에게 땅에 대한 약속을 상기시키십니다(수1:3~4). 하나님께서는 여호수아가 감당해야 할 사명이 무엇인가를 알게 하고자 하셨습니다. 여호와께서는 여호수아에게 율법을 지켜 행하며 입에서 떠나지 말게 하라고 권면하십니다(수1:7~8). 약속의 땅을 얻는 방법에는 왕도가 없습니다. 오직 여호와의 말씀을 의지하고 그 말씀을 따라 사는 것뿐입니다.

가나안을 새로운 하나님의 왕국으로 이해한다면 하나님의 왕국안에서 승리하는 방법은 여호와의 율법을 따라 행하는 것임을 알 수 있습니다. 여기서 율법을 따라 행하여 약속의 땅을 얻는 것이 구원을 얻는 것과 동일하다고 생각해서는 안됩니다. 즉, 율법을 행함으로 구원을 얻을 수 있다는 내용이 아닙니다. 구원은 오직 믿음으로 얻습니다.

여기 율법을 행하라는 것은 대적들을 물리치고 승리하는 원리에 대한 가르침입니다. 이스라엘은 이미 구원받은 백성입니다. 약속의 땅은 하늘 백성의 거처가 됩니다. 할례를 행하고 여호와의 약속을 믿음으로 받은 이들은 이미 구원 받은 백성입니다.

땅을 차지하는 것은 구원받은 백성의 삶이 구체적으로 드러나는 과정입니다. 그러므로 이스라엘 백성이 가나안 땅에 거하는 여러 족속과 전투함으로써 땅을 얻어가는 과정은 구속받은 백성으로서 지녀야 할 삶의 모습 중 하나입니다. 곧 전투하는 교회의 모습을 보여주는 것입니다. 이 전투에서 가장 중요한 것이 무엇인가 하니 바로 여호와의 율법, 곧 말씀이라는 것입니다.[57] 그래서 칼빈 선생은 '말

---

57) 필자가 소속된 대한예수교 장로회(고신)는 말씀 때문에 생명을 초개같이 여긴 분들에 의해 세워진 교회입니다. 저는 이러한 선배들을 존경합니다. 일제강점기 시절, 신사참배가 우상숭배가 아니고 국가의식 중 하나라고 하면서 어린 성도들을 모아 솔선수범하여 우상에게 절한 사건을 한국 장로교회는 제대로 평가해야 합니다. 해방된 후, 우리의 선배들이 '우상숭배의 죄에 대해 목사와 장로들이 2개월 동안 자숙하자.'라고 할 때에 많은 이들이 이 제안을 듣지 않았습니다. 우리의 선배들이 신학교에 천착한 이유가 있습니다. 이들은 분리주의자들이 아니었습니다. 당시 서울에 있는 신학교가 너무나 좌경화되었고 속화(俗化)되었기에 그 학교로는 말씀을 지킬 수 없을 것으로 판단했던 것입니다. 그래서 고려신학교에 온 정성을 쏟은 것입니다. 이 모든 것은 선배들이 말씀을 극진히 사랑했던 결과입니다. 한국 장로교회 안의 친일파 전통에 대한 더 자세한 내용은 최덕성, 『한국교회 친일파 전통』(파주: 지식산업사, 2006)을 참고하세요.

씀'을 교회의 표지 중 하나로 매우 강조했습니다.

요단강 도하와 길갈에 세워진 비석

요단을 건넌 후 첫 번째 성이 여리고입니다. 두 정탐꾼은 기생 라합의 도움으로 무사히 임무를 완수합니다. 가장 비천하고 죄악된 모습을 지닌 여성이 신앙고백을 통해 언약백성이 되었습니다(수2:9~14).

여리고를 함락하기 위해서는 먼저 요단강을 건너야 합니다. 요단강 도하(渡河) 때는 모맥을 거두는 시기였습니다(수3:15). 이 시기는 요단 강물이 가장 많을 때입니다. 우기가 막 끝나고 첫 추수기가 가까워지는, 태양력으로 3~4월인 이때 즈음이면 강물은 사람이 건널 수 없을 정도로 불어납니다. 바로 그때 하나님께서는 자기 백성들이 강을 무사히 건너도록 하셨습니다. 이스라엘이 강을 무사히 건넜다는 것은 가나안 지경에 살고 있는 족속들을 완전히 쫓아낼 것임을 보여주는 표(sign)입니다(수3:10).

홍해를 건너게 하심으로써 하나님께서 자기 백성과 맺은 언약을 신실하게 지킬 것을 보여주셨듯이, 요단강 도하를 통해서도 동일한 가르침을 주셨습니다. 성경은 언제나 동일한 원리를 가르칩니다. 구속역사는 하나님의 열심으로 이루어집니다. 여기에 인간의 공적은 없습니다. 오직 그 약속을 믿고 순종할 따름입니다. 인간이 하나님의 약속에 참여하는 것은 놀라운 은혜입니다.

요단을 건넌 이스라엘 백성은 길갈에 열두 돌을 세웠습니다. 이 돌들은 여호와의 손이 능하시다는 것을 땅의 모든 백성들이 알게 하는 표입니다. 동시에 하나님의 백성들로 하여금 여호와를 영원토록 경외하도록 하기 위함이었습니다(수4:24). 경외는 베푸신 은혜에 대한 충성과 헌신을 의미합니다.

길갈은 이후 이스라엘 역사에서 매우 의미 있는 장소가 되었습니다. 길갈이 우리의 주목을 끄는 또 다른 이유가 있습니다. 이는 그곳에서 할례를 행했기 때문입니다. 출애굽 2세대들은 광야에서 태어났기에 할례를 받지 못했습니다. 할례는 언약의 표입니다(창17:11). 아브라함에게 약속하셨던 가나안 땅을 믿음으로 받는다는 표입니다.

약속의 땅에 들어와 처음으로 행한 것이 할례였다는 점에는 또 다른 중요한 의미가 있습니다.[58] 출애굽 1세대들과는 확연히 다른 모습을 보입니다. 즉, 애굽의 수치(수5:9)가 사라진 것입니다. 여기 애굽의 수치는 출애굽 1세대들의 불순종을 의미합니다(수5:6). 다시 말해, 할례를 행함으로 언약의 수납을 확증하는 동시에 조상들의 불순종을 반복하지 않겠다는 믿음을 고백하는 것입니다. 하나님의 약속을 신뢰하지 못한 출애굽 1세대들은 광야에서 모두 죽었습니다. 애굽에서 다른 신을 섬겼던 죄의 영향력이 광야까지 이어진 것입니다.

40년 11월 1일에 이스라엘 백성들은 모압 평지에 도착했습니다. 그리고 41년 1월 10일에 가나안의 길갈에 도착합니다(수4:19). 할례를 행하고 곧 이어 유월절을 지켰습니다(수5:10). 유월절 다음 날 가나안에서 난 양식을 먹었고 그 다음 날에 만나가 그쳤습니다.

---

58) 길갈에서의 할례는 전쟁을 치르는 군인들에게는 상식적으로 매우 이해하기 어려운 행위입니다. 적군을 눈앞에 두고 군인들이 일주일 이상을 아무것도 할 수 없는 상태에 놓이게 하는 것은 정말 무모하기 짝이 없습니다. 하지만 이를 통해 약속의 땅을 얻는 것은 인간의 능력이나 노력의 결과가 아님을 분명하게 보여줍니다. 비록 이스라엘 군대는 무장 해제하고 누워 있더라도 그들의 주인이신 하나님께서는 저들과 더불어 싸우고 계심을 알게 하시는 것입니다.

광야에서 자기 백성을 먹이신 여호와의 사랑이 물씬 풍깁니다. 약속의 땅에서 생산된 양식을 먹을 때까지 하늘의 양식을 끊임없이 공급하신 하나님의 사랑이 우리를 감동케 합니다. '내가 너희를 먹이지 않았느냐! 내가 너희의 삶을 보존하고 인도하지 않았느냐!'라고 강변하십니다.[59]

여리고, 믿음으로 얻은 선물

여리고 성 함락은 하나님의 왕국이 선물로 주어진다는 도리를 가장 잘 가르치는 사건입니다. 백성들은 칼과 창으로 여리고를 함락시켰던 것이 아닙니다. 매일 한 바퀴씩 6일 동안 여리고 성 주위를 돌다가 마지막 7일째에는 일곱 바퀴를 돌았습니다. 돌기를 마친 후 제사장들은 나팔을 불었고 백성들은 소리쳤습니다. 결국 성은 무너졌고 함락되었습니다.

히브리서 11:30은 "믿음으로 칠 일 동안 여리고를 두루 다니매 성이 무너졌으며"라고 했습니다. 믿음이 있어야만 하나님의 왕국에 들어갈 수 있습니다. 믿음이 없이는 아무것도 할 수 없습니다. 우리는 여기에서 믿음의 본질을 다시 확인합니다.

전쟁을 하려면 칼이나 창을 동원해야 합니다. 그러나 하나님께서는 성을 돌라고만 하셨습니다. 이스라엘은 인간의 가치관과 인간의 이성을 제쳐두고 하나님의 말씀에 그대로 순종했습니다. 하나님의 말씀에 신뢰를 표하고 그 말씀에 순종하여 그대로 행했습니다. 이것

---

59) 예수님께서 제자들에게 기도를 가르치시면서 '일용할 양식을 주옵시고'라고 기도하라 하셨습니다. 일용할 양식에 대한 청원은 오직 하나님께서 우리의 삶을 유지하신다는 고백입니다. 우리의 힘으로 사는 것이 아니라 하나님께서 우리를 하루하루 먹이시고 살리신다는 고백입니다. 그리고 우리가 그런 기도를 함으로써 하나님 앞에서 겸손한 태도를 지니고 살기를 바라셨습니다.

이 믿음입니다. 믿음이 무엇입니까? 하나님의 구속행위에 대한 신뢰이고 순종이고 헌신이라 할 수 있습니다. 자기 백성을 구원하시는 하나님의 능력을 감사함으로 받아들이는 것입니다.

여호수아는 함락된 여리고 성을 보면서 맹세합니다. 무너진 여리고 성을 재건하는 사람은 여호와로부터 저주를 받을 것이라고 했습니다. 또한 기초를 쌓을 때에 장자를 잃고 문을 세울 때에 계자를 잃을 것이라고 했습니다(수6:26).

왜 이러한 저주를 선포합니까? 여리고 성 함락은 하나님 나라의 본질을 드러내기 때문입니다. 무너진 여리고 성의 모습이 하나님 나라는 믿음으로 얻는 것이며 구원은 믿음으로 이루어지는 것임을 눈으로 직접 보여줍니다. 그러므로 누군가가 여리고 성을 재건한다면 이는 하나님의 왕국에서 이 믿음의 도리를 제거하는 행위이기 때문에 여호수아는 저주를 선포한 것입니다.[60]

아이 성 전투의 패배, 하나님과 관계가 깨어짐

여리고의 승리 뒤에 이스라엘을 경악케 하는 사건이 일어났습니다. 아이 성 전투에서 패배한 것입니다. 여호수아는 장로들과 함께 여호와의 궤 앞에 엎드렸습니다. 머리에 티끌을 쓰고 해가 저물도록 있었습니다.

하나님께서 패배의 원인을 알려주셨습니다. "이스라엘이 범죄하여 내가 그들에게 명한 나의 언약을 어기었나니"(수7:11). 언약을 파기했다고 합니다. 그러면서 "그들이 바친 물건을 취하고 도적하고

---

60) 이러한 이유로 아합 왕 시대에 벧엘 사람 히엘이 여리고를 재건하다가 터를 쌓을 때에 장자 아비람을 잃었고 문을 세울 때에 말째 아들 스굽을 잃었습니다. 아합은 하나님 나라 구속의 도리를 변질시킨 가장 악한 왕입니다(왕상16:34).

사기하여"라고 하셨습니다.

시내 산에서 하나님께서는 이스라엘이 '거룩한 백성'이 될 것임을 선언하셨습니다. 이는 하나님과 언약 관계가 맺어졌음을 의미합니다. 그런데 지금의 이스라엘은 하나님의 것을 도적하고 사기했습니다. 그러니 나는 너희의 하나님이 되고 너희는 내 백성이 될 것이라는 관계가 파기된 것입니다.

아이 성 패배의 원인은 하나님과의 관계가 깨어졌기 때문에 나타나는 자연스러운 현상입니다. 여호와의 말씀을 버린 백성은 전투하며 영광스러운 왕국을 차지하는 교회로서의 사명을 제대로 감당할 수 없습니다.

거룩한 백성인 이스라엘은 죄와 더불어 살 수 없습니다. 그럼에도 가만히 들어온 죄를 해결하기 위해 하나님께서는 아골 골짜기에서 외투 한 벌과 은 이백 세겔, 금덩이 오십 세겔을 훔쳤던 아간과 그와 관계된 사람들을 모두 죽이게 하셨습니다. 죄가 제거되자 아이 성은 이내 곧 함락되었습니다.

남겨진 화근

하나님께서는 이스라엘을 대신하여 친히 가나안 족속들과 싸우셨습니다(수10:42). 그리하여 여호수아는 산지와 남방과 평지와 경사지를 정복하고 모든 왕들을 진멸했습니다. 가나안은 이제 이스라엘의 땅이 되었습니다(수11:22).

그럼에도 불구하고 미진한 부분이 있었습니다. 가사와 가드와 아스돗에는 아낙 자손들이 남아 있었습니다. 가사는 나중에 삼손이 기생을 만난 곳이며 가드는 골리앗의 출생지이고 아스돗은 블레셋이 언약궤를 **빼앗아** 간 곳입니다. 약간 남겨진 그곳들도 철저하게 파괴하여 정복해야 했습니다. 그러나 그 후의 역사에서 알 수 있듯이 정복 전쟁은 답보상태에 이릅니다.

땅의 분배

여호수아 13장부터는 땅을 분배하는 내용입니다.[61] 땅 분배에 대해 설명하면서 갈렙이 헤브론을 차지하는 사건을 기록하고 있습니다. 유다 지파의 대표자였던 갈렙은 헤브론을 오래 전에 약속 받았습니다(민14:24). 갈렙은 여호수아에게 하나님께서 자신에게 약속하신 바로 그 땅을 기업으로 달라고 요청합니다.

갈렙의 요청은 정당합니다. 그 땅에는 아낙 자손들이 살고 있었습니다. 그들은 거인들이었습니다. 그러니 갈렙은 쉽지 않은 전쟁을 자처한 것입니다. 그의 신앙은 "이스라엘의 하나님 여호와를 온전히 좇는 것"(수14:8~9,14)이었습니다. 그는 '약속의 땅은 믿음으로 얻는다.'라는 도리에 무척 충실한 사람이었습니다.

땅 분배는 두 가지 방식으로 이루어졌습니다. '가족의 수대로'와 '제비뽑기'입니다. 구체적으로 어떤 방식이었는지 정확하게 알 수는 없지만 성경을 토대로 추측해볼 수 있습니다.

먼저 요단강 동편에 갓, 르우벤, 므낫세 반 지파가 이미 땅을 받았습니다. 그리고 유다와 요셉 지파도 땅을 받았습니다. 이제 땅을 받지 못했던 나머지 일곱 지파가 사용한 땅의 분배 방식을 살펴봅시다.

---

61) 여호수아서는 크게 두 부분으로 나눌 수 있습니다. 1~12장과 13~24장입니다. 앞부분은 약속의 땅을 차지하는 원리를 가르치고 뒷부분은 그 땅을 어떤 원리로 분배했는가를 가르칩니다.

일곱 지파의 대표를 각 지파별로 세 명씩 뽑아 가나안 일경의 지도를 그려오게 했습니다(수18:4). 그리고 하나님의 성막이 있는 실로에서 제비를 뽑았습니다. 즉, 가나안 지도를 그려 일곱 등분한 후에 제비를 뽑아 지파대로 땅을 나누었던 것입니다(수18:8~10). 이어서 각 지파들은 자신들에게 주어진 땅을 다시 각 가족의 숫자대로 나누었습니다.

제비를 뽑았던 것은 각 지파가 취하게 될 땅이 자기 욕심대로 얻어지는 것이 아니라 하나님께서 주권적으로 주시는 은혜임을 강조합니다. 또한 가족의 숫자대로 땅을 분배했다는 것은 공평하게 나누었음을 의미합니다. 그러므로 땅 분배의 과정에서도 하나님 나라의 도리가 잘 가르쳐진 셈입니다.

하나님 나라는 하나님께서 주시는 것이며 공평하게 나누어 갖는 것입니다. 바로 여기에서 평균케 하는 원리가 다시 한 번 강조됩니다. [62] 부자와 가난한 자가 한 가족이 되는 것. 어린이와 어른이 함께 교제하는 것. 높은 자 낮은 자 구별이 없이 모두가 한 가족으로 생활하는 것. 유무상통의 삶. 이것이 바로 우리 시대의 교회가 추구해야

---

62) 평균케 하는 원리는 하나님의 창조에서부터 출발합니다. 하나님께서는 땅에 식물과 채소와 과목을 내라 하셨고 그것을 사람의 양식으로 주셨습니다. 첫 사람 아담과 여자의 삶은 그야말로 평균함의 모델입니다. 하지만 범죄로 말미암아 이 원리는 파괴되었습니다. 그러나 하나님께서는 이스라엘 백성이 광야 생활을 할 때에 이 원리를 회복하셨습니다. 바로 만나를 통해서입니다. 만나는 많이 거둔 자에게도 남지 않았고 적게 거둔 자에게도 모자라지 않았습니다. 또한 가나안에서의 땅 분배 과정에서도 이 원리는 다시 강조되었습니다. 신약성경에서도 이 원리는 지속됩니다. 바울은 고린도 교회에 편지하면서 마게도냐 교회의 헌금을 칭찬합니다. 그때 바울은 만나 사건을 예로 들면서 평균케 하는 원리를 설명했습니다(고후8장). 예루살렘 교회가 어려움에 처했을 때에도 마게도냐 교회가 온 힘을 다해 헌금했습니다. 고린도 교회도 이런 헌금의 정신을 잘 본받아야 함을 강조했습니다. 그러므로 오늘날 이 원리는 교회 안에서도 적용되고 열매로 나타나야 합니다.

할 본질입니다.

여호수아는 마지막 고별 설교를 통해 백성들에게 오직 여호와만 섬길 것을 권면합니다. 여호수아서는 여호수아의 죽음으로 끝을 맺습니다. 우리는 하나님의 사람이 죽을 때 하나님의 구속역사가 그 죽음 이후에 어떻게 이루어지는 지에 초점을 맞추어야 합니다. 다시 말해, 그 인물의 죽음에 대해 인간적인 슬픔을 느끼기보다는 하나님과 맺은 그 언약이 어떻게 신실하게 지켜질 것인가에 관심을 기울어야 한다는 것입니다. 여호수아의 죽음을 바라볼 때에도 그러합니다. 이스라엘은 여호수아의 사는 날 동안과 여호수아 뒤에 생존한 장로들이 사는 날 동안 여호와를 섬겼습니다(수24:31).

사사 시대, 하늘백성들의 슬픈 역사

사단은 하나님의 왕국을 공격하기 위해 수단과 방법을 가리지 않습니다. 위대한 하나님의 사람이 죽자 곧장 날카로운 이빨을 드러내었습니다. 약 300년의 사사 시대는 맥없이 무너지는 하늘 백성들의 슬픈 역사입니다.

아브라함 언약의 핵심인 큰 민족에 대한 약속은 이미 이루어졌습니다. 또한 복의 근원이 될 것이라는 약속도 시간이 흐르면서 구체화되었습니다. 그러나 땅에 대한 약속은 겉으로 보기에 아직도 미진하게 보입니다.

제비뽑기와 가족 수대로 땅을 분배받은 이스라엘은 힘 있게 정복 사역을 완성해야 했습니다. 그러나 땅에 대한 정복은 갈수록 미미했습니다. 사사기는 하늘 백성들이 선물로 받은 땅을 차지하지 못하고 오히려 이방 족속들의 공격 앞에 속수무책으로 당하는 모습을 그리고 있습니다.

　사사기 앞부분에서는 정복 전쟁이 순조롭게 진행되는 것처럼 보입니다. 그러나 조금씩 정복하지 못한 땅들이 나열됩니다. 유다는 골짜기 거민들을 철 병거 때문에 쫓아내지 못했습니다(삿1:19). 베냐민 지파는 여부스 사람들을 쫓아내지 못했습니다(삿1:21). 므낫세, 에브라임, 스불론, 아셀, 납달리 지파 역시 가나안 사람을 쫓아내지 못했습니다(삿1:27~33). 단 지파는 오히려 아모리 사람들에 의해 산지로 쫓겨나는 형국입니다(삿1:34).[63] 그렇게 하나님의 왕국 안으로 죄의 세력이 서서히 들어오기 시작합니다. 그러다가 시간이 지날수록 죄의 양상은 거룩한 왕국 안에서 더욱 심각해지고 깊어집니다.

　결국 사사기의 이스라엘은 다음의 네 가지 패턴을 반복하게 됩니다. 이스라엘의 범죄, 하나님의 심판, 이스라엘의 부르짖음, 사사를 통한 구원. 고통에 처함으로 하나님께 부르짖지만 매번 다시 죄를 범하는 이스라엘의 모습을 통해 죄의 강력함을 알게 됩니다. 이스라엘은 점점 더 가나안화 됩니다. 공의로우신 하나님께서는 이에 가차 없이 언약의 저주를 내리십니다.

　이미 우리가 살펴본 대로 신명기 28장에 소개된 저주의 내용이 여

---

63) 사사기는 역사적 순서를 따라 기록된 것이 아닙니다. 사사기 20:24~28에 제사장이 등장합니다. 비느하스입니다. 이 비느하스는 민수기 25장에서 소개된 시므리와 고스비가 음행을 행할 때에 그들을 심판한 사람입니다. 비느하스가 출애굽 2세대라면 광야 시대 마지막에는 아무리 나이가 많아도 39세입니다. 사사기가 역사적 순서에 따라 기록된 것으로 가정하고 사사기 20장을 사사 시대 말기로 본다면, 비느하스는 최소한 300살이 넘는 엄청난 나이가 됩니다. 그러므로 우리는 사사기를 역사적 순서에 따라 기록된 것이 아니라 어떤 목적에 의해 사건별로 재구성된 것으로 이해합니다. 사사기는 이스라엘 백성들이 하나님의 약속을 버리자 얼마나 악해졌으며 그러한 악함에도 불구하고 하나님의 언약이 어떻게 이어지는지를 보여줍니다. 이는 오직 하나님만이 자기 백성과 시내 산에서 맺으신 언약을 지키시는 참다운 왕이심을 강조하고 있습니다.

기에서 나타납니다. 곧, 기근과 질병, 가뭄, 가나안 족속들의 공격 등으로 나타납니다. 언약백성들은 하나님의 저주 아래 있으면서 부르짖습니다. 하나님께서는 그들의 부르짖음을 들으시고 사사(판관)를 보내어 구원하십니다. 하지만 위에서 언급한 네 가지 패턴이 반복될수록 이스라엘의 죄악은 더욱 깊어집니다.

여호수아 시대에 원활했던 땅의 정복은 사사기에서 거의 자취를 감추었습니다. 오히려 이스라엘은 여호와를 버리고 바알과 아스다롯을 섬깁니다(삿2:11~13). 이스라엘은 전쟁보다 타협의 길을 택했습니다.

하나님께서 가나안 땅에 이방 족속을 남기셨던 원래 목적은 자기 백성들로 하여금 전쟁을 알게 하기 위함이셨습니다(삿3:2). 즉, 하나님의 말씀에 순종하는지 불순종하는지를 시험하시기 위함이었던 것입니다(삿3:4). 그러나 그들은 그 지역 사람들과 혼인 관계를 형성함으로 하나님의 말씀에 불순종했습니다. 그들은 타협과 평화의 길을 선택했습니다. 그러나 이것은 평화의 길이 아니었습니다. 멸망의 길이었습니다.

가나안 지역에 살고 있는 모든 족속들은 진멸의 대상입니다(신7:1, 20:16~18). 그들은 타협과 협력의 대상이 아니었습니다. 그럼에도 불구하고 그들과 타협한 이스라엘은 오늘날 마치 세속과 손을 잡은 교회의 모습과 같습니다. 교회가 세속의 원리와 정신을 가리켜 평화의 길이라고 하면서 그 길을 적절히 따라간다면 어떻게 되겠습니까? 중세의 교회가 원래 하나님께서 내신 교회의 모습에서 어떻게 거짓 교회로 나아갔습니까? 타협의 결과였습니다. 혼합주의는 그래서 무서

운 것입니다.[64]

어두움은 빛을 덮고

이스라엘의 범죄가 초기에는 심하지 않았습니다. 그러나 시간이 지나면서 범죄의 정도가 더욱 심각한 수준에 이릅니다. 그에 따라 하나님의 심판도 더욱 무서운 형태를 취합니다.

처음에는 짧은 기간 동안 가나안 족속들이 괴롭혔습니다. 시간이 지날수록 가나안 족속들로부터 괴롭힘을 받는 기간이 점점 길어집니다. 예를 들면, 사사 옷니엘이 등장할 때 이스라엘은 8년 동안 징계를 받았고 40년 동안 평화를 얻었습니다(삿3:7~11). 사사 에훗 때에는 18년간 징계를 받았고 80년 동안 평화를 누렸습니다(삿3:14,30). 기드온 시대에는 7년 동안 미디안의 지배가운데 있었고 40년 동안 평화가 임했습니다(삿6:1, 8:28). 사사 입다 때에는 18년을 학대 받았습니다(삿10:8). 그러나 삼손이 등장할 때에는 무려 40년 동안 블레셋 사람들로부터 괴롭힘을 받았습니다(삿13:1).

또한 사사기의 후반부로 갈수록 백성들의 죄악된 모습은 점차 심각해집니다. 17장부터 21장까지 읽어보십시오. 감히 표현할 수 없는 사건들이 소개되었습니다. 에브라임 산지에 미가라는 사람은 개인 신당을 만들고 그곳에 에봇과 드라빔을 만들어 둔 다음, 자기 아들 중에 한 명을 제사장으로 삼았습니다.

개인 신당을 두는 것부터 에봇은 무엇이며 드라빔은 무엇입니까?

---

64) 이러한 측면에서 여호수아서와 사사기는 전투하는 교회의 모습을 가장 잘 보여줍니다. 그러나 승리하기보다 급속히 타락하여 약화되어 가는 모습을 더 많이 보는 것 같아 씁쓸함을 금할 수 없습니다. 하지만 그와 동시에 사사기를 통해 죄의 세력으로부터 그 백성들을 자유롭게 하며 승리하게 하는, 진정한 구원자이신 왕을 소망하게 됩니다.

에봇은 제사장의 조끼로 열두 보석이 가슴에 달린 거룩한 예복입니다. 드라빔은 라헬이 자기 아버지 집에서 나올 때에 의자 밑에 숨겨 가져온 우상입니다(창31:19).

에봇은 여호와 신앙과 관련이 있고 드라빔은 우상과 관련이 있습니다. 지금 미가는 둘 다를 섬기고 있는 것입니다. 여호와도 좋고 다른 신도 좋다는 것입니다. 이와 같은 내용이 소개되면서 사사기의 주제 구절이 언급됩니다. "이스라엘에 왕이 없으므로 사람마다 자기 소견에 옳은 대로 행하였더라"(삿17:6, 18:1, 19:1, 21:25).

베들레헴에 살던 한 레위인 청년은 거할 곳을 찾아다니다가 미가에게 이르러 그의 개인 제사장이 되었습니다. 이것은 예배의 타락에서 직분의 타락으로 이어지는 모습입니다. 거룩한 직분이 밥벌이 수단으로 전락하였습니다.[65]

악취 풍기는 직분자의 삶

한 레위인은 첩을 얻어 살았습니다. 레위인이 첩을 얻는 것은 그 시대의 영적 상태를 너무나 자명하게 드러냅니다. 설상가상(雪上加霜)

---

65) 오늘날의 목회자가 구약의 레위인과 동일하다고 이해해서는 안 됩니다. 그러나 직분의 타락이라는 측면에서는 깊은 관련이 있습니다. 목회하는 이들이 돈을 따라 목회지를 정한다면 그것은 정말로 심각한 일입니다. 물론 하나님께서 목회자의 물질적인 궁핍을 바라시는 것은 아닙니다. 그러나 물질이 목회지를 정하는 기준이 되어서는 안 됩니다. 젊은 신학대학원생들로부터 들려오는 소문으로 인해 무척 당혹스러울 때가 있습니다. 자신을 필요로 하는 교회에서 봉사하는 것보다도 규모가 크고 물질적으로 부요한 교회를 선호하는 모습, 정치적으로 후원을 받아 안정된 목회의 길을 모색하는 모습은 참담하기 그지없습니다. 심지어 큰 교회의 유력한 성도들과 친분을 쌓고 그것을 이용하여 자신의 길(유학이나 심지어 개척까지)에 이용하려고 하는 교묘한 작태는 옛 사사 시대와 다를 바 없습니다. 물론 이런 신학생들이 그저 한둘 정도일 것으로 여깁니다. 우리의 신학교에서는 이런 분위기가 자리 잡지 않도록 무릎 꿇어 늘 기도할 수 있어야 하겠습니다.

으로 그 첩이 행음하여 친정으로 갔습니다. 첩을 데리러 간 레위인은 그 첩을 되찾고 자기 집으로 돌아오는 길에 베냐민 지파의 땅 기브아에서 하룻밤 머물렀습니다.

그런데 그곳에서 첩이 윤간을 당하고 죽습니다. 이에 그 레위인은 첩의 시신을 열두 토막으로 잘라 이스라엘의 모든 지파들에게 보냅니다. 그 일로 베냐민 지파와 나머지 모든 이스라엘 지파 사이에서 전쟁이 일어났고, 베냐민 지파의 남자들이 모두 죽어 600명만 남게 되었습니다(삿20:47).

죄의 강력함은 하나님의 약속을 잊어버리게 할 뿐만 아니라 하나님이 없는 것처럼 살게 합니다. 우리는 사사 시대를 보면서 이렇게 강력한 죄의 세력을 제거할 수 있으신 분은 오직 삼위 하나님밖에 없음을 깊이 생각하게 됩니다.

그리스도의 십자가 은혜와 성령님의 함께하심이 없으면 죄의 세력을 절대로 꺾을 수 없습니다. 반역의 역사가 300여 년을 넘어섰습니다. 살아계신 하나님께서는 이스라엘에게 더 이상 '살아계신'이 아니었습니다.

요단은 묵묵히 흐르지만 생기를 잃어버린 듯 했습니다. 갈릴리의 푸름은 검은 암갈색 톤으로 변색되었습니다. 소금 바다에는 시체 냄새가 피어올랐습니다. 실로의 피 냄새는 향기가 아니라 악취를 풍겼습니다. 모세와 아론의 후예들은 걸인의 찬을 두고 하염없이 눈물을 뿌립니다.

오묘한 섭리, 그곳에 진실한 백성이
떡집 베들레헴에 백합화가 피기 시작했습니다. 길고 어두운 터널을 지나 따스한 햇살이 비치는 푸른 초원을 만나 듯, 어두운 시대 속에서도 하나님의 사람들이 그곳에 있었습니다. 나약한 영혼의 소유자 엘리멜렉은 흉년이 들자 아내와 두 아들을 데리고 모압 지방으로 갔습니다.

그러나 그는 얼마 있지 않아 죽음에 이르렀습니다. 두 아들도 죽었습니다. 아내 나오미와 두 며느리 룻과 오르바만 살았습니다. 나오미는 고향으로 돌아가기로 결심했습니다. 두 며느리에게 각자 살길을 찾으라 했습니다. 오르바는 시어머니의 말을 들었지만 룻은 끝까지 따라왔습니다. 룻이 나오미를 따른 이유는 인간적인 정 때문이 아니었습니다. 그녀는 시어머니가 섬겼던 하나님을 만났고 믿었으며 그분을 경외하는 언약백성이었습니다.

유력자 보아스는 하나님을 경외하는 사람이었습니다. 룻은 그의 밭에서 곡식을 주웠습니다. 고아와 과부를 돌보는 보아스의 마음은 하나님의 법을 생명처럼 사랑함을 잘 보여줍니다(룻2:8~16).

나오미 집안에는 보아스보다 더 가까운 친척이 있었습니다. 이스라엘에는 서로의 삶을 보호하기 위해 기업 무를 자에 대한 규례가 있습니다(레25:23~28). 보아스는 성문에서 열 명의 장로를 청한 후에 엘리멜렉 집안의 가장 가까운 친족에게 기업 무를 것을 권합니다.

그러나 그 사람은 보아스에게 자신의 권리를 이양했습니다. 보아스는 엘리멜렉 집안의 기업 무를 자가 되어 룻을 아내로 맞았고, 그로 인해 오벳이 태어났습니다. 오벳은 다윗의 할아버지가 됩니다(룻4:22). 하나님께서는 가장 어두운 시대에 신실한 주의 백성들을 남기시고 그들을 통하여 구원 역사가 이어지게 했습니다. 하나님의 섭리는 실로 오묘합니다.

요약과 질문

1. 여호수아의 사명은 약속의 땅, 가나안을 정복하는 것입니다. 그러한 여호수 아에게 하나님께서 '율법을 지켜 행하며 입에서 떠나지 말라' 명하신 이유는 무엇입니까?

2. 요단을 건넌 이스라엘 백성들은 길갈에 열두 돌을 세워 기념했습니다. 이 돌 이 의미하는 바는 무엇입니까?

3. 여리고 성이 무너진 뒤에 여호수아는 이 성을 재건하지 못하게 했습니다. 여 리고 성을 재건하는 것에는 어떤 의미가 있습니까?

4. 아이 성 함락 전투에서 이스라엘의 패배한 근본원인은 무엇입니까?

5. 갈렙은 여호수아에게 헤브론을 자신이 정복해야 한다고 했습니다. 헤브론 정 복은 무엇을 의미합니까?

6. 이스라엘의 두 가지 땅 분배 원리는 무엇이며, 이것이 의미하는 바는 무엇이 고, 신약성경에서는 이러한 원리가 어떤 모습으로 나타납니까?

7. 사사기에서 드러난 네 가지 패턴은 무엇입니까?

8. 사사 시대를 규정하는 문구는 무엇입니까?

9. 사사기에 등장하는 한 레위인의 이야기가 시사하는 바는 무엇입니까?

10. 보아스와 룻의 경건한 삶을 설명해 봅시다.

11. 룻이 보아스를 통해 얻은 아이의 이름은 무엇이며, 이 아이와 다윗은 어떤 관계입니까?

제11장

회복을 향하여

제11장
회복을 향하여

사무엘이 오기까지

여자의 후손에 대한 약속(창3:15)은 노아의 세 아들 중 셈을 통하여 이어집니다. 아브라함은 셈의 후예입니다. 큰 민족과 가나안 땅, 복의 근원에 대한 약속은 하나님의 인도로 계속해서 이루어졌습니다.

시내 산 앞에 선 이스라엘은 한 나라를 이룰 만큼 그 수가 중다했습니다. 그리하여 하나님께서는 그들에게 국가의 법인 율법을 선물로 주셨습니다. 시내 산에서 맺은 언약은 이스라엘의 정체성이 열방에 대하여 제사장 나라이며 거룩한 백성임을 가르칩니다.

약속의 땅 가나안에 들어옴으로 땅에 대한 약속도 성취되었습니다. 이스라엘은 출애굽과 광야 생활, 가나안에서의 생활을 통해 참다운 복이 무엇인지 알게 되었습니다. 나는 너희의 하나님이 되고 너희는 내 백성이 되리라는 선포를 믿음으로 받는 것이 복입니다.

사사 시대는 영적 암흑기였습니다. 하나님의 약속이 희미해졌습니다. 심연으로 빠져가는 난파된 배처럼, 사단은 하나님의 백성들을 암흑의 구렁텅이로 몰아갔습니다. 바로 그때 사무엘이 태어났습니다.

　사무엘은 엘가나와 한나 사이에서 출생했습니다. 아버지 엘가나는 에브라임 산지 라마다임소빔에 살았습니다.[66] 엘가나에게는 부인이 둘 있었습니다. 한 사람은 사무엘의 어머니 한나요, 다른 부인은 브닌나였습니다. 어머니 한나는 경건한 여인이었습니다.

　엘가나는 브닌나보다 한나를 더 사랑했습니다. 하지만 브닌나에게는 자식이 있었지만 한나에게는 자식이 없었습니다. 그것 때문에 한나는 브닌나로부터 괴롭힘과 업신여김을 당했습니다. 한나가 잉태치 못한 것은 하나님의 뜻이었습니다. 마치 거룩한 백성들의 씨가 말라가는 것을 보여주듯이 한나의 태는 닫혀 있었습니다.

　우리는 한나를 통하여 사사 시대 말기의 언약백성들을 봅니다. 하나님께서 태를 닫으셨으므로 무자한 여인. 아이의 출생은 아브라함 언약의 성취와 관련 있습니다. 그래서 성경은 아이의 출생을 노래하길, "젊은 자의 자식은 장사의 수중의 화살 같으니 이것이 그 전통에 가득한 자는 복 되도다 성문에서 그 원수와 말할 때에 수치를 당치 아니하리로다"(시127:4~5)라고 했습니다.

구원의 노래

한나는 사무엘을 나실인으로 키울 것을 서원했습니다(삼상1:11). 사무

---

66) 엘가나가 레위인으로서 에브라임 산지에 살았다는 것은 매우 독특한 의미가 있습니다. 야곱의 열두 아들 가운데 장자는 르우벤입니다. 그러나 장자의 명분은 요셉에게 있습니다(대상5:1~2). 에브라임은 요셉의 둘째 아들로 야곱으로부터 장자의 축복을 받았습니다(창48:12~20). 그러니 이스라엘 열두 지파 중에서 명분상 장자는 에브라임 지파입니다. 엘가나가 레위인으로 에브라임에 살았고 그를 통하여 사무엘이 태어났습니다. 제사장 직분과 장자의 명분을 동시에 소유한 사무엘을 통하여 하나님이 세우신 왕 다윗이 등장하는 것은 유다에게 예언한 "홀이 유다를 떠나지 아니하며"(창49:10)로 시작하는 야곱의 축복이 실현되는 것입니다.

엘이 젖을 떼자 엘리 제사장에게 데려갔습니다. 사무엘은 여호와께 드려졌습니다. 한나는 감사기도 곧 찬송으로 하나님께 영광을 돌렸습니다.

그 유명한 노래. 영광의 찬송. 말라비틀어진 사사 시대가 끝났음을 선언하는 천상의 울림. 마치 태초에 혼돈하고 공허하며 어둠이 깊게 드리운 땅에 빛이 비추어 영광의 왕국이 막 출현하듯이, 헨델의 '메시아'나 베토벤의 '운명'이 오케스트라에 의해 울려 퍼지듯이, 여호와의 구원이 시작됨을 높이 선언합니다.

"내 마음이 여호와를 인하여 즐거워하며 내 뿔이 여호와를 인하여 높아졌으며 내 입이 내 원수들을 향하여 크게 열렸으니 이는 내가 주의 구원을 인하여 기뻐함이니이다 여호와와 같이 거룩하신 이가 없으시니 이는 주밖에 다른 이가 없고 우리 하나님 같은 반석도 없으심이니이다 심히 교만한 말을 다시 하지 말 것이며 오만한 말을 너희 입에서 내지 말지어다 여호와는 지식의 하나님이시라 행동을 달아보시느니라 용사의 활은 꺾이고 넘어진 자는 힘으로 띠를 띠도다 유족하던 자들은 양식을 위하여 품을 팔고 주리던 자들은 다시 주리지 않도다 전에 잉태치 못하던 자는 일곱을 낳았고 많은 자녀를 둔 자는 쇠약하도다 여호와는 죽이기도 하시고 살리기도 하시며 음부에 내리게도 하시고 올리기도 하시는도다 여호와는 가난하게도 하시고 부하게도 하시며 낮추기도 하시고 높이기도 하시는도다 가난한 자를 진토에서 일으키시며 빈핍한 자를 거름더미에서 드사 귀족들과 함께 앉게 하시며 영광의 위를 차지하게 하시는도다 땅의 기둥들은 여호와의 것이라 여호와께서 세계를 그 위에 세우셨도다 그가 그 거룩한 자들의 발을 지키실 것이요 악인으로 흑암 중에서 잠잠케 하시리니 힘으로는 이길 사람이 없음이로다 여호와를 대적하는 자는 산산이 깨어질 것이라 하늘 우뢰로 그들을 치시리로다 여호와께서 땅 끝까지 심판을 베푸시고 자기 왕에게 힘을 주시며 자기의 기름 부음을 받은 자의 뿔을 높이시리로다"(삼상2:1~10).

아이 한 명 낳은 여자의 입에서 나온 찬양으로는 도무지 이해할 수 없는 내용들입니다. 어쩌면 한나가 너무 과장하여 노래한 것처럼 들릴 수도 있을 것입니다. 사무엘의 출생이 여호와의 구원과 무슨 관계가 있기에 이러한 노래를 부릅니까?

사사 시대는 죄로 인해 하나님의 백성들이 자기 소견에 옳은 대로 행하던 때입니다. 한나는 하나님의 백성들 가운데 깊이 뿌리 내린 사단의 올무를 반석이신 하나님께서 제거하실 것을 보았습니다. 여호와는 실로 죽이기도 하시며 살리기도 하시는 분이십니다. 그분은 죄에 대해 땅 끝까지 쫓아가서라도 심판하실 것입니다. 메시야를 통하여 구원의 노래를 그 백성으로 하여금 부르게 하실 것입니다. 한나는 사무엘을 통하여 하나님께서 이 일을 이루실 것을 알았습니다. 바로 그 일을 위해 사무엘을 나실인으로 여호와께 바친 것입니다. 그러므로 이러한 찬양이 터져 나오는 것이 당연합니다.

우리가 한나의 노래를 들으면서 곧장 다른 성경을 이리저리 뒤적이는 것은 말씀이 살아 움직인다는 증거입니다. 예수님의 어머니 마리아의 신앙고백은 한나의 찬송(기도)을 그대로 옮겨놓은 것입니다 (눅1:46~55). 두 여인의 찬송은 천년의 시공간을 뛰어 넘어 우리를 흥

분케 합니다.

마리아는 무엇 때문에 많은 구약 본문들 중에서 한나의 찬송을 모델로 자신의 신앙을 고백했을까요? 성령님께서는 마리아를 통하여 왜 이러한 고백을 하게 하셨을까요? 하나님의 구속역사에 조금이라도 관심이 있는 경건한 사람이라면 한나의 기도와 마리아의 찬송이 결국 같은 메시지를 던지고 있음을 발견할 것입니다. 그들은 암흑의 시대에 여호와의 구속이 성취됨을 찬양한 것입니다.[67]

이가봇! 이가봇!

이제 사무엘이 태어나던 시대의 특징 몇 가지를 살펴보겠습니다. 당시의 제사장 집안에 대한 내용이 사무엘서 초기에 많이 소개되었습니다. 엘리 제사장에게는 홉니와 비느하스라는 두 아들이 있었습니다. 이들은 아버지의 뒤를 이은 제사장이기는 했지만 불량자였습니다(삼상2:12). 불량자라는 말은 문자적으로 '벨리알의 아들'입니다. 벨리알은 '하나님의 대적'이라는 뜻입니다. 그러니 하나님을 대적하는 자들이라는 뜻입니다.

두 사람의 모습은 그들이 하나님의 대적자들임을 잘 보여줍니

---

67) 마리아와 한나의 시대에는 동질성이 있습니다. 한나는 사사 시대 말기의 사람입니다. 사사 시대는 왕이 없으므로 사람이 각기 소견에 옳은 대로 행한 시대입니다. 이러한 시대적 특징은 참 왕을 소망케 합니다. 마리아는 한나의 시대가 자신이 속한 시대와 같은 본질을 공유하고 있고 이제 참 왕의 출현을 소망하는 한나의 기도가 자기 시대에 성취되고 있음을 알았습니다. 또한, 마리아의 찬송은 사무엘의 출생이 제사장 반열의 회복을 의미한다는 것과 동일하게 예수님께서 우리의 대제사장 되심을 선언하는 의미도 있습니다. 예수님께서 가르침을 시작하실 때의 나이를 밝힌 본문은 이것을 더욱 분명하게 합니다(눅3:23; 참고, 민4:3,23). 그리고 사무엘이 나실인으로 드려진 후에 한나가 찬송했던 것과 같이 마리아도 예수님께서 진정한 나실인으로서의 사명을 온전히 감당하실 것을 노래한 것입니다.

다. 그들은 하나님께 드릴 제물을 사욕을 위해 갈취하기도 하고(삼상2:13~17) 회막문에서 수종드는 여인과 동침하기까지 했습니다(삼상2:22).[68] 아버지 엘리가 백성들 사이에서 그들의 소문이 좋지 않음을 상기시키고 권면해도 그들은 듣지 않았습니다. 사무엘상 3:13에서는 "그가 자기 아들들이 저주를 자청하되 금하지 아니하였음이니라"라고 했습니다.

엘리 제사장 시대를 단적으로 보여주는 한 구절이 있습니다. "여호와의 말씀이 희귀하여 이상이 흔히 보이지 않았더라"(삼상3:1). 하나님의 말씀이 이스라엘 가운데서 사라졌습니다. 잠언 29:18에 "묵시가 없으면 백성이 방자히 행하거니와"라고 했습니다. '묵시'라는 단어는 '이상'이라는 단어와 같습니다. 묵시와 이상은 모두 하나님의 계시를 의미합니다.

하나님의 말씀이 사라지니 백성들이 자기 마음대로 사는 것은 너무나 당연합니다. 하나님께서는 사무엘에게 엘리 집안이 결국 멸망당할 것을 가르쳐 주셨습니다(삼상3:13~14). 하나님께서는 제사장 엘리를 버리고 사무엘로 하여금 제사장으로 사역하게 하셨습니다. 이처럼 사무엘은 제사장이었지만 동시에 선지자이기도 했습니다(삼상3:19).

이스라엘은 영적 음행에 빠져있었습니다. 사사기의 표현대로 하면 각기 소견에 옳은 대로 행하였습니다. 언약백성이 하나님의 말씀을

---

68) 홉니와 비느하스가 회막문에서 수종드는 여인과 동침했다는 것을 단순히 음행을 행했다는 의미로만 이해해서는 안 됩니다. 그들의 모습은 가나안 토속종교나 이방 종교 가운데 행해지던 제의의 한 부분과도 같았습니다. 그러므로 홉니와 비느하스는 여호와 신앙과 이방 종교를 혼합하는 영적 간음을 행했던 것입니다.

버리면 필연적으로 언약의 저주가 임합니다(신28:15). 이방인들의 공격은 언약의 저주 항목 중 한 가지입니다(신28:25).

사무엘이 등장할 시기에는 블레셋이 하나님의 백성들을 치는 막대기 역할을 했습니다. 그러나 블레셋을 통한 징계도 서서히 마지막을 향하여 달려가고 있습니다. 블레셋의 압제로부터 이스라엘을 구원하기 위해 하나님께서 한 사사를 보내주셨습니다. 그가 바로 삼손입니다(삿13:5). 삼손은 블레셋 사람의 손에서 이스라엘을 구원하기 시작했습니다. 그럼에도 불구하고 이스라엘은 계속해서 반역을 행합니다. 사무엘이 엘리를 대신하는 시기에도 이스라엘의 범죄는 여전했습니다.

블레셋과의 전투에서 사천 명 가량의 이스라엘 군사들이 목숨을 잃었습니다. 이스라엘의 장로들은 실로에 있는 하나님의 법궤를 이용하기로 결정했습니다. 법궤는 하나님의 보좌입니다. 그곳에서 하나님께서 모세와 만나겠다고 하셨습니다(출25:22).

하나님께서 직접 전투에 참여하셨습니다. 그러나 결과는 비참했습니다. 삼만 명의 이스라엘 군사가 죽었고 궤도 **빼앗겼습니다**.[69] 제사장 홉니와 비느하스도 죽었습니다. 패배 소식을 들은 엘리도 놀라

---

69) 시편 78:60에서는 법궤의 블레셋 행을 아주 독특하게 표현합니다. 곧 하나님께서 성막을 떠나신 것으로 설명합니다. 자기 백성들이 죄에 깊이 물들어 있으니 그들을 떠나셨다고 말합니다. 죄와 더불어 살 수 없으신 하나님께서 오래 참으신 끝에 약 300년의 사사 시대를 종결지으면서 결국 스스로 나그네가 되신 것입니다. 마치 에덴의 동산이 범죄의 장소가 되고 온 세상이 죄로 오염되자 노아 시대 때 옛 세계를 심판하시고 새로운 세계를 주셨듯이 말입니다. 하나님께서는 자기 백성들에게 가나안을 약속하시고 그 안에 성막을 짓게 하셨습니다. 그곳을 자신의 거처 곧 하나님의 집으로 삼으셨습니다. 그러다가 백성들이 다시 죄를 범하자 오래 참으시면서 백성들이 죄에서 돌이킬 것을 소망하셨습니다. 그러나 죄는 더욱 하나님의 백성들을 잠식했습니다. 결국 하나님께서는 다시 당신의 거처를 떠나셨습니다. 그리고 떠나신 그분께서는 솔로몬의 성전이 완성되자 그곳을 자신의 집으로 인정하시고 임재하십니다.

의자에서 넘어져 죽었습니다.

비느하스의 아내는 해산하던 중, 이 소식을 듣고 "이가봇!"이라 외쳤습니다. 하나님의 영광이 떠났다고 선언했습니다. 이것은 언약 관계가 파기되었다는 선언입니다. 성막이 완성됐을 때에는 여호와의 영광이 그곳에 가득했었습니다(출40:34). 영광이 떠났다는 것은 하나님께서 더 이상 그곳에 계시지 않는다는 의미입니다.

친히 포로가 되신 하나님

하나님의 궤가 **빼앗겼다**는 것은 하나님께서 포로가 되셨다는 의미입니다. 여호와께서 능력이 없으셔서 블레셋의 포로가 되신 것이 아닙니다. 법궤가 아스돗의 다곤 신전에 안치되었을 때 다곤 신상은 법궤 앞에 엎드려져 절을 하고 있었습니다.

뿐만 아니라 하룻밤이 더 지나자 다곤의 몸만 남기고 머리와 손목이 잘려나갔습니다(삼상5:4). 이것은 하나님께서 뱀을 저주하신 것의 실현입니다. 여자의 후손을 통하여 뱀의 머리를 상하게 할 것이라는 약속이 이루어진 것입니다. 이러한 모습은 장차 오실 그리스도의 그림자로 기능합니다.

법궤가 블레셋의 포로가 되었다는 것은 이러한 측면에서 매우 중요합니다. 곧 하나님께서 자기 백성의 죄를 해결하시기 위해 그분 스스로 음부의 권세 아래로 내려가신 것과 같은 의미입니다.

마치 그리스도께서 스스로 십자가 위에 자기 몸을 드려 죽으심으로 그 백성들의 죄를 대신 지신 것과 같은 이치입니다. 그러니 법궤의 블레셋 행은 죄를 제거하시는 하나님의 구속 행위입니다. 동시에 하나님의 영광이 떠났다는 것은 하나님과 이스라엘 간의 언약 관계가 파기되었음을 선언하는 것이기도 합니다. 그러나 긍휼이 풍성하신 하나님께서는 자기 백성과 언약 관계를 다시 회복하기를 원하셨습니다.

아스돗, 가드, 에그론에서 하나님께서는 블레셋을 굴복시키셨습니다. 이방인들은 사단의 권세 아래 있었던 법궤를 이스라엘 땅인 벧세메스로 옮겼습니다. 법궤는 다시 기럇여아림으로 옮겨져 그곳에서 20년 동안 보관됩니다(삼상7:2).

하나님께서는 자기 백성과의 언약 관계를 회복하시기 위해 약속의 땅 가나안으로 다시 돌아오셨습니다. 하나님께서는 바로 이 일을 위해 사무엘을 미리 부르시고 그를 제사장과 선지자가 되게 하시고 또한 사사(삼상7:15)가 되게 하셨습니다.[70]

한 세대가 범죄하여 하나님께서 도저히 그 안에 거하실 수 없으면 하나님께서는 그 백성들을 떠나십니다. 그러나 백성들과 언약 관계를 회복하시기 위해 언제나 신실한 남은 자들을 두십니다. 사사 시대 말기에는 사무엘이 바로 그 신실한 남은 자가 되었던 것입니다.

사무엘은 백성들을 미스바로 모이게 했습니다. 그곳에서 백성들의 죄를 고하며 제사를 드림으로 언약 관계를 회복했습니다. 그런 후에 블레셋과 다시 전투했습니다. 결과는 당연히 이스라엘의 승리입니다. 믿음의 전쟁은 항상 동일한 원리를 가르칩니다. 칼과 창의 문제가 아니라 하나님과 그 백성과의 문제입니다.

교회가 사단과의 전투에서 승리하는 길은 물질이나 교회의 어떤 외부적 요소에 있지 않습니다. 바로, 교회가 여호와 하나님께 대하

---

70) 사무엘은 마지막 사사입니다. 그를 사사로 부를 수 있는 것은 사무엘상 7:15에서 '다스렸다'라는 표현 때문입니다. 여기 '다스림'은 사사를 일컫는 바로 그 단어입니다.

여 어떤 믿음을 가지고 있느냐의 문제입니다. 그것이 승패를 결정합니다.

열방과 같은 왕을 구한 이스라엘

사무엘도 늙었습니다. 그의 아들들은 사사로서 책무를 바르게 감당하지 못했습니다. 장로들은 사무엘에게 찾아와 상황을 설명합니다. 그들은 현실을 정확하게 직시하고 있었습니다. 사무엘은 늙었고 그의 아들들은 말씀을 따라 살지 않았습니다.

장로들은 사무엘에게 '열방과 같은 왕을 달라'라고 했습니다(삼상 8:5). 사무엘은 장로들의 부탁을 불쾌하게 여겼습니다. 그의 이러한 마음은 인간적인 감정의 표현이 아닙니다. 사무엘은 장로들의 요청이 의미하는 바가 무엇인지 정확하게 알고 있었습니다. 사무엘은 하나님께 나아갔습니다. 하나님께서는 사무엘에게 "그들이 너를 버림이 아니요 나를 버려 자기들의 왕이 되지 못하게 함이니라"(삼상8:7)라고 말씀하셨습니다.

물론 이스라엘은 왕을 구할 수 있습니다(신17:14~20).[71] 왕을 구하는 것 자체는 범죄가 아닙니다. 그러나 백성의 장로들이 구한 것은 '열방과 같은' 왕을 달라는 것입니다. 이것이 문제였습니다. 이 일로, 후에 하나님께서는 이스라엘을 징계하셨습니다(삼상12:12~18).

장로들이 한 요청의 의미를 정확하게 알 수 있는 구절은 사무엘상 8:20입니다. "우리도 열방과 같이 되어…." 하나님의 왕국이 이방 국

---

71) 왕이 될 수 있는 자격은 하나님께서 선택하신 사람이어야 하며 이방인이 아닌 이스라엘 백성들 가운데 한 사람이어야 합니다. 왕이 금해야 할 것은 '은이나 금, 말(馬), 아내'입니다. 그리고 왕은 하나님의 율법책을 복사하여 항상 그것을 기준으로 나라를 다스려야 합니다. 이스라엘의 왕은 신정국가의 핵입니다.

가와 같이 되고 싶다는 것입니다. 무슨 말입니까? 마치 오늘날 교회
가 세상의 제도와 사상을 보니 그것을 닮고 싶은 마음이 생긴 것입
니다. 교회는 하나님께서 내신 거룩한 공동체입니다. 교회는 세상의
법과 원리가 아니라 하나님의 법과 원리를 따르는 곳입니다. 이스라
엘의 장로들은 하나님의 왕국을 땅의 왕국으로 바꾸고 싶었던 것입
니다.[72]

왕이 된 사울

하나님께서는 베냐민 지파의 사울을 왕으로 세우기로 작정하셨습니
다(삼상9:16). 사무엘은 하나님의 뜻을 따라 사울에게 기름을 부었습
니다(삼상10:1). 여호와의 신이 사울에게 임했습니다(삼상10:10). 이어
서 제비뽑기를 통해 사울을 왕으로 세웠습니다. 그러나 어떤 이들은
사울을 왕으로 인정하지 않았습니다(삼상10:27). 마침 암몬 족속의 나
하스가 길르앗 야베스를 점령하려 했습니다. 길르앗 야베스의 소식
을 들은 사울은 암몬 족속을 완벽하게 물리쳤습니다. 그러자 그의
왕 됨을 반대하는 이들은 아무도 없었습니다.

  우리는 여기에서 사울이 왕으로 인정받는 과정에서 나타난 두 가
지 중요한 측면을 다시 짚어보고자 합니다. 바로, 하나님께서 어떤
사람을 직분자로 부르실 때 나타나는 외적 부르심과 내적 부르심이
라는 두 가지 요소입니다. 칼빈 선생도 그의 저작 기독교 강요에서
이 면에 대해 많이 강조했습니다(『기독교 강요』, 4.3).

---

72) 하나님의 왕국을 이방 국가처럼 이해하고 왕을 구하는 행위는 예수님 시대에도
반복해서 나타납니다. 오병이어의 기적이 있고 난 뒤(요6:1~15) 유대인들이 예수님을
왕으로 삼으려고 했습니다. 그들이 예수님을 왕으로 삼으려는 이유는 떡을 먹고 배부른
것 때문이었습니다(요6:26). 유대인들은 그들의 조상들처럼 참다운 왕의 사역에 대해 무
지했습니다.

내적 소명, 외적 소명으로 명명되는 직분자로서의 부르심에 대한 설명은 사람이 만들어낸 교의가 아닙니다. 이것은 성경 전체의 가르침과 잘 조화되는 것입니다. 사울이 이스라엘의 왕으로 인정받는 과정은 부르심에 대한 두 측면을 모두 강조하고 있습니다.

기름 부음과 성령의 임함은 내적 부르심의 증거입니다. 구약의 삼직(三職) 곧 왕, 제사장, 선지자는 모두 기름 부음과 성령의 임함을 통해 확증됩니다. 동시에 외적인 부르심은 백성들의 인정으로 나타납니다. 사울이 제비뽑기를 통해 왕으로 선출되었을 때 어떤 비류는 그를 왕으로 인정하지 않았습니다. 그러나 암몬 족속의 멸망을 통하여 모든 이스라엘이 그를 왕으로 인정했습니다. 결국 사무엘은 길갈에서 사울이 이스라엘의 왕이 되었음을 공식적으로 선포합니다.

다윗도 이러한 과정을 똑같이 통과합니다. 사무엘이 다윗에게 기름을 부을 때 성령이 그에게 임하였습니다(삼상16:13). 성령의 임함은 내적 부르심에 대한 확증입니다. 그렇다면 외적 부르심은 어떻게 설명됩니까? 다윗이 블레셋의 장수 골리앗을 죽이고 돌아올 때 여인들이 노래합니다(삼상18:7). 또한, 사울의 아들 요나단이 다윗에게 준 선물들을 보십시오(삼상18:4). 이 모든 것들이 '당신을 우리의 왕으로 인정하겠다.'라는 백성들의 표현입니다.[73]

---

73) 교회는 오늘날에도 이러한 원리를 분명히 현실에 적용해야 합니다. 예를 들어, 어떤 사람이 목회자로 부름 받을 때 그는 내적 소명과 외적 소명이 분명해야 합니다. 스스로 하나님의 뜻을 찾는 중에 부르심에 대한 확신이 있어야 하며, 이와 더불어 교회의 천거를 통해 외적 부르심도 확인해야 합니다. 외적 부르심은 교회 정치에서 여러 절차를 거쳐 확증됩니다. 부름 받은 이의 소속 당회가 먼저 이를 확인하며, 노회가 천거하여 신학교에 보내는 과정에서도 한 번 더 확인합니다. 그러므로 당회나 노회가 목회 후보생을 검증할 때 아무렇게나 해서는 안 됩니다. 이러한 원리는 장로와 집사를 세울 때도 동일하게 적용되어야 합니다. 여기에 대한 더 자세한 가르침은 칼빈, 『기독교 강요』 4.3을 참고하세요.

길갈에서 사울은 이스라엘의 왕이 되었습니다. 사무엘은 사울을 왕으로 세우면서 말씀으로 백성들을 권면합니다. 사울을 왕으로 세웠으니 여호와를 경외하여 그분을 섬기라고 합니다. 왕도 역시 여호와의 말씀을 좇아야 함을 강조합니다(삼상12:14).

그리고 아주 재미있는 말씀이 있습니다. "너희는 이제 가만히 서서 여호와께서 너희 목전에 행하시는 이 큰 일을 보라"(삼상12:16). 사무엘상 12:16은 출애굽기 14:13의 반복입니다.[74] 사무엘서에서 '큰 일'은 우레와 비를 통한 징계입니다. 이스라엘이 열방과 같이 왕을 구한 것 때문에 우레와 비를 통하여 그 백성들의 죄를 드러내셨습니다.

출애굽기에서, 자기 백성들은 홍해를 건너게 하시고 바로의 군대는 수장시키신 일을 '너희를 위하여 행하시는 구원'이라 했습니다. 하나님께서 이집트의 군대를 홍해에 빠뜨리시는 사건입니다. 누가 벌을 받고 있습니까? 이집트의 군대, 바로의 군대가 벌을 받고 있습니다. 그것이 하나님의 구원을 드러내는 것이라고 합니다.

하지만 사무엘상 12장에서는 누가 하나님의 징계 가운데 있습니까? 이스라엘 백성들입니다. 하나님의 백성인 이스라엘이 바로의 군대와 같은 위치에 이르렀습니다. '너희가 나의 백성이지만 오히려 이집트의 군대처럼 나에게 도전하고 있다.'고 선언하시는 것입니다.

비록 하나님의 백성이라도 그 행위가 악할 때에는 일시적으로 사단의 종이 되는 것입니다. 그럼에도 불구하고 하나님께서는 긍휼에 풍성하셔서 사무엘의 중보를 통해 그 백성들을 용서하십니다. 그것

---

74) "모세가 백성에게 이르되 너희는 두려워 말고 가만히 서서 여호와께서 오늘날 너희를 위하여 행하시는 구원을 보라"(출14:13).

이 하나님의 은혜요 사랑입니다.

종교적 열정보다 중요한 것

사십 세에 왕이 된 사울의 첫 번째 직무는 블레셋의 공격으로부터 하나님의 왕국을 지키는 것이었습니다. 드디어 블레셋과의 일전이 준비되었습니다. 요나단이 게바에 있는 블레셋의 수비대를 치는 것을 기회로 사울은 본격적인 전쟁을 시작합니다.

바로 그때, 사울은 큰 실수를 저지릅니다. 사무엘이 드려야 할 제사를 자신이 행합니다(삼상13:8~12). 사무엘은 사울에게 하나님께 망령되이 행했다고 질책했습니다. 어찌되었든 이 전투에서 이스라엘은 승리합니다. 물론 요나단이 행했던 믿음의 행동 덕분이었습니다. 사울은 그 후에도 여러 전투에서 승리했습니다(삼상14:47~48).

그러나 사울의 한계는 곧바로 드러납니다. 사무엘은 사울에게 아말렉을 진멸할 것을 명했습니다.[75] 남녀와 소아와 젖 먹는 아이와 소와 양과 약대와 나귀 모두를 죽이라 했습니다. 그러나 사울은 아말렉의 왕 아각과 짐승들 중에 좋은 것들을 남겼습니다(삼상15:9).

사무엘은 이 모든 것을 알고서, 사울에게 여호와께서 악하게 여기시는 일을 하였다고 질책했습니다. 더욱 충격적인 것은 사울이 이제 왕이 되지 못한다는 선언이었습니다. "이는 왕이 여호와의 말씀을 버렸으므로 여호와께서 왕을 버려 이스라엘 왕이 되지 못하게 하셨음이니이다"(삼상15:26). 다급해진 사울은 사무엘의 겉옷이 찢어지도

---

75) 사무엘이 사울에게 아말렉을 진멸할 것을 명한 이유는 그것이 하나님의 뜻이었기 때문이었습니다. 이스라엘이 애굽에서 나올 때에 아말렉 족속은 이스라엘 백성들의 약한 자들을 쳤습니다. 이스라엘 백성들 중에 약한 자들이 피곤하여 뒤에 남았을 때 아말렉은 그들을 공격한 것입니다. 이 일 때문에 하나님께서는 자기 백성이 가나안에 들어가 안식을 누릴 때에 아말렉을 진멸하라고 명령하셨습니다(신25:17~19).

록 붙잡았지만 하나님의 뜻을 돌이킬 수는 없었습니다.

충성과 헌신이 의미 있으려면 인간적인 욕망이나 방법이 아니라 하나님께서 내신 원리와 방식을 따라야 함을 너무나 절절히 가르치고 있습니다. 하나님을 섬기는 것이라 생각하며 열심히 행한 일들이 오히려 하나님의 뜻을 거스르는 일이 될 수도 있음을 알아야겠습니다. 유대인들이 예수님의 제자들을 쫓아내고 죽이면서 생각하기를 "이것이 하나님을 섬기는 예라"(요16:2)고 하듯이 말입니다. 종교적 열정보다 더 중요한 것은 주의 뜻을 따라 행하는 것입니다. 인간 왕의 천박함은 하늘 왕을 소망케 합니다.

요약과 질문

1. 한나의 태가 닫혀있는 상태는 무엇을 의미합니까?

2. 한나의 찬송과 예수님의 모친 마리아의 찬송은 동일한 메시지를 던지고 있습니다. 이 찬송들의 공통된 메시지는 무엇입니까?

3. 엘리가 제사장이었던 동안 이스라엘은 영적 음행에 빠져있었습니다. 이러한 이스라엘의 영적 상태를 홉니와 비느하스와 관련하여 설명해 봅시다.

4. 이스라엘과 블레셋의 전투에서 하나님의 법궤가 빼앗겼습니다. 이 사실을 시편 78:60은 어떻게 설명합니까?

5. "이가봇"의 뜻은 무엇입니까?

6. 하나님의 법궤가 블레셋에게 빼앗겼던 것의 신학적 의미는 무엇입니까?

7. 모세오경에서 왕의 조건과 의무에 대해 소개하는 본문은 어디이며, 사무엘 시대에 이스라엘 장로들이 왕을 구했던 바가 잘못이었던 이유는 무엇입니까?

8. 이스라엘 장로들이 왕을 구했던 모습과 유사한 사건이 예수님 시대에도 반복해서 나타납니다. 그 사건은 무엇입니까?

9. 직분의 부르심에는 내적 소명과 외적 소명이 동시에 있어야 합니다. 이러한 요소는 사울과 다윗을 통해 어떻게 드러났습니까?

10. 사울이 왕위에서 폐위되는 과정을 통해 우리가 배워야 할 중요한 신앙의 도리는 무엇입니까?

제12장

다윗과 맺은 언약

제12장

다윗과 맺은 언약

세 직분을 완성하신 예수님

마태복음 1:1은 "아브라함과 다윗의 자손 예수 그리스도의 세계라"라는 선언으로 시작됩니다. 예수님의 오심은 아브라함과 다윗을 빼고는 이해할 수 없습니다. 하나님께서 아브라함에게 민족과 땅과 복을 약속하셨습니다. 즉, 나라입니다. 애굽의 고센에서 이스라엘은 큰 민족이 되었고 여호수아의 인도로 가나안 땅을 차지했습니다. 여호와를 섬기는 것이 참다운 복임을 이방 국가에 드러내었습니다. '나는 너희의 하나님이 되고 너희는 내 백성이 되리라'는 선언이 현실에서 구체화되는 것이 복입니다.

하나님의 왕국은 세 직분에 의해 유지됩니다. 제사장, 왕, 선지자입니다. 이스라엘 역사를 가만히 살펴보면 아주 재미있는 측면이 있습니다. 세 직분이 오래전부터 등장하지만, 그 주도권에 있어서는 시대마다 어떤 뚜렷한 차이를 보입니다.

사사 시대를 마감할 때까지 왕은 등장하지 않았습니다. 그때까지 언약백성을 다스리고 지도한 이들은 제사장들이었습니다. 왕이 등장할 즈음 제사장들의 타락은 극에 달했습니다. 우리는 이것을 엘리 제사장과 그의 두 아들을 통해 알 수 있습니다.

사울, 다윗, 솔로몬으로 이어지는 통일 왕국 시대와 르호보암과 여로보암으로 나뉜 분열 왕국 시대에는 주로 왕들이 백성들을 다스렸습니다. 그러나 분열 왕국 시대를 지나면서 이스라엘의 왕들도 타락했습니다.

그러자 선지자들에게 하늘의 계시가 주어졌고 선지자들은 왕들을 대체하는 새로운 영적 지도자가 되었습니다. 후에 이스라엘과 유다 왕국에는 많은 궁중 선지자들이 있었습니다. 하지만 그들마저 타락하자 하나님께서는 오랫동안 침묵하셨고, 이윽고 참 왕이요 제사장이며 선지자이신 예수 그리스도를 이 땅에 보내셨습니다. 그러므로 예수 그리스도는 구약의 모든 직분의 완성자이십니다.

직분을 따라 세워지는 하나님의 왕국

이렇듯 직분에 의해 다스려지는 하나님의 나라를 생각하면서 성경을 읽어 가면 큰 가르침을 얻을 수 있습니다. 하나님께서 천지창조를 통하여 처음 자신의 왕국을 만드실 때 아담을 직분자로 창조하셨습니다. 또한 천지창조가 이루어진 원리는 질서와 채움이었습니다. 이스라엘의 역사는 이러한 하나님 나라의 원리가 계속해서 구체화되는 것이라 할 수 있습니다. 그러므로 직분이 잘못되면 하나님의 왕국은 사명과 정체성을 모두 상실합니다.

이스라엘 왕은 세속 왕들과는 구별된 통치 이념을 지녀야 합니다. 왕은 율법책을 등사하여 옆에 두고 그것을 기준으로 나라를 다스려야 합니다(신17:18~19). 사울이 이스라엘의 초대 왕이 되었지만 그의 왕위가 길지 않음을 선고 받았습니다. 왜 그랬습니까? 그가 하나님의 말씀을 따라 행하지 않았기 때문입니다.

이스라엘의 왕은 하나님의 말씀을 따라 나라를 다스림으로 반드시 이루어야 할 사명이 있습니다. 아브라함 언약의 핵심인, 이방에 대한 복의 근원이 되어야 하는 것입니다. 모세 언약에서 더 구체화되었듯이 열방에 대하여 제사장 나라가 되는 것입니다.

이는 가나안에 잔존한 대적들을 제거하여 약속의 땅을 하나님의 왕국으로 만드는 과정을 포함합니다. 그러므로 블레셋을 제거하는 것 또한 왕의 중요한 사명입니다.

이스라엘이 참된 제사장 나라가 되도록 하기 위해 왕은 공평과 의로 나라를 다스려야 합니다. 그리고 자신에게 주어진 왕권이 하나님으로부터 왔음을 기억해야 합니다. 권위에 대한 잘못된 이해는 올바른 하나님의 왕국을 세울 수 없게 합니다.

하나님께서 세우신 참 왕, 다윗

하나님께서는 사무엘에게 베들레헴 이새의 집으로 갈 것을 명하셨습니다(삼상16:1). 그곳에서 사무엘은 다윗을 만나 그에게 기름을 부어 왕으로 삼았고 다윗은 성령으로 충만했습니다. 사울은 하나님으로부터 버림받았습니다. 그러나 그는 여전히 이스라엘의 왕좌에 앉아 있었습니다. 신하들과 백성들은 그를 자신들의 왕으로 인정하고 있었습니다. 하지만 하나님 편에서는 다윗이 참 왕이었습니다.

사무엘이 다윗에게 기름을 부은 후, 성경은 사울과 다윗 중에 누가 하나님께서 세우신 참 왕인지 차근차근 보여줍니다. 첫 번째 사건은 블레셋의 장수 골리앗과의 전투입니다. 사울은 하나님과 그의 왕국을 노골적으로 모독하는 블레셋의 개에게 아무런 저항도 못하고 있었습니다.

그러나 다윗은 칼도 없이 골리앗을 죽였습니다. 물매와 돌로 골리앗을 죽이고 골리앗의 칼로 그의 목을 쳤습니다(삼상17:51). 여자의 후손이 뱀의 머리를 상하게 할 것이라는 말씀이 이루어졌습니다. 다윗의 승리는 그리스도께서 이루신 구속의 사역을 예표하는 그림자입니다. 하나님께서 세우신 참 왕은 사울이 아니라 다윗이었습니다.

요나단은 아버지와 달랐습니다. 그는 다윗이 하나님께서 세우신 참 왕임을 알았습니다. 그래서 그에게 있는 모든 것을 다윗에게 주었습니다. 군복, 활, 띠, 칼 그리고 겉옷까지 다윗에게 주었습니다. 이것은 자신의 모든 권리를 다윗에게 이양하는 것입니다.[76] 개선식에서 여성들은 노래를 부름으로써 다윗이 참 왕임을 선포합니다(삼상18:7).

참된 왕권은 여호와께로부터

다윗이 골리앗을 죽였다고 해서 곧바로 왕위에 올랐던 것은 아니었습니다. 여전히 사울이 왕입니다. 오히려 다윗은 도망자 신세가 되었습니다. 그러나 그것은 하나님의 뜻이었습니다. 참된 왕권은 사람들의 지지에 의해 세워지는 것이 아님을 다윗은 알아야 했습니다.

참다운 왕권은 사람들의 지지가 아니라 하나님의 허락에 의해 주어집니다. 물론 다윗에게도 그를 지지하는 사람들이 있었습니다. 그

---

76) 요나단은 왕의 아들로서 장차 왕권을 이을 수 있는 자리에 있었습니다. 그럼에도 불구하고 그는 하나님께서 세우신 사람이 다윗임을 신앙의 눈으로 알았습니다. 그는 하나님의 구속역사에서 자신이 어떤 위치이며 무엇을 감당해야 하는지 정확하게 알고 그렇게 행동했습니다. 마치 교회 가운데서 자신의 은사가 무엇인지 알고 은사를 따라 교회를 세우는 그 길만을 보고 달려가는 사람과 같습니다.

가 아둘람 굴에 있을 때에 환난 당한 자들, 빚진 자, 마음이 원통한 자들이 함께 했습니다(삼상22:2). 그럼에도 그는 하나님께서 자신을 왕으로 세우실 때까지 인내의 길을 묵묵히 걸어갑니다.

다윗은 엔게디 황무지의 굴에서 사울의 옷자락을 칼로 벤 후에 회개합니다. 그가 한 고백을 들어봅시다. "내가 손을 들어 여호와의 기름 부음을 받은 내 주를 치는 것은 여호와의 금하시는 것이니"(삼상 24:6). 자신을 지지하는 백성들이 아무리 많더라도 하나님께서 기름 부으신 자를 제거하는 것은 하나님의 권위를 무시하는 것으로 이해했습니다. 하나님께서 자신을 왕좌에 앉히실 때까지 인내하며 기다리는 일이 그가 할 수 있는 유일한 것임을 고백했습니다.

이 일 후에 다윗이 사울에게 하는 행동을 보십시오. 굴에서 나온 뒤에 땅에 엎드려 사울에게 절합니다(삼상24:8). 신하로서의 예를 갖춘 것입니다. 그러면서 사울과 자신 사이의 문제는 하나님께서 판결하실 것이라 고백합니다. "여호와께서는 나와 왕 사이를 판단하사"(삼상24:12), "여호와께서 재판장이 되어 나와 왕 사이에 판결하사"(삼상24:15). 다윗은 선으로 악을 이기라(롬12:21)는 주의 말씀을 실천했습니다.

다윗은 참 왕권이 어떻게 주어지는지 분명하게 알게 됩니다. 성경은 그 다음 장에서 사무엘의 죽음을 기록합니다. 사무엘의 사명은 제사장 직분을 회복하고 이스라엘의 왕을 세우는 것이었습니다. 왕을 세움으로 이스라엘은 신정국가로서 잘 자리매김해야 했습니다.

첫 왕인 사울은 실패했습니다. 그러나 하나님께서 정하신 두 번째 왕 다윗은 인내와 기다림의 과정을 통해 왕권이 주께로부터 온다는 것을 분명하게 고백합니다. 사무엘에서 다윗에게로 이어지는 구속

역사의 흐름은 죄의 세력을 꺾으시는 하나님의 인도하심을 잘 보여
줍니다.

광야의 삶은 왕궁으로 가는 외길

사무엘상 26장에서 다윗의 깊은 통찰력(지혜)이 다시 한 번 언급됩니
다. 사울이 하길라 산 길가에 진을 치고 있었습니다. 다윗은 아비새
와 더불어 사울의 장막에 들어가 창과 물병을 들고 나왔습니다. 다
윗은 건너편 산꼭대기에서 사울의 경호실장인 아브넬을 불러 책망
합니다.

다윗의 행동을 어떻게 이해해야 합니까? 여호와의 기름 부음 받은
왕을 보호하는 것이 아브넬의 책무입니다. 다윗은 아브넬이 왕의 호
위장군으로서의 책임을 제대로 감당하지 못했다고 책망합니다. 다
윗은 이미 왕입니다. 하지만 그는 사울에게 대항하지 않습니다. 끝
까지 피합니다. 그리고 사울 왕의 호위장군에게 왕을 보호하는 자신
의 책무를 제대로 감당하라고 호통칩니다.

세속적인 관점에서 다윗은 도저히 이해할 수 없는 행동을 하였습
니다. 사울은 누구도 부인할 수 없는 이스라엘의 왕입니다. 다윗은
그 왕권을 이을 사람입니다. 정치적 관점에서 보면, 다윗은 사울의
군사들을 회유하여 자신의 편으로 돌아서게 하든지 아니면 힘을 길
러 사울 정부를 제거해야 합니다.

그러나 다윗은 어느 쪽도 하지 않습니다. 그는 사울을 제거할 생각
도 그 밑의 군사들을 회유할 생각도 없습니다. 다윗은 오직 하나님
만 봅니다. 하나님께서 자신에게 기름을 부어 왕으로 삼으셨으니 언
젠가는 그 왕권이 자신에게 올 것을 너무나 잘 알고 있었습니다. 이

것이 그의 믿음이었습니다.

하나님께서는 블레셋을 통해 사울을 제거하셨습니다(삼상31:1~6). 사울이 죽을 때까지 다윗은 늘 나그네처럼 살았습니다. 광야의 삶은 왕궁으로 가는 외길입니다. 다른 길은 없습니다. 고난 없는 영광은 없습니다. 마찬가지로, 십자가의 고난이 없으면 영광의 면류관도 없습니다. 다윗의 삶은 그리스도의 고난 받으심과 죽으심을 상기시키는 그림자입니다.

왕의 용서와 요압의 적개심

사울과 요나단의 죽음 소식을 들은 다윗은 노래로 조상(弔喪)합니다(삼하1:19~27). 그리고 헤브론에서 유다 지파의 왕으로 등극하여 7년 6개월 동안 통치합니다. 아브넬은 사울의 아들 이스보셋을 왕으로 삼았습니다. 비록 사울이 죽었지만 유다 지파 외에 다른 지파들은 사울의 아들을 자신들의 왕으로 인정했습니다. 다윗의 군사와 사울의 군사들 사이에 장난 같은 겨룸을 계기로 치열한 전투가 벌어졌습니다. 다윗 군대의 장수인 요압의 동생 아사헬이 사울 군대의 장수 아브넬을 쫓아가다가 죽는 사건이 일어났습니다. 이 일로 요압은 아브넬을 평생 적으로 간주하며 살았습니다.

다윗의 집과 사울의 집 사이의 전쟁은 오랫동안 계속되었고 다윗의 집이 점차 강해졌습니다(삼하3:1). 그런 중에 사울의 군대 장관이었던 아브넬이 사울의 첩과 통간하는 일이 일어났습니다. 이스보셋은 왕으로서 아브넬을 책망했습니다. 이 일이 화근이 되어 아브넬은 이스보셋에게서 돌아섭니다. 아브넬은 헤브론에 있는 다윗을 찾아갔고 다윗은 그를 위해 잔치를 베풀었습니다. 아브넬은 다윗에게 모든 이스라엘의 왕이 될 것을 권하고 자신의 거처로 돌아갔습니다.

마침 요압이 적군을 치고 돌아왔습니다. 한 신하가 요압 장군에게 모든 것을 알렸습니다. 요압은 다윗 왕이 아브넬에게 잔치를 베푼 것에 매우 화를 냈습니다. 그리고 사람을 보내어 아브넬을 다시 헤브론으로 돌아오게 하였습니다.

요압은 아브넬에게 할 얘기라도 있는 듯 그를 성문 안으로 들인 후에 은밀히 칼로 죽였습니다. 다윗은 이 사실을 알지 못했습니다. 요압은 오래 전 자신의 막내 동생인 아사헬의 죽음으로 인한 개인적인 복수심으로 아브넬을 죽인 것입니다(삼하3:27).

다윗은 아브넬의 죽음에 자신이 관여하지 않았음을 온 백성들에게 알렸습니다. 그리고 요압에 대하여 말하길, 자신은 왕이지만 약하여서 이들을(요압 형제) 제어하기 어려우니 하나님께서 악행한 자에게 그 악한 대로 갚으실 것이라 했습니다(삼하3:39).

요압의 행위는 개인적인 복수심에 의한 것입니다. 왕이 용서한 이를 그 신하가 사사로운 감정으로 대처한 것은 큰 죄악입니다. 이것은 하나님께서 용서하신 백성을 다른 성도들이 용서하지 않는 것과 같은 이치입니다.[77]

아브넬이 죽었다는 소식은 사울 왕궁을 혼란으로 빠져들게 했습니다. 결국 레갑과 바아나는 자신들의 왕인 이스보셋을 암살하고 그

---

77) 마태복음 18장에는 백 데나리온 빚진 자와 일만 달란트 빚진 자에 대한 비유가 나옵니다. 일만 달란트 빚진 자는 임금으로부터 자신의 모든 빚을 탕감받았습니다. 그러나 일만 달란트 빚진 자는 자신에게 백 데나리온 빚진 자를 악하게 대했습니다. 이런 소식을 들은 임금이 일만 달란트 빚진 자를 불러 "내가 너를 불쌍히 여김과 같이 너도 네 동관을 불쌍히 여김이 마땅치 아니하냐"(마18:33)고 책망한 후에 옥에 가두었습니다. 요압은 하늘의 원리를 제대로 이해하지 못한 사람이었습니다. 그는 결국 솔로몬이 왕으로 등극할 때 반역의 길에 섰다가 죽임을 당했습니다(왕상2:34).

소식을 다윗에게 알립니다. 그러나 다윗은 주인을 배반한 레갑과 바아나를 오히려 책망하고 사형선고를 내립니다.

예루살렘 함락

온 이스라엘이 다윗에게 복속되었습니다. 그리하여 다윗은 명실상부한 이스라엘의 왕이 되었습니다. 그리고 드디어 예루살렘을 함락합니다. 예루살렘이라는 이름도 다윗 성으로 바꿉니다. 다윗이 점령한 예루살렘은 구속역사에서 매우 중요한 장소입니다.

예루살렘은 오래 전 아브라함이 아들 이삭을 제물로 드린 곳입니다. 모리아 산은 하나님의 언약이 확증된 곳입니다. 아브라함은 이삭을 제물로 드림으로 하나님을 경외하는 신앙을 인정받았습니다(창22:12). 동시에 그곳은 대속 죽음과 부활신앙이 가르쳐진 장소입니다.

예루살렘은 하나님의 구속을 드러내는 거룩한 장소였습니다. 점령 당시 그곳에는 여부스 사람들이 살고 있었습니다(삼하5:6). 여부스는 함의 아들 가나안으로부터 나온 족속입니다(창10:16). 하나님께서 세우신 왕 다윗은 여부스 족속을 정복함으로 노아가 선언했던 '가나안이 셈의 종이 될 것'이라는 예언을 이루었습니다.

블레셋의 공격으로부터 이스라엘을 구원하기 시작한 사람은 삼손이었습니다(삿13:5). 다윗은 블레셋의 공격을 종결시킬 뿐만 아니라 그들을 정복합니다(삼하5:22~25). 사무엘하 8장과 10장에서는 다윗이 가나안 일경을 어떻게 정복했는가를 보여줍니다.

하나님의 언약을 성취하는 것은 왕의 중요한 사명 중 하나입니다. 다윗 왕에 의해 아브라함 언약이 성취되었습니다. 그렇다면, 다윗은 이제 시내 산에서 맺은 언약으로 관심을 옮겨야 합니다. 시내 산 언약은 이스라엘이 열방에 대해 제사장 나라가 되는 것입니다. 이는 이방 국가들이 다윗 왕국을 통하여 복음을 받고 함께 하나님의 나라로 편입되는 것을 의미합니다.

아브라함 언약과 시내 산 언약의 본질은 복음이 죄의 세력에 대해 승리를 거두는 것입니다. 하나님의 왕국이 세워지는 과정을 보여줌으로 사단의 세력을 무너뜨리는 원리를 가르칩니다. 하지만 다윗 왕국은 시내 산 언약에 언급된 제사장 나라가 되는 것에는 한계가 있었습니다.[78] 이것은 솔로몬 왕국에서 비로소 이루어집니다.

언약궤의 입성과 찬미의 제사

다윗은 기럇여아림에 있었던 법궤를 예루살렘으로 가져올 계획을 세우고 실행합니다. 다윗과 사울이 가진 신앙의 차이가 여기에서 드러납니다. 사울 때에는 하나님의 법궤 앞에서 묻지 않았습니다(대상 13:3). 법궤 앞에서 묻지 않았다는 것은 하나님의 뜻을 생각지 않았다는 의미입니다.

다윗은 법궤를 예루살렘으로 가져오기 위해 장막을 만들었습니다(대상15:1). 그런데 법궤를 가져오는 중에 웃사가 죽었습니다. 법궤를 옮기기 위해서는 레위인들 중에 정해진 사람들이 어깨에 메고 움직여야 합니다(대상15:13). 그러나 다윗의 명령을 따랐던 자들은 법궤를 새 수레에 실어 옮기려 했기 때문에 하나님께서 그를 치셨던 것입니

---

78) 이스라엘이 제사장 나라가 되는 것에는 다윗 왕국처럼 이방국가를 전쟁으로 굴복시키는 측면도 있습니다. 하지만 궁극적으로 이것이 이방국가의 자발적 복종과 헌신으로 이어지기 위해서는 복음(참다운 지혜)이 전파되어야 합니다. 그러므로 아브라함 언약 가운데 땅에 대한 약속을 성취한 다윗 왕국은 더 온전한 제사장 나라의 모습으로 나아가야 하는 것입니다.

다. 웃사의 죽음을 보고 당황한 다윗은 법궤를 가드 사람 오벧에돔의 집으로 급히 옮겼습니다. 법궤가 있는 동안 오벧에돔의 집은 축복을 받았습니다. 삼 개월 뒤, 다윗은 법궤를 예루살렘으로 옮겼습니다. 이번에는 성경이 가르치는 바를 따라 모든 절차를 이행하였습니다.

법궤의 예루살렘 행에서 드러난 여러 가지 모습들은 계시의 새로운 측면들을 가르칩니다. 궤를 보관할 다윗의 장막이 새로 만들어진 것과 노래하는 자들과 각종 악기로 연주하는 자들의 등장은 영광스러운 예배의 모습을 보여줍니다.

다윗 왕 이전의 예배에서는 비파와 수금 등의 각종 악기를 동원하지 않았었습니다. 그저 나팔을 불고 제사를 드리는 것이 전부였습니다(민10:10).[79] 그러므로 다윗 왕을 통하여 새롭게 계시된 악기 사용은 예배의 완성이라는 측면에서 아주 중요한 원리를 가르칩니다(대상 15:27~28). 그렇지만, 오늘날 교회에서 각종 악기로 하나님을 찬양하는 것과 다윗의 찬양대를 동일하게 여길 수 있을지에 대해서는 많은 토론이 필요합니다.[80]

---

79) 기본적으로 나팔은 이스라엘 백성이 광야에서 행군을 시작할 때나 전쟁 중에 종종 사용되었습니다. 그리고 안식일이나 절기를 지킬 때에도 나팔을 불어 신호로 삼았습니다. 동시에 나팔은 하나님의 임재를 상징하기도 합니다.

80) 다윗의 악기 사용의 의미를 온전히 이해하기 위해서는 이것이 신약성경을 통하여 어떠한 원리로 성취되었는지를 먼저 살펴야 합니다. 그리고 그러한 이해를 토대로 오늘날 교회의 악기 사용을 어떻게 이해해야 하는지 논의해야 합니다. 찬양에 관심이 많은 현대 그리스도인들은 스스럼 없이 다윗의 찬양대와 오늘날의 찬양대를 동일시하곤 합니다. 그러나 이는 매우 위험한 발상입니다. 비슷한 예로 오늘날 어떤 사람이 구약성경에 기록된 대로 짐승을 잡아 예배를 드린다면, 그는 그리스도께서 십자가에서 죽으신 의미를 인정하지 않게 되는 죄를 범하게 됩니다. 악기 사용도 이러한 관점에서 재해석되어야 합니다. 성경은 악기에 대해 다양하게 이야기 합니다. 처음에는 악기 사용이 다소 부정적이었습니다. 가인의 후예들 중 유발이 수금과 퉁소 잡는 자의 조상이 되었고 악기는

다윗과 맺은 언약

다윗은 예루살렘에 하나님의 집을 지으려고 했습니다. 그러나 하나님께서는 허락하지 않으셨습니다. 다윗이 하나님의 집인 성전을 지을 수 없는 이유는 피를 많이 흘렸기 때문이며(대상22:8) 원수들을 완전히 제거하지 못했으며(왕상5:3) 내부의 죄가 제거되지 않았기 때문입니다(왕상2:27). 하나님께서는 다윗과 언약을 맺으셨습니다.[81]

다윗 언약의 핵심은 하나님의 나라가 다윗의 왕조를 통하여 지속된다는 것입니다. 하나님께서는 다윗에게 다음과 같은 약속을 하셨습니다. "너를 위하여 집을 이루고"(삼하7:11), "네 몸에서 날 자식을 네 뒤에 세워 그 나라를 견고케 하리라"(삼하7:12), "나는 그 아비가 되고 그는 내 아들이 되리니"(삼하7:14), "네 집과 네 나라가 내 앞에서 영원히 보전되고 네 위가 영원히 견고하리라"(삼하7:16).

위 구절들에 대해 설명해보겠습니다. 11절에서 '집을 이루고'는 왕조를 세운다는 의미이며, 12절의 '네 몸에서 날 자식'은 직접적으로는 솔로몬을 의미하지만 궁극적으로는 예수님을 의미합니다. 14절에서 하나님과 그 후손과의 관계가 부자(父子)관계가 되는 것은 모든 이스라엘을 대표하는 예수님에 의해 완전히 성취됩니다. 이스라엘 백성들은 하나님의 아들이요 장자였습니다(출4:22). 이제 왕이 하

불신자들 사이에서 사용되었습니다. 그러다가 다윗 시대 이후에는 이스라엘 역사에서 매우 보편적으로 악기가 사용되었습니다. 그러나 신약 시대가 되면 이상하리만큼 악기 사용에 대해 침묵합니다. 심지어 새 예루살렘의 영광스러운 도래의 순간에도 여타의 악기 소리는 들리지 않습니다. 오히려 신약성경에서는 악기들 대신 항상 사람의 목소리로 드려지는 찬송이 언급됩니다.

81) 구약성경에는 모두 여섯 번의 언약이 있습니다. 아담 언약(창2~3장), 노아 언약(창8~9장), 아브라함 언약(창12~17장), 모세 언약(출19~24장), 다윗 언약(삼하7장), 새 언약(렘31:31~34). 각각의 언약 본문들에 대한 이해가 풍성하다면 구약성경 전체의 흐름을 잘 이해할 수 있습니다.

나님과 부자관계를 맺었습니다. 이 왕의 계보를 예수님께서 이어받으셨습니다(마3:17; 막1:11; 눅3:22). 16절에서 집과 나라가 보전되고 영원히 견고케 되는 것은 다윗의 계보를 통하여 하나님의 나라가 임할 것이며 음부의 권세가 그것을 무너뜨릴 수 없음을 강조한 것입니다.

시내 산 언약에서 주어졌던 '제사장 나라와 거룩한 백성이 된다'라는 이스라엘의 사명과 특권이 다윗 언약을 통해서 더욱 진전된 모습입니다. 시내 산 언약은 백성 전체가 어떤 특권을 누릴 것인가에 강조점이 있다면 다윗 언약에서는 그 약속을 이루는 통로가 다윗의 가문으로 좁혀졌고 또한 약속을 이루는 방식에 있어서도 왕적 직분과 깊은 관련을 맺고 있음을 알 수 있습니다.

비록 다윗에게 주어진 약속이 놀라운 것들로 가득하지만 다윗 언약의 당사자들 역시 죄악된 인간임을 암시하는 내용도 있습니다. 다윗 이후의 왕들이 죄를 범할 수 있다는 내용입니다(삼하7:14). 거기에는 죄를 범하면 징계하겠다는 내용도 포함되어 있습니다.

하지만 이 내용이 다른 한편 은혜인 이유는 이 징계가 사울에게서 은총을 빼앗았던 모습과 같지는 않을 것이기 때문입니다. 다윗 이후의 왕들이 범죄하면 여지없이 하나님의 징계가 있었습니다. 그러나 그 왕권은 끊어지지 않고 지속됩니다. 이와 더불어 징계에 대한 언급은 인간 왕의 연약함과 한계를 분명히 보여줌으로써 완전한 왕의 출현을 소망케 합니다.

참 왕은 이방의 세력으로부터 자기 백성들을 온전히 보호해야 합니다. 또한 제사장 나라로서 이방 국가들에게 하나님 나라를 소개하고 택하신 백성들을 자기 나라로 옮겨야 합니다. 그리고 율법을 따라 하나님 나라의 모습을 만방에 알려야 합니다.

하나님의 왕국은 공평과 의로 다스려진다는 것을 보여주어야 합니다. 이와 더불어 왕권을 얻는 길은 아버지 하나님께 온전히 순종함으로 이루어짐을 증거해야 합니다. 예수님께서 '다윗의 자손'으로 오신 것은 예수님께서 참 왕으로서 이러한 모든 것을 완성할 분이심을 가르칩니다.

죄 아래 있는 인간의 굴레

다윗은 하나님 나라의 모습을 온전히 보여줄 수 있을 것 같았습니다. 그는 약속의 땅을 모두 정복했습니다(삼하8,10장). 이스라엘의 예배가 얼마나 영광스러운지도 언약궤의 예루살렘 입성을 통해 보여주었습니다. 참다운 왕권이 어떻게 주어지는가도 밝히 드러내었습니다. 그러나 그 역시 연약한 인간이었습니다. 죄의 권세가 얼마나 강력한지 우리는 밧세바 사건을 통해 알게 됩니다.

밧세바의 집안은 다윗 집안과 매우 가까운 사이입니다(삼하11:3). 같은 유다 지파 소속입니다. 밧세바의 할아버지 아히도벨은 다윗 왕국에서 모사였습니다(삼하15:12). 아버지 엘리암은 삼십 명의 군대 장수 중 한 명입니다(삼하23:34). 그녀의 남편 우리아 역시 삼십 명의 장수 중 한 사람입니다(삼하23:39). 다윗에게 밧세바 집안은 충신 가문입니다.

하지만 다윗은 밧세바를 취하는 범죄를 저질렀습니다. 다윗은 그녀가 임신했다는 소식을 듣자 전쟁터에 나가 있는 밧세바의 남편 우리아를 불러 집으로 보내려 했지만 실패했습니다. 결국 요압 장군에게 전쟁 중에 우리아를 최전방에 배치하여 죽게 하라고 밀명을 내렸습니다. 다윗의 생각대로 우리아는 죽었고 밧세바는 다윗의 아내가 되었습니다.

다윗은 하나님께서 주신 왕권을 이용하여 범죄했을 뿐만 아니라 그 범죄를 덮으려 했습니다. 무엇보다도 다윗의 범죄가 무척 심각한 이유는 직분을 남용했다는 것 때문입니다. 성직(聖職)을 자신의 욕망을 채우는 수단으로 사용한 것입니다.

직분의 파괴는 사단의 오랜 전략입니다. 예나 지금이나 직분은 하나님의 왕국을 유지하는 기둥입니다. 그러나 직분이 흔들리면 하나님의 왕국도 위태해집니다. 고린도 교회가 사도 바울의 사도권에 이의를 제기하는 사람들 때문에 어려움을 겪었던 것이 그 예입니다(고전9:1~2). 오늘날의 교회도 직분에 대한 이해가 희미하기 때문에 하나님이 원하시는 교회의 모습을 상실해가고 있습니다. "내 형제들아 너희는 선생된 우리가 더 큰 심판 받을 줄을 알고 많이 선생이 되지 말라"라는 야고보 선생님의 말씀을 기억해야겠습니다(약3:1).

하나님의 진노

나단 선지자는 다윗을 향하여 하나님의 진노를 선언했습니다(삼하12:1~12). 칼이 다윗의 집을 떠나지 않을 것이며 재난과 환란이 일어나며 다윗의 처들은 대낮에 다른 남자들과 동침할 것이라 했습니다. 다윗은 나단의 선언을 듣고 바로 회개했습니다. 시편 51편은 다윗이 자신의 죄를 회개하면서 지은 시입니다.

나단의 선언대로 다윗에게 큰 고통이 찾아왔습니다. 자신의 자녀인 왕자와 공주 사이에 음행이 일어났습니다. 암논이 다말을 겁탈했습니다(삼하13:1~19). 다말의 오빠인 압살롬은 이 일을 알고 난 후 2년 동안 복수의 칼을 갈았습니다.

2년 뒤, 압살롬은 양털 깎는 것을 핑계로 왕자들을 초청하여 암논에게 술을 먹이고 암살하였습니다. 이 일로 압살롬은 예루살렘에 있지 못하고 외가로 도망가 3년을 지냈습니다(삼하13:37~38). 요압 장군의 중재로 예루살렘에 돌아올 수 있었지만 압살롬은 2년 동안 다윗 왕의 얼굴을 보지 못했습니다.

이윽고 압살롬은 4년에 걸쳐 반역을 준비합니다(삼하15:7). 백성들의 마음을 다윗에게서 자신에게로 향하게 했습니다. 결국 압살롬은 다윗 왕을 향하여 반역의 깃발을 높이 들었고 다윗은 황급히 예루살렘을 떠나게 되었습니다.

예루살렘을 떠나는 다윗에게 사울 집안 사람 시므이가 돌을 던지며 저주했습니다. 압살롬은 다윗의 첩들과 백주에 동침합니다(삼하16:22). 그러나 우여곡절 끝에 다윗은 예루살렘으로 귀환하게 됩니다. 다윗은 자신에게 임한 하나님의 형벌을 묵묵히 받았습니다.

그럼에도 불구하고

하나님께서 이스라엘을 향하여 진노하셨습니다. 그들을 치시기 위해 하나님께서는 다윗을 감동시키셨습니다(삼하24:1). 그러나 역대상 21:1에서는 사단이 다윗을 격동했다고 합니다. 두 본문을 종합하면, 하나님께서 이스라엘을 치시기 위해 사단으로 다윗을 격동하게 하신 것으로 이해됩니다.

어찌되었든지 다윗은 인구조사를 했습니다. 아홉 달 스무 날 동안 조사한 전체 이스라엘의 군사가 13만이었습니다(삼하24:8~9). 다윗의 인구조사는 군인들의 수를 헤아린 것입니다. 즉 전쟁할 수 있는 군인들을 확인했던 것입니다.

다윗의 인구조사는 이스라엘의 전투력을 확인하기 위해 이루어졌습니다. 이는 불신앙의 전형적인 모습입니다. 하나님의 왕국은 칼과 창의 싸움이 아닙니다. 믿음의 전쟁입니다. 그럼에도 불구하고 다윗은 이스라엘의 전투력을 측정하는 우를 범합니다. 스스로의 힘으로 하나님의 왕국을 건설할 수 있다는 잘못된 생각에 사로잡혔던 것입니다.

이 일로 이스라엘 가운데 하나님의 진노가 임했습니다. 온역이 온 땅에 내려 7만 명이나 죽었습니다. 천사가 예루살렘까지 치려하자 하나님께서는 족하다 하셨습니다. 이때 다윗이 백성을 치는 천사를 보고는 백성들에게서 손을 거두시고 자기 집을 치시라고 청하였습니다. 여호와의 사자가 아라우나의 타작마당에 있었기 때문에 다윗은 급히 그곳으로 갔습니다.[82] 은 50세겔을 아라우나에게 주고 타작마당과 제사드릴 제물을 구입했습니다. 다윗은 번제와 화목제를 드렸습니다. 하나님의 진노가 그쳤습니다.

하나님의 사자 앞에 번제와 화목제를 드림으로 징계가 끝났습니다. 제사를 집행하는 사람은 제사장입니다. 여기에서도 제사장이 실제로 제사를 집행했는지는 정확하게 알 수 없습니다. 그러나 성경은 다윗의 주도하에 모든 것이 이루어졌음을 밝히고 있습니다.

이러한 다윗의 모습에서 우리는 온전한 제사장과 왕의 모습을 발견합니다. 그는 백성들의 죽음을 목도하면서 자신과 자신의 집이 범죄 했음을 고백했고 그에 합당한 형벌을 받아야 한다고 말합니다. 그는 백성을 사랑한 참다운 왕이었습니다. 또한 그는 자신의 주도하

---

82) 이곳은 예전에 아브라함이 이삭을 하나님께 바치려 했던 곳입니다. 솔로몬은 바로 이곳에 하나님의 성전을 지었습니다. 그러므로 이곳은 하나님의 언약이 매우 잘 드러나는 장소입니다(대하3:1).

에 번제와 화목제를 드렸기 때문에 온전한 제사장의 모습도 보여주었습니다.

우리는 여기에서 참다운 예배의 회복을 봅니다. 사무엘이 태어날 때와는 전혀 다른 모습입니다. 참다운 예배의 회복은 하나님의 왕국이 이루어야 할 가장 중요한 사명입니다. 이스라엘은 예배의 군대였습니다. 성령과 진리로 예배하는 교회는 땅 위에 하늘 왕국을 보여주는 것입니다.

요약과 질문

1. 하나님의 왕국을 유지하는 왕, 제사장, 선지자가 주도적으로 활동한 순서를 설명해 봅시다. 이 세 직분을 온전히 성취하신 분은 누구입니까?

2. 이스라엘의 왕이 지녀야 할 통치 기준은 무엇입니까?(신17:18~19)

3. 다윗과 골리앗의 전투를 통해 사울을 대신하는 이스라엘의 진정한 왕이 다윗임을 알 수 있습니다. 그 근거는 무엇입니까?

4. 다윗이 사울과의 관계에서 "선으로 악을 이기라"(롬12:21)라는 주의 말씀을 실천한 사건은 무엇입니까?

5. 사울의 장막에서 다윗은 창과 물병을 들고 나왔습니다. 그리고 사울의 군대 장관인 아브넬을 책망합니다. 이 사건이 의미하는 바는 무엇입니까?

6. 다윗이 아브넬을 용서했음에도 불구하고 요압은 그를 죽이고 맙니다. 이 행위가 잘못 되었음을 가르치는 신약의 본문은 어디이며, 그 내용은 무엇입니까?

7. 다윗 왕의 예루살렘 성 정복이 지니는 의미가 무엇인지 설명해 봅시다.

8. 다윗이 기럇여아림에 있는 법궤를 예루살렘으로 가져왔습니다. 이 과정에서 악기를 사용하며 찬양을 드렸던 사건이 의미하는 바는 무엇입니까?

9. 다윗 언약의 내용은 무엇입니까?

10. 다윗이 밧세바를 취한 것이 매우 심각한 범죄인 이유는 무엇입니까?

11. 밧세바의 일로 나단 선지자는 다윗에게 하나님의 심판을 선언했습니다. 다윗에게 임한 하나님의 징계는 무엇입니까?

12. 다윗의 인구조사는 무엇을 의미합니까?

제13장

솔로몬과 왕국의 분열

율법, 제사장 나라의 이정표 | 죄의 세력들의 종말
| 왕의 지혜 | 성전과 그리스도 | 땅의 지혜를 꺾은
하늘의 지혜 | 솔로몬의 범죄와 하나님의 징계 |
여로보암의 악행

제13장
솔로몬과 왕국의 분열

율법, 제사장 나라의 이정표

이스라엘의 왕은 이방 국가의 왕과는 다른 통치 이념을 지니고 있습니다. 이스라엘의 왕들은 철저하게 하나님의 뜻을 따라 나라를 다스려야 합니다. 율법이 이스라엘 왕들의 통치 기준입니다. 하나님께서는 왕들이 율법책을 등사하여 옆에 두고 그것을 따라 나라를 다스릴 것을 말씀하셨습니다(신17:18~19).

율법은 이스라엘로 하여금 제사장 나라가 되게 합니다. 율법에 신실하면 이스라엘은 자신들에게 주어진 사명을 온전히 감당할 수 있습니다. 율법은 매우 다양합니다. 제사법에서부터 삶의 규례들까지 세밀하게 주어졌습니다.

이런 다양한 율법을 가장 단순하게 요약하면 하나님 사랑과 이웃 사랑입니다(마22:36~40). 이스라엘 왕은 백성들로 하여금 하나님을 사랑하고 이웃을 사랑하게 해야 합니다. 왕은 친히 이 일에 모범이 되어야 합니다. 그러할 때 이스라엘은 열방에 대하여 제사장 나라가 될 것입니다.

다윗은 솔로몬에게 왕권을 넘기면서 "모세의 율법에 기록된 대로 지키라"(왕상2:3)라고 유언하였습니다. 다윗은 아브라함 언약을 따라 이스라엘에게 주어진 영토를 완전히 점령했습니다. 밧세바 사건 이후로 고난의 시기가 있었지만, 모세의 법을 따라 공평과 의로 나라를 다스렸습니다.

그의 뒤를 이을 솔로몬은 온 세계에 하나님 나라의 영광스러움을 드러내어야 합니다. 이것은 비단 왕만의 책임은 아닙니다. 제사장과 선지자가 동참해야 합니다. 구약의 삼직(三職)은 철저하게 하나님의 법을 따라 움직여야 합니다. 그러할 때 진정한 하나님의 왕국이 땅 위에 모습을 드러낼 수 있습니다.

죄의 세력들의 종말

다윗에게서 솔로몬으로 왕권이 넘어가는 과정에서 아도니야의 반역이 있었습니다. 이 반역에는 다윗의 오른팔이었던 요압과 제사장 아비아달이 가담했습니다. 그러나 제사장 사독과 선지자 나단은 이 반역에 동참하지 않았습니다.

솔로몬이 왕이 되면서 제사장 아비아달은 파면당했습니다(왕상 2:27). 그의 파면은 예정된 것이었습니다. 그는 엘리 집안 출신의 제사장이었습니다. 엘리 제사장 집안은 하나님께 용서받을 수 없는 죄를 지었습니다. 그로 인해 그의 집안은 노인들이 사라질 것이며 대가 끊어질 것이라 하셨습니다(삼상2:31~36, 3:13~14).

요압 장군은 자신의 막내 동생의 일로 다윗 왕이 용서한 아브넬을 암살했습니다. 다윗은 자신이 왕이기는 하지만 힘이 약하여 이들을 제어할 수 없으니 여호와께서 판단하실 것이라 선언했습니다(삼하

3:39).

아도니야의 반역에 동참한 요압은 솔로몬이 왕이 되었다는 소식을 듣자 여호와의 장막으로 도망갔습니다. 솔로몬은 브나야를 보내 요압을 제거합니다(왕상2:28~34). 이로써 솔로몬 왕국 안에 있는 과거의 죄악들이 모두 정리되었습니다.

왕의 지혜

솔로몬은 기브온 산당에서 하나님께 제사드렸습니다. 제사를 받으신 하나님께서는 솔로몬의 꿈에 나타나 원하는 것이 무엇인지 물으셨습니다. 솔로몬은 지혜를 달라고 했습니다. 솔로몬의 요청은 하나님의 마음에 합한 것이었습니다. 솔로몬은 지혜를 얻었습니다. 솔로몬이 지혜를 구한 것은 백성들의 재판을 공정하게 하기 위함이었습니다(왕상3:9).

열왕기상 3장에 소개된 유명한 솔로몬의 재판은 그의 지혜가 어떠한지를 보여주는 첫 사례입니다. 두 창기(娼妓) 중 살아남은 아이의 어머니가 누구인지 판결하는 문제는 왕의 지혜가 지니는 본질을 잘 해명하고 있습니다.

비록 창기라 할지라도 자식이 죽는 것보다 다른 여자의 품에서라도 생명을 유지하기를 바라는 모성애에 대한 인식. 죄 아래 있는 인간(창기)임에도 불구하고 생명을 살리기를 바라는 본성(모성)이 있음을 발견하는 탁월한 통찰이야말로 왕의 지혜입니다.

동시에 자기 것이 될 수 없다면 남의 것도 될 수 없게 만들어 버리는 악의 극치를 헤아리는 지혜. 두 여성은 모두 창기 곧 죄인입니다. 죄인 된 인간이 삶과 죽음의 갈림길에서 어느 것을 선택할 것인지를

아는 것. 이것이 바로 왕의 지혜가 지니는 본질입니다.[83]

이어서 솔로몬 왕국에 속한 신하들의 명단을 기록하였습니다(왕상 4장). 이것은 지혜의 왕이 누구에게 어떤 직분을 허락할 것인가를 결정하는 것과 관련이 있습니다.

솔로몬 왕국에서 언급된 직분의 순서도 중요합니다. 제사장, 서기관, 사관, 군대장관, 제사장, 관리장, 대신, 궁내 대신, 감역관, 열두 관장의 순서입니다. 제사장과 서기관은 하나님의 율법과 성전의 제의와 관련된 사람들입니다. 이들의 사역은 곧 말씀과 예배입니다. 이것은 시내 산 언약에서 언급된 이스라엘의 제사장 나라로서의 사명을 이루는 핵심적인 두 요소입니다. 군대장관보다 사관이 먼저 언급된 것은 지나온 역사를 돌아보는 것이 전쟁보다 훨씬 더 중요함을 알게 합니다.[84]

동시에 지혜의 왕은 잠언과 노래를 짓고 짐승과 새와 기어 다니는 것과 물고기를 논하였습니다(왕상4:32~34). 잠언과 노래는 세속적인 철학적 사유의 결과물이 아닙니다. 잠언과 노래(시)는 하나님의 구속과 섭리 그리고 그것을 이루시는 놀라운 능력을 노래한 것입니다. 또한 짐승과 새와 기어 다니는 것과 물고기에 대해 논한 것은 하나님께서 창조하신 것을 통해 창조주 하나님의 인성과 신성을 찬양하는 것을 의미합니다(롬1:20).

---

83) 우리의 참 왕이신 그리스도께서는 삶과 죽음의 갈림길에서 누가 참 생명의 길을 갈 것인지 정확하게 아신 분이십니다. 그분이야말로 진정한 지혜의 왕이십니다(눅2:52).

84) 우리는 여기에서 오늘날 하나님 나라를 증시하는 공동체인 교회의 직분에 대해 다시 한 번 생각합니다. 직분은 명예가 아닙니다. 더구나 계급도 아닙니다. 직분은 하나님 나라의 건설을 위한 방편입니다. 바울 사도가 디모데에게 장로와 집사를 세울 때에 어떤 이들을 세워야 할지를 세세하게 가르친 이유가 여기에 있습니다. 16세기 종교개혁자들은 직분의 회복을 통하여 교회 개혁의 연속성을 꾀했습니다.

더 나아가 왕의 지혜는 하나님의 집을 짓는 것에서 극대화됩니다. 성전은 모세가 하나님으로부터 받은 설계도대로 지은 성막과 같은 원리로 건축되었습니다. 하나님께서는 모세에게 성막의 설계도를 주셨듯이 다윗에게도 성전의 설계도를 그리게 하셨습니다(대상 28:19).

다윗은 아들 솔로몬에게 '성전을 건축하는 동안 하나님께서 너와 함께 하실 것이라.' 했습니다. 더불어 레위인들과 공장들과 모든 장관과 백성들이 이 일에 함께 동참할 것도 알려주었습니다. 솔로몬의 지혜는 이 모든 것들을 하나님의 인도로 집행하는 힘이었습니다.

결국, 왕의 지혜는 하나님께서 이루고자 하셨던 것이 무엇이며 인간이 그것을 어떻게 파기하였고, 중단된 하나님의 왕국 건설의 원리가 무엇인지를 온전히 깨닫는 것입니다. 왕의 지혜는 세상을 구속역사의 관점에서 이해하고 그러한 이해를 바탕으로 삶을 살아가는 원리를 제공합니다. 그러므로 왕의 지혜는 하나님 나라를 건설함에 있어서 가장 중요한 요소입니다.

성전과 그리스도

솔로몬 성전은 7년 만에 완공되었습니다. 성전 완공이 의미하는 바와 성전의 각 구조가 지니는 의미는 모두 열거할 수 없을 만큼 다양합니다. 그러나 여기서 언급하고 싶은 것은, 성전은 움직이는 성막과 달리 고정되어 있다는 점입니다.

하나님께서는 성전 가운데 임재하심으로 전체 이스라엘을 자신의 왕국으로 인정하셨고 그 백성들을 보호하며 인도할 것을 천명하셨습니다. 이제 이스라엘은 하나님의 나라를 열방들에게 제시하는 일

을 힘 있게 할 수 있습니다.[85]

솔로몬은 성전 봉헌식을 한 후, 하나님께 기도합니다(왕상8:22~53). 그가 한 기도의 내용들 중에서 몇 가지를 되짚어 볼 필요가 있습니다. 이스라엘 백성들이 범죄했을 때 성전을 향하여 기도하면 용서해 달라는 청원. 범죄하여 포로로 잡혀 갔을 때에도 성전을 향하여 기도하면 돌아오게 해 달라는 청원.[86] 그리고 기근이나 온역, 깜부기나 황충, 메뚜기 재앙들이 있을 때에도 성전을 향하여 기도하면 사유해 달라는 청원입니다.

이러한 청원들에 언급된 범죄와 저주의 내용들은 신명기 28장에 등장하는 언약의 저주 항목들입니다. 즉 하나님의 백성들에게 언약의 저주가 임할 때에 그들로 성전을 향하여 기도하게 하시며, 그 기도를 들으시고 백성들의 죄를 용서해달라는 간구입니다. 심지어 이방인들도 이곳에서 기도하면 복음의 비밀을 깨닫는 은총을 누리게 해 달라고 합니다. 이를 통해 성전은 그야말로 죄 용서의 은혜가 넘치는 공간이며 하나님과 그 백성들의 은밀한 교제가 이루어지는 환희의 장소임을 알게 됩니다.

성전은 신약성경에서 예수님의 몸으로 성취됩니다(요2:21). 복음서를 읽다 보면 예수님께서 종종 '네 죄 사함을 받았다'라고 선언하시

---

85) 성막과 성전의 관계 그리고 그 안에서 드려지는 제사와 제사장들의 사역에 대해서는 트램퍼 롱맨 3세(Tremper Longman Ⅲ), 『우리 안에 거하시는 하나님』, 권대영 역(서울: 기독교문서선교회, 2003)을 참고하세요.

86) 다니엘이 하루 세 번씩 예루살렘 성전을 향해 했던 기도는 바로 이러한 솔로몬의 기도에 기초하고 있습니다. 우리는 솔로몬의 기도가 예수님께서 제자들에게 가르치신 '주기도'와 결국 같은 주제를 다루고 있음을 압니다. 솔로몬은 성전을 통해 이스라엘이 제사장 나라로서의 사명을 온전히 감당할 수 있게 해 달라고 기도합니다. 예수님께서도 하늘의 뜻이 땅에 이루어지기를 기도하라 가르치셨습니다. 곧 하나님 나라의 임재를 위해 기도하는 것입니다.

는 것을 볼 수 있습니다(마9:2; 눅7:48). 죄 용서는 성전에서 이루어집니다. 예수님께서 이러한 선언을 하시는 이유가 무엇일까요? 예수님께서 바로 참 성전이시기 때문입니다. 예수님을 통하여 죄 용서가 선언됩니다. 그리스도의 피는 죄 사함을 얻게 하는 언약의 피입니다(마26:28).[87]

땅의 지혜를 꺾은 하늘의 지혜

솔로몬의 지혜는 온 세상에 전파되었습니다. 많은 왕들이 그의 지혜를 듣기 위해 왔습니다(왕상4:34). 그중에 스바 여왕도 있었습니다. 그녀는 순수한 마음으로 솔로몬을 방문한 것이 아니라 그의 지혜를 시험하고자 찾아왔습니다(왕상10:1~2).

그녀의 방문은 세상의 지혜로 하늘의 지혜를 제압할 수 있다는 교만의 발현이었습니다. 그러나 그녀의 계획은 완전히 빗나갔습니다. 스바 여왕의 질문에 솔로몬이 대답지 못한 것이 없었습니다. 오히려 그녀는 솔로몬의 지혜를 듣고 그가 믿는 하나님을 찬양했습니다.

땅 위의 어떠한 지혜로도 하늘의 지혜에 도달할 수 없습니다. 오히려 땅의 것들은 하늘의 지혜 앞에 굴복할 수밖에 없습니다. 교회는 하늘의 지혜가 가득한 공동체입니다. 실로 하나님의 미련한 것이 사람보다 지혜 있고 하나님의 약한 것이 사람보다 강합니다(고전1:25).

---

87) 성경으로 성경을 이해하는 대원칙은 이렇게 구약과 신약을 넘나드는 즐거움을 제공합니다. 엄격하게 말해, 구약은 그리스도를 지향합니다. 신약은 구약의 가르침을 완성합니다. 그러므로 신약이라는 완성된 계시의 창으로 구약을 이해하는 것은 성경을 읽는 참된 원리라고 할 수 있습니다. 구약을 읽는 또다른 즐거움은 계시의 점진성을 따라 하나님의 비밀을 조금씩 알아가는 것입니다. 하나님의 비밀은 예수 그리스도이십니다(골2:2). 그렇다고 해서 구약 본문이 드러내는 바 그 자체의 의미를 제한하거나 무시해서는 안 됩니다.

스바 여왕이 경험한 것은 솔로몬의 지혜뿐만이 아니었습니다. 그녀는 솔로몬이 건축한 궁과 상의 식물과 신복들의 좌석과 신하들의 시립한 것과 여호와의 전의 층계를 보고 정신을 차릴 수 없었습니다. 그녀가 본 것은 단순히 한 나라의 궁궐이 아니었습니다. 그녀는 하늘의 왕국을 본 것입니다.

하늘 왕국을 본 사람들은 두 부류로 나뉩니다. 여호와 하나님을 송축하든지 아니면 그분의 이름을 욕되게 합니다. 스바 여왕은 하나님을 찬양했습니다. 왕의 지혜를 시험하기 위해 찾아왔다가 복음의 비밀을 듣고 하나님을 찬양하며 돌아갔습니다. 이스라엘은 진정한 의미에서 제사장 나라가 되었습니다. 뜻이 하늘에서 이뤄진 것 같이 땅에서도 이루어졌습니다.

솔로몬의 범죄와 하나님의 징계

그러나 땅의 왕국은 하늘 왕국의 모습을 온전히 드러낼 수는 없나 봅니다. 솔로몬의 다음 행적은 우리로 하여금 당황하게 합니다. 거룩한 백성과 제사장 나라로서의 사명이 멋지게 이루어질 것을 기대했지만 더 이상 그러한 모습을 볼 수 없습니다. 인간이 아무리 노력한다고 하더라도 하나님의 구속역사를 온전히 이룰 수 없는 것은 진리입니다.

신명기 17:14 이하에는 왕이 금해야 할 세 가지가 언급되어 있습니다. 말, 금과 은 그리고 많은 아내입니다. 말(馬)은 전투력을 의미합니다. 금과 은은 재물입니다. 많은 아내는 하나님께로 향하는 마음을 다른 방향으로 돌리게 합니다.

그러나 솔로몬은 왕에게 금지된 세 가지를 모두 취하였습니다(왕상10:14~11:8). 이방 여인들과의 혼인 관계는 우상이 하나님의 왕국에 들어오는 통로가 되었습니다(왕상11:4~5). 하나님께서는 두 번이나 이 일로 권면하셨지만 솔로몬은 듣지 않았습니다. 결국 하나님의 심판이 임했습니다. 하나님께서 솔로몬의 신복에게 나라를 줄 것이라 말씀하셨습니다.

여로보암은 에브라임 지파 소속의 지도자였습니다. 그는 밀로를 건축하는 일을 총괄하는 감독이었습니다(왕상11:28). 어느 날 선지자 아히야가 여로보암을 만나 솔로몬의 죄악을 언급하면서 행동으로 계시를 전합니다. 그는 자기 겉옷을 벗어 열두 조각으로 찢어 열 조각을 여로보암에게 줍니다. 그러면서 솔로몬에게서 나라를 빼앗아 열 지파를 네게 줄 것이라 했습니다. 이것 때문에 솔로몬이 여로보암을 죽이려고 했습니다. 여로보암은 애굽으로 망명하여 솔로몬이 죽을 때까지 기다렸습니다.

시간이 흘러 솔로몬의 아들 르호보암이 왕권을 이어받았습니다. 나이 많은 신하들은 르호보암에게 백성들을 선히 다스릴 것을 청했습니다. 그러나 르호보암은 자신과 함께 동문수학한 젊은 참모들의 제의를 받아들여 아버지 때보다 더 강하게 백성을 다스릴 것이라 합니다(왕상12:14). 이로 인해 백성들의 마음이 르호보암을 떠나게 됩니다. 결국 이스라엘 백성들은 여로보암을 자신들의 왕으로 삼고 유다 지파만이 르호보암을 왕으로 인정했습니다. 나라는 분열되었습니다.[88]

---

88) 나라의 분열은 하나님의 징계입니다. 오늘날 교회가 분열하는 것도 하나님의 징계입니다. 한국 장로교회가 220여 교파로 나누어져 있다는 최근의 소식은 한국 장로교회의 부끄러운 모습을 대변하는 것입니다. 북이스라엘과 남유다의 분열에서도 알 수 있듯이

하나님께서 여로보암에게 북쪽 열 지파를 다스리게 하신 목적은 "다윗의 자손을 괴롭게" 하시기 위함이었습니다(왕상11:39). 여기 다윗의 자손을 괴롭게 한다는 것을 공동번역은 "다윗의 자손의 머리를 숙이게 해 주리라"라고 했습니다.

다른 말로 하면, 다윗의 자손 곧 유다 왕국을 비천하게 하고 낮추어 겸손하게 만들겠다는 의미입니다. 북이스라엘이 어떻게 남유다를 겸손하게 할 수 있습니까? 다른 방법이 없습니다. 북쪽 왕국이 하나님의 말씀에 온전히 순종하여 제사장 나라로서의 사명을 잘 감당하는 것입니다.

여로보암의 악행

하지만 여로보암은 북이스라엘의 왕이 되자 마음이 변했습니다. 그는 백성들의 마음이 남유다로 돌아가는 것을 염려했습니다. 그리하여 일단의 조치를 취합니다. 예루살렘 성전에 상응하는 곳을 벧엘과 단에 만들었습니다. 두 금송아지를 만들어 그곳에 각각 두었습니다. 그리고 백성들에게 그 금송아지가 애굽에서 이스라엘 백성을 인도한 신이라 말합니다. 뿐만 아니라 레위 자손이 아닌 일반 백성으로 제사장을 삼았으며 모든 절기를 없애고 8월 15일 하루를 유일한 절기로 공표했습니다(왕상12:25~33).

여로보암의 욕심은 하나의 왕국을 분열된 두 나라로 고착시켰습니다. 하나님께서 여로보암에게 북이스라엘의 왕으로 섬길 것을 명령하신 의도는 북이스라엘을 통해 남유다가 솔로몬의 범죄로부터 돌이키는 것이었습니다. 그러나 결과는 참담했습니다.

교회 분열의 책임은 대부분 지도자에게 있습니다. 참으로 부끄러운 일입니다.

여로보암은 자신에게 주어진 사명을 망각한 채 자신의 검은 욕망을 따라 나라를 다스립니다. 여로보암은 예배를 파괴하고 직분을 파괴하는 죄를 범합니다. 사단은 하나님의 왕국에서 가장 요긴한 것들을 타락시킴으로 하나님의 언약이 끊어지게 합니다.

북이스라엘 역사에서 왕들의 행적을 평가할 때 '여로보암의 길로 행하며', '여로보암의 집을 본받아'라는 문구가 종종 사용됩니다. 이렇듯 여로보암의 이름은 후대 왕들을 평가하는 기준이 되었습니다.

북이스라엘에는 끊임없이 반역과 음모, 암살이 일어납니다. 모두 열아홉 명의 왕들이 있었습니다. 종종 왕조가 바뀌었습니다. 반면에 남유다는 하나님께서 다윗에게 약속하신 것처럼 다윗의 계보에서만 왕이 출현했습니다. 한 등불이 내 앞에 있을 것(왕상11:36)이라는 약속이 이루어진 것입니다.

1. 이스라엘의 왕이 왕국을 다스릴 때 기준으로 삼아야 할 것은 무엇입니까?

2. 솔로몬이 왕이 되는 과정에 아도니야의 반란이 있었습니다. 이 일로 인해 심판을 받은 두 사람은 누구입니까?

3. 솔로몬이 하나님으로부터 받은 지혜의 본질은 무엇인지 설명해 봅시다.

4. 솔로몬의 지혜와 성전 건축은 어떤 관계가 있는지 설명해 봅시다.

5. 구약의 성전과 예수님의 몸은 어떤 관계가 있습니까?

6. 이스라엘은 열국 중에 제사장 나라가 되는 특권과 사명을 받았습니다. 이것을 스바 여왕의 방문 사건을 통해 설명해 봅시다.

7. 솔로몬이 범한 죄는 무엇입니까?

8. 하나님께서 여로보암에게 북쪽 열 지파를 다스리게 하신 목적은 무엇입니까?

9. 여로보암의 이름이 후대 왕들을 평가하는 기준이 된 이유를 설명해 봅시다.

제14장

두 왕국의 타락과 멸망

제14장

두 왕국의 타락과 멸망

또 다시 타락의 길로

남유다 왕국보다 일찍 멸망한 북이스라엘의 모습을 먼저 살피겠습니다.[89] 여로보암으로 시작된 북이스라엘은 모두 열아홉 명의 왕이 등장했다가 사라졌습니다. 여로보암의 범죄는 온 이스라엘을 타락의 길로 인도했습니다.

　그리하여 하나님께서는 여로보암과 이스라엘을 버리기로 하셨습니다(왕상14:16). 여로보암의 아들 나답이 왕이 되어 2년을 다스렸습니다(왕상15:25). 그는 블레셋 영토에 있는 깁브돈을 탈취하려는 중에 바아사에 의해 살해되었습니다.

　에브라임 지파 소속인 여로보암 왕가에서 잇사갈 지파인 바아사에게로 왕권이 이양되었습니다. 바아사가 왕이 되자 하나님께서 선지자 아히야에게 말씀하신 대로 그는 여로보암 집안의 모든 사람을 살해했습니다. 이 일을 시작으로 북이스라엘 왕국에서는 형제끼리 피를 흘리는 살인 행각을 통해 왕권을 쟁취하는 사건이 빈번하게 일어

---

89) 두 왕국의 왕들의 치세 기간과 이름은 부록의 '왕 연대표'를 참고하세요.

납니다.[90]

24년 동안 왕위에 있었던 바아사 역시 여로보암의 길로 행했습니다(왕상15:34). 하나님께서는 예후를 통하여 그에게 경고의 메시지를 전하셨지만 아무런 변화도 없었습니다. 그의 아들 엘라가 왕이 되어 2년을 디르사에서 다스렸습니다. 엘라 역시 블레셋 진영의 땅 깁브돈을 정복하기 위해 오므리 장군을 총사령관으로 임명하여 전쟁하게 했습니다.

오므리 장군이 깁브돈에서 진을 치고 있는 동안 엘라 왕은 궁내 대신 아르사의 집에서 술에 취해 있었습니다(왕상16:9). 신하들을 살벌한 전투에 참가하게 해놓고서 정작 왕 자신은 술 취한 채 안연히 거하고 있습니다. 이런 일이 하나님의 왕국 안에서도 일어날 수 있는 것인지, 우리는 스스로의 눈을 의심하게 됩니다.

이 모든 광경을 지켜본 시므리는 엘라 왕을 살해하고 스스로 왕위에 오릅니다. 그러나 전쟁터에서 왕의 살해 소식을 접한 군사들은 오므리를 왕으로 옹위하며 이스라엘의 수도 디르사로 돌아옵니다. 대적을 멸하기 위해 전쟁터로 나간 군인들이 집안싸움을 위해 돌아오는 모습을 보십시오. 서글픔이 가슴을 저리게 합니다. 오므리의 군사들이 디르사를 정복하자 시므리는 스스로 불을 놓아 죽었습니다. 그는 7일 동안 왕이었습니다.

---

90) 우리는 북이스라엘의 왕권 다툼의 과정에서 발생한 수많은 음모와 배신, 살인을 보면서 한 형제, 한 교회가 자신의 야욕을 채우기 위해 얼마나 극심하게 타락할 수 있는가를 깨닫습니다. 또한, 땅 위의 거룩한 공동체라 하더라도 죄로부터 완전히 자유롭지 못하기 때문에 거룩한 백성의 삶을 온전히 지속할 수 없음도 알게 됩니다. 이 모든 것들을 통해 우리는 참 왕을 소망하며 죄의 권세를 꺾으시는 하나님의 능력을 의지하게 됩니다.

시므리가 죽은 후 오므리에 대항한 세력으로 디브니가 일어났지만, 오므리는 그를 제압하고 왕이 되었습니다. 그는 12년 동안 북이스라엘을 다스렸습니다(왕상16:23). 오므리는 탁월한 감각과 정치력을 갖춘 인물이었습니다. 그의 왕조는 약 50년 가까이 지속되었습니다. 그는 왕이 되자 수도를 디르사에서 사마리아로 옮겼습니다. 이후 북이스라엘은 멸망할 때까지 사마리아를 수도로 사용합니다.

오므리의 뒤를 이어 왕이 된 인물은 아합입니다. 우리는 아합의 행적을 주의 깊게 살펴야 합니다. 그가 그 어느 왕들보다 심한 타락의 길을 걸었던 사람이기 때문입니다. 그는 여로보암이 행한 것보다 훨씬 더 심한 죄를 지었습니다(왕상16:31~34).

아합은 먼저 거룩한 혼인 제도를 파괴했습니다. 그의 아내 이세벨은 시돈 왕 엣바알의 딸이었습니다. 엣바알은 바알을 섬기는 제사장이며 선대 왕을 암살하고 스스로 왕이 된 인물입니다. 그의 딸 이세벨도 철저한 바알 숭배자였습니다.

아합은 수도 사마리아에 바알의 사당을 지었고 그곳에 바알을 위한 단과 아세라 목상을 만들어 두었습니다. 하나님을 섬겨야 할 이스라엘의 왕이 친히 그곳에서 이방 신을 경배하기도 했습니다. 그전의 왕들은 이렇게까지는 하지 않았습니다. 그러나 아합은 노골적으로 여호와 신앙을 버렸습니다. 배교입니다.

더구나 벧엘 사람 히엘을 통해 무너진 여리고 성을 재건했습니다. 여리고 성 재건이 의미하는 바는 그리 단순하지 않습니다. 여리고 성은 '하나님의 나라는 믿음으로 얻는다'라는 신앙의 도리를 가르치는 징표입니다. 여호수아가 여리고를 함락한 후에 아무도 이 성을 재건하지 말 것을 명했습니다. 누구든지 이 성을 재건하면 기초를 놓을 때에 그의 맏이가 죽고 문을 세울 때에 막내가 죽을 것이라 했습니다(수6:26). 무너진 여리고 성은 이스라엘 역사에서 없어서는 안 될 중요한 유물입니다.

이스라엘의 모든 백성들은 무너진 여리고를 보면서 하나님 나라의 도리를 배웠습니다. 그런데 아합은 바로 이 믿음의 도리를 자기 왕국에서 제거하고 있는 것입니다. 이것은 참으로 엄청난 사건입니다. 마치 교회에서 '더 이상 믿음으로 구원 얻는다는 도리를 가르치지 말라'고 강요하는 것과 같습니다.

경고와 말씀이 사라진 왕국

엘리야의 등장은 하나님의 마지막 경고처럼 보입니다. 하나님께서는 하나님의 왕국으로서의 기능을 상실한 이스라엘을 심판하기로 작정하셨습니다. 엘리야는 아합을 찾아갔습니다. 그리고 하나님의 언약의 저주를 선포했습니다. "내 말이 없으면 수년 동안 우로가 있지 아니하리라"(왕상17:1).

그 뒤, 하나님께서는 엘리야를 그릿 시냇가로 보내셨습니다. 그곳에서 까마귀들을 통해 엘리야에게 양식을 제공하셨습니다. 하지만 우로가 없으니 그곳의 물도 말랐습니다. 엘리야는 이방 나라인 시돈에 속한 사르밧으로 갔습니다. 그곳에서 한 과부로부터 공궤 받습니다.

선지자가 하나님의 왕국을 떠났습니다. 이것이야말로 가장 슬픈 일입니다. 선지자의 떠남은 하나님의 말씀이 사라졌음을 의미합니다. 교회에서 말씀이 사라지면 그 교회는 망합니다.

더구나 엘리야가 머문 곳은 시돈 땅입니다. 이세벨의 고향입니다. 하나님께서는 자신의 왕국을 이방 국가처럼 만들어 버린 악한 사상의 발원지에 당신의 사자를 보내셨습니다. 그리고 그곳에서 왕후가 아닌 과부를 통해 기적을 일으키셨습니다.

비는 하나님의 왕국 안에서 생명과도 같습니다. 비가 오지 않으면 하나님의 백성들은 고통의 시간을 보낼 수밖에 없습니다. 그러나 시돈의 사르밧 과부에게는 비가 올 때까지 통의 가루와 병의 기름이 없어지지 않으리라는 약속이 주어집니다(왕상17:14).

비가 오지 않는 기간이 한 쪽에는 심판이지만 다른 한 쪽에는 은혜와 축복입니다. 우리는 약속의 땅에 사는 하나님의 백성들과 이방 땅에 사는 한 과부의 가정을 비교해봄으로써 진정한 축복의 왕국이 어디인지 판단하는 기준을 명확하게 깨닫게 됩니다.

갈멜 산의 하나님

3년이 지났습니다. 엘리야는 오바댜를 통해 아합 왕에게 갈멜 산에서 만날 것을 제안했습니다. 엘리야의 제안대로 아합은 450명의 바알 선지자들과 함께 갈멜 산에 왔습니다. 송아지 두 마리를 잡아 각을 떠서 나무 위에 놓고, 이 제물에 불로 응답하는 신이 참 신임을 확인하자고 제안했습니다.

바알 선지자들이 먼저 그들의 신을 불렀습니다. 하루가 다 지났습니다. 바알 선지자들은 칼과 창으로 자신의 몸을 해하면서까지 그들의 신을 불렀습니다. 그러나 대답이 없었습니다. 지중해에서 불어오는 바람조차 고요했습니다. 해가 저물어 갔습니다.

이번에는 엘리야 차례입니다. 송아지를 잡아 각을 떠서 나무 위에 올렸습니다. 큰 통 네 개에 물을 담아 번제물과 나무 위에 부었습니다. 다섯 번을 반복했습니다. 엘리야는 기도했습니다. 언약의 하나님을 불렀습니다.

아브라함, 이삭, 이스라엘의 하나님께서는 언약의 하나님이십니다. 여호와가 참 이스라엘의 하나님이심을 온 백성들로 알게 해 달라고 청했습니다. 자신이 하나님의 말씀대로 이 모든 것을 행하고 있다는 사실을 백성들이 깨닫게 해 달라고 기도했습니다. 그리고 하나님께서는 불로 응답하셨습니다(왕상18:33~38). 그날, 바알 선지자 450명은 기손 시내에서 죽임을 당했습니다. 이윽고 비가 내렸습니다.

중단할 수 없는 전투

아합은 이 모든 것들을 이세벨에게 알렸습니다. 이세벨은 사자를 보내 엘리야에게 그를 죽이겠다는 말을 전합니다. 엘리야는 절망했습니다. 성경은 "저가 이 형편을 보고 일어나 그 생명을 위하여 도망하여"(왕상19:3)라고 했습니다.

그러나 여기 '도망하여'라는 표현은 정확한 번역이 아닙니다. 그냥 '갔다'라는 번역이 원문의 의미를 더 정확하게 전달합니다. 엘리야는 무엇을 보았습니까? 그는 왕과 그 백성들이 불로써 응답하신 여호와를 목격하고 언약의 하나님께 대한 신앙을 회복할 줄로 알았습니다. 그러나 거룩한 나라의 통치자 아합 왕은 아무런 변화를 보이지 않았습니다. 직분자의 변화가 없으니 무슨 변화를 더 기대하겠습니까?

엘리야는 모든 것이 끝났다고 생각했습니다. 이 백성은 이제 돌이킬 수 없는 배교한 백성이 되었다고 생각했습니다. 이들은 이제 하나님의 진노의 대상일 뿐이며, 생명의 길은 사라졌다고 생각했습니다. 하나님의 백성들이 이렇게 허망하게 여호와 신앙을 버린 것이 믿어지지 않았습니다.

그 백성들을 언약의 저주에서 복으로 돌이킬 소망은 완전히 사라졌습니다. 엘리야는 바로 이 소망이 사라졌음을 직감적으로 알았습니다. 그리하여 자신의 사명이 완전히 끝났으니 그가 선택할 수 있는 길은 오직 한 가지, 하나님의 곁으로 가는 것이었습니다. 그는 광야로 갔고 로뎀나무 아래 누워 죽기를 기다렸습니다.

그러나 하나님께서는 죽기를 자처하는 엘리야에게 양식을 주십니다. 천사가 어루만지며 먹을 것을 권합니다. 먹고 마시며 힘을 얻은 엘리야는 하나님의 인도하심을 따라 40일을 걸어 하나님의 산 호렙에 도착합니다.[91]

하나님께서는 엘리야에게 양식을 주셨습니다. '내가 끝내지 않은 전쟁을 네가 왜 중단하려느냐! 내가 포기하지 않은 백성들을 너는

---

91) 호렙은 모세가 하나님의 법을 받은 곳입니다. 그곳은 하나님께서 이스라엘이 제사장 나라와 거룩한 백성이 될 것임을 선포하신 장소입니다. 엘리야가 호렙에 이른 것은 모세가 받았던 것과 같은 것을 받기 위함이었습니다. 모세는 호렙에서 이스라엘의 정체성을 확고하게 했습니다. 엘리야 역시 이곳에서 이스라엘의 미래에 대한 하나님의 음성을 듣습니다. 동시에 엘리야의 모습을 통해 그리스도의 사역을 그림자로 봅니다. 예수님께서는 산에서 산상보훈을 말씀하셨습니다. 비록 동일한 산은 아니지만, 그 형태에 있어서는 동일합니다. 모세가 산에서 하나님의 법을 받은 것처럼, 엘리야가 산에서 7천 명의 숨겨둔 백성들을 위해 두 왕과 한 선지자를 세우라는 명령을 받아 그 백성들의 생명을 보존하며 인도한 것처럼, 예수님께서도 산에서 말씀하셨습니다. 구약성경에서는 두 중보자를 통하여 말씀하셨지만 이제 신약에서는 하나님께서 친히 육체를 입으시고 그 백성들에게 직접 말씀하십니다. 그러므로 산상보훈은 모세가 받은 언약백성의 정체성과 그 정체성을 이루는 방편으로서의 율법 그리고 성막을 제공한 것과 같은 의미가 있습니다. 산상보훈은 하늘 백성의 정체성과 그 정체성을 땅 위에서 드러내는 원리를 제공합니다. 더 나아가, 엘리야가 남겨진 백성들의 생명과 삶을 보존하고 인도하기 위해 사명을 부여받은 것처럼, 예수님께서도 산상보훈을 통해 신실한 남은 자들의 생명과 삶이 어떻게 보존되며 영생의 길로 어떻게 인도될 것인지를 가르치셨습니다.

왜 포기하려 하느냐!' 진실로 그러합니다. 하나님께서 포기하지 않으신 것을 우리도 포기할 수 없습니다. 교회 개혁은 그런 것입니다.

호렙 산에서 하나님께서는 엘리야에게 새로운 사실과 사명을 주십니다. 하사엘에게 기름을 부어 아람 왕으로 삼고 예후에게 기름을 부어 이스라엘 왕이 되게 하고 엘리사에게 기름을 부어 엘리야를 대신하여 선지자가 되게 하라고 하셨습니다(왕상19:15~16). 그러면서 이스라엘 가운데 바알에게 무릎 꿇지 않은 7천 명이 있다고 말씀하십니다.[92] 자신만 남았다고 항변하던 엘리야의 귀에 이 말씀은 경이롭게 들렸을 것입니다.

모든 것이 끝났다고 생각하는 바로 그 순간, 하나님께서는 직분자들을 세우라 말씀하십니다. 직분의 회복은 교회의 회복으로 연결됩니다. 직분의 회복은 신실한 남은 자들의 생명을 보존하며 그들이 달려가야 할 길을 제시합니다. 배교의 시대에도 하나님께서는 구원의 빛을 거두지 않으십니다. "하나님은 우리를 긍휼히 여기사 복을 주시고 그 얼굴 빛으로 우리에게 비취사 주의 도를 땅 위에, 주의 구원을 만방 중에 알리소서"(시67:1~2).

아합 왕가의 몰락과 엘리사의 사역

하나님께서는 아합에게 많은 징조를 보이셨습니다(왕상20~22장). 그

---

92) 이스라엘에 3년 6개월 동안 우로가 없었습니다. 바알에게 무릎 꿇지 않은 7천 명은 이 기간에 어디에 있었을까요? 이 경건한 백성들은 분명히 가뭄이 언약의 저주임을 잘 알았을 것입니다. 그들은 그 가뭄의 저주를 기꺼이 받았습니다. 그리고 그 나라의 회복을 위하여 기도하며 기다렸을 것입니다. 우리는 이들이 아합 정부를 향하여 결별 선언을 한다거나 어떤 물리적 힘을 사용하여 쿠데타를 일으키려 하는 것을 보지 못합니다. 오히려 아합 정부를 지지하는 여러 이웃들로부터 멸시와 천대를 받으며 묵묵히 약속의 하나님을 바라보며 살았을 것으로 이해합니다.

러나 그는 여전히 하나님의 말씀에 순종하지 않았습니다. 아람과의 전투에서 변장을 하여 자신의 신분을 숨겼지만 하나님께서는 그를 죽이셨습니다.

아합의 아들 아하시야가 왕이 되어 2년을 다스렸습니다. 아하시야 역시 그 아비의 길과 어미의 길과 여로보암의 길로 행하였습니다. 아하시야는 난간에서 떨어져 앓다가 죽었습니다. 그에게는 아들이 없었기에 형제인 여호람이 왕이 되었습니다. 여호람은 12년 동안 왕 위에 있었습니다. 그는 일시적으로 바알의 주상을 제하기는 했지만 여전히 여로보암의 길로 행한 왕이었습니다. 모압을 제거한 것이 그의 공적으로 남습니다(왕하3:1~27).

여호람이 이스라엘 왕위에 있는 동안 선지자 엘리사의 사역이 시작되었습니다. 엘리사는 선지생도를 훈련시키고 신실한 남은 백성들을 위로하고 보존하는 사역을 감당했습니다. 또한 아람의 군대장관 나아만을 치료한 사건을 통해, 하나님 나라의 본 백성들이 말씀을 받지 않는다면 이방인들이 도리어 구원을 받는다는 것도 보여주었습니다.

그리고 자신을 잡기 위해 도단 성을 에워싼 아람 군대의 눈을 어둡게 하고 사마리아로 인도하여 포로가 되게 했다가 살려줌으로써 선으로 악을 이기는 하늘의 원리를 선포하기도 했습니다.

예후 왕조에 잔존한 여로보암의 행적

하나님의 말씀대로 예후가 이스라엘의 왕이 되었습니다. 예후의 편지로 인해 사마리아에 있는 아합의 왕자 70명은 장로들과 왕자들을 교육하는 자들에 의해 무참히 살해 되었습니다(왕하10:1~7). 또한 예후는 바알을 위해 대회를 연다는 거짓말로 바알 선지자들을 불러 모아 모두 죽였습니다.

그리고 그는 바알의 당을 제거하여 변소로 만들고 바알의 목상을 불살랐습니다(왕하10:26~27). 예후 왕조(예후, 여호아하스, 요아스, 여로보암 2세, 스가랴)는 약 100년 동안 이스라엘을 다스렸습니다. 이렇게 예후가 바알 산당을 제거하는 일에 앞장서기는 했지만 그도 여전히 여로보암의 행적을 따라갔습니다(왕하10:31).

예후의 아들 여호아하스가 왕이 되었지만 그 역시 사마리아에 아세라 목상을 그대로 두었습니다. 하지만 아람의 핍박으로부터는 약간 해방될 수 있었습니다. 성경은 "여호와께서 이에 구원자를 이스라엘에게 주시매"(왕하13:5)라고 했습니다.

예후 왕조에서 가장 번영을 이룬 왕은 여로보암 2세입니다. 그는 41년을 다스렸고 다윗과 솔로몬 시대의 영토를 얼마만큼 회복하였습니다(왕하14:25). 그래서 이스라엘 백성들은 여로보암 2세의 통치시기를 제2의 전성기라고 하였습니다. 그러나 영적으로는 그도 여전히 여로보암의 길로 행한 사람이었습니다. 여로보암 2세의 시대에 활동한 선지자로는 요나, 아모스, 호세아가 있습니다.

예후 왕조 이후, 살룸, 므나헴, 브가히야, 베가, 호세아로 이어지는 왕들의 행적은 쇠퇴해 가는 왕국의 전형적인 모습을 보여줍니다. 북이스라엘은 주전 931년부터 722년까지 약 200년 동안 지속되었습니다.

19명의 왕들이 등장했다가 사라졌고 아홉 왕조가 이어졌으나 끝내 앗수르에 의해 멸망당했습니다. 북이스라엘의 왕들은 여로보암의 행적과 같은 길을 갔습니다. 이방 국가의 공격은 언약의 저주입니다

(신28:25~26). 북이스라엘은 하나님께서 이스라엘 왕국을 분열시키시며 주셨던 사명을 단 한 번도 제대로 감당한 적이 없었습니다. 하나님께서는 오래 인내하셨습니다.

유다 왕국

우리는 이제 유다 왕국을 살피려 합니다. 유다 왕국 역시 열아홉 명의 왕들이 다스렸습니다. 그렇지만 북이스라엘과 같지 않은 것은 하나의 왕조가 이어졌다는 것입니다. 다윗에게 하신 언약이 이루어진 것입니다(삼하7:14~15). 몇몇 중요한 왕들을 중심으로 유다 왕국의 모습을 살피도록 하겠습니다.

남유다는 이스라엘 열두 지파 중 유다 지파와 베냐민 지파로 구성되었습니다. 솔로몬의 아들 르호보암은 선친이 백성들에게 부과한 무거운 짐을 조금도 감할 생각이 없었습니다. 그는 오히려 백성들에게 무거운 세금과 부역을 요구하였습니다. 그러나 그것이 오히려 나머지 열 지파의 마음을 멀어지게 하는 원인이 되었습니다. 하지만 이것은 표면적인 이유였습니다. 왕국의 분열은 솔로몬의 죄악 때문이었습니다(왕상11:10~13).

하나님의 나라가 남유다와 북이스라엘로 나뉜 뒤 약 60년 가까이, 두 나라 사이에는 항상 긴장과 전쟁이 있었습니다. 즉 르호보암(17년), 아비얌(3년), 아사(41년) 왕이 통치하던 시기까지 북 왕국과 대치하는 모습을 보였습니다(왕상15:6~7,16).

어두움의 세력은 칼을 두르고

르호보암은 산당과 우상과 아세라 목상을 세웠고 남색하는 자들을 허락하였습니다(왕상14:23~24). 하나님께서는 르호보암을 치는 막대기로 애굽 왕 시삭을 사용하셨습니다(대하12:5). 시삭은 1,200승의 병거와 6만의 마병과 셀 수 없이 많은 사람들을 데리고 예루살렘을 공격했습니다. 시삭은 왕궁의 보물뿐만 아니라 성전의 보물도 **빼앗아** 갔습니다. 더구나 솔로몬이 만든 금방패도 **빼앗아** 갔습니다.

아비얌 역시 그의 아버지를 따라 하나님 앞에서 온전치 못한 왕이었습니다. 그러나 아비얌을 이어 왕이 된 아사는 남색하는 자들을 쫓아내었고 어머니가 아세라 우상을 만들었다는 이유로 태후의 위를 폐했습니다. 하지만 산당은 없애지 못했습니다.

아사 왕은 유다 왕국을 어느 정도 개혁한 왕이었습니다. 그는 구스왕 세라의 군사 백만과 병거 300승을 여호와 신앙에 의지해 물리쳤습니다. 하지만 북이스라엘 바아사 왕과의 전투에서 교만히 행하다가 선지자 하나니로부터 책망을 들었습니다. 아사는 하나니의 책망이 듣기 싫어 그를 옥에 가두었습니다. 그로 인해 하나님께서는 아사 왕의 발이 병들게 하셨고 그것 때문에 그는 결국 죽게 됩니다(대하16:10,12).

여호사밧은 산당과 아세라 목상을 제거한 왕이었습니다. 그는 항상 하나님께 구하고 행하였습니다. 특히 레위인들과 몇몇 사람들에게 명령을 내려 나라 전역에서 율법을 가르치게 했습니다. 그러나 그는 아합 왕과 사돈 관계를 맺는 큰 실책을 범합니다(대하18:1).

큰 실책은 바로 아합과 이세벨 사이에서 태어난 아달랴를 그의 아들 여호람과 혼인시킨 것입니다. 이 혼인으로 말미암아 유다는 하나님을 섬기는 신앙에서 급격하게 떠나게 됩니다. 한 번의 잘못된 혼사가 온 나라를 악의 구렁텅이로 몰아넣을 수 있다는 사실을 우리는 꼭 기억해야 할 것입니다.

아합의 핏줄이 유다 왕조에 폭풍을 일으키다

여호람은 왕이 되자 동생들과 관료 몇을 죽였습니다. 그가 북이스라엘의 가장 악한 왕인 아합의 길을 따라 행한 것은 순전히 그의 아내 아달랴 때문이었습니다(대하21:6). 그는 유다 지역의 여러 산에 산당을 만들어 백성들이 음란하게 우상을 섬기게 했습니다(대하21:11). 하나님께서는 블레셋과 아라비아 사람들을 사용하셔서 여호람으로 하여금 왕궁의 재물과 아내들과 아들들을 모두 **빼앗기는** 수모를 겪게 하셨습니다. 그는 결국 하나님의 징계를 받아 창자에 병이 들어 죽게 되었고 이러한 혼란 가운데서 막내아들인 여호아하스(아하시야)만 살아남았습니다.

아하시야는 왕이 되었지만 1년을 채 왕위에 있지 못했습니다. 외삼촌 요람의 병문안을 갔다가 아합 집안을 심판하던 예후에 의해 죽게 되었습니다. 아하시야가 죽자 그의 어머니이자 아합의 딸인 아달랴는 왕의 대를 이을 자신의 손자들을 모조리 죽였습니다. 아! 사단의 세력의 무서움이여! 하늘 왕국의 직분자의 씨를 말리려는 비열한 사단의 계략을 보십시오.

그러나 하나님께서는 아하시야의 누이요, 제사장의 아내인 여호사브앗을 통해 한 명의 아들 요아스를 구출했습니다. 요아스는 6년 동안 성전에서 숨어 자랐습니다. 요아스는 7살이 될 때 제사장 여호야다의 주도하에 왕으로 기름 부음 받았습니다. 아달랴는 반역이 일어난 것을 알았지만 때는 이미 늦었습니다. 그녀는 왕궁의 마문 어귀에서 죽었습니다(대하23:15).

실로 하나님께서는 다윗에게 하신 약속을 신실하게 지키셨습니다. 한 등불이 항상 내 앞에 있게 하겠다는 하나님의 약속이 이루어졌습니다(왕상11:36). 사단은 하나님의 왕궁 깊숙이 들어와 왕권마저 빼앗았습니다. 그러나 하나님의 약속을 멈추게 할 수는 없었습니다. 하나님의 열심은 참으로 인간의 상상을 초월합니다. 여호와의 일하심이 우리를 더욱 겸손케 하며 찬양케 합니다.

결국 요아스는 7살에 왕위에 오릅니다. 그는 아달랴가 왕국 안으로 가져온 우상들을 제거하고 손상된 하나님의 성전을 수리했습니다. 그러나 요아스도 죄 많은 인간에 불과했습니다. 제사장 여호야다가 죽자 요아스는 아세라와 우상을 섬기는 쪽으로 방향을 바꿨습니다. 그가 그렇게 한 것은 고위관료들의 압력과 설득 때문이었습니다(대하24:17~18).

아마샤, 웃시야, 요담, 아하스

요아스의 뒤를 이은 아마샤도 비교적 경건한 왕이었습니다. 그는 여호와 보시기에 정직히 행했습니다. 그러나 온전한 마음으로는 행치 않았습니다(대하25:2). 에돔 족속을 멸하기는 했지만 그들이 섬기는 우상을 가져와 경배하고 분향했습니다. 이로 인해 하나님께서는 아마샤에게 진노하셨습니다. 결국 그는 북이스라엘과의 전투에서 비참하게 패하고 포로로 잡혀갔습니다.

아마샤의 뒤를 이은 웃시야도 여호와께서 보시기에 정직히 행했습니다(대하26:4). 그러나 제사장만이 분향할 수 있는 것을 알면서도 자신이 분향하려다가 문둥병에 걸려 남은 생을 별궁에서 홀로 보냈습니다. 그의 아들 요담이 그를 대신해서 왕으로 봉사했습니다.

요담 왕의 통치 시기에는 왕과 백성의 행적이 사뭇 다르다는 특징이 있습니다. 왕은 여호와께서 보시기에 정직하게 행했지만 백성들은 사악하게 행했습니다(대하27:2). 요담은 성을 건축하고 견고한 망대와 영채를 건축하기도 했습니다. 그의 치세 시기에는 나라가 점점 강해져 갔습니다.

다음 왕인 아하스는 선대 왕들이 걸어온 길과는 다른 방향으로 나아갔습니다. 그는 북이스라엘의 모습을 모방했습니다. 바알 우상을 만들어 섬겼고 힌놈의 골짜기에서 우상에게 분향하기도 했습니다. 심지어 자녀를 불살라 희생제를 드리기도 했습니다. 게다가 다메섹에서 우상의 제단을 보고 그것이 보기에 좋다고 하여 하나님의 전을 다메섹 우상의 전과 같이 변개시키기도 했습니다. 이것은 참다운 예배를 거짓 예배로 바꾸는 것과 같습니다.

또한 그는 하나님을 의지하지 않고 친(親) 앗수르 정책을 펴서 세상의 힘을 의지하는 비신앙적인 모습을 보였습니다. 그러자 하나님께서는 징벌을 내리셔서 이스라엘 왕 베가와 다메섹 왕 르신에 의해 유다 군사 12만 명이 죽게 하시고 백성 20만 명이 포로로 잡혀가게 하셨습니다.

위대한 개혁자, 히스기야와 요시야

우리는 이제 위대한 종교개혁자 두 사람을 만납니다. 그들은 바로 히스기야와 요시야입니다. 히스기야와 요시야 사이에는 므낫세와 아몬 왕이 있습니다. 통치기간을 따지면 히스기야와 요시야의 통치기간과 므낫세와 아몬의 통치기간이 비슷합니다. 두 사람의 개혁자 사이에서 남유다를 통치한 므낫세와 아몬은 유다 왕국이 멸망에 이

르도록 하는 결정적인 원인을 제공합니다. 히스기야의 종교개혁은 유다 왕국이 새롭게 일어날 수 있는 기회였습니다. 그러나 므낫세와 아몬의 통치로 인해 그 희망이 사라진 것입니다. 다시 요시야의 통치를 통해 유다 왕국의 부흥을 소망합니다. 그러나 안타깝게도 역부족이었습니다. 우리는 이제 히스기야와 요시야의 개혁 운동을 살피면서 교회 개혁의 원리를 배우려고 합니다.

히스기야는 산당을 없애고 주상을 깨뜨리며 아세라 목상을 제거하였습니다. 그는 유다 왕국의 역사에서 그와 같은 왕이 없었다는 평가를 얻습니다(왕하18:5). 퇴락하고 변질된 하나님의 전을 레위인들에게 수리하라고 명했습니다. 레위인들은 16일 동안 하나님의 전을 수리하고 청소했습니다(대하29:17).

모든 것이 준비되자 히스기야는 속죄 제사를 드리고 다윗이 만든 찬양대를 부활시켜 번제를 드릴 때에 제금과 비파와 수금과 나팔로 연주케 했습니다. 레위인들은 아삽의 시로 하나님을 찬양했습니다. 온 백성 가운데 기쁨과 환희가 넘쳤습니다.

성전 청소와 몇 가지 제사로 1월을 보냈기에 2월에 유월절을 지켰습니다. 그는 북이스라엘 땅에 보발꾼을 보내어 함께 유월절을 지킬 사람들을 초청했습니다. 대부분의 북이스라엘 사람들은 이를 조롱하였습니다. 그러나 아셀과 므낫세와 스불론 지파 중에서 몇 사람이 스스로 겸손케 하며 예루살렘으로 왔습니다.

그리하여 모든 하나님의 백성들이 2월 14일에 유월절을 지켰습니다. 그리고 7일 동안 무교절을 지켰습니다. 백성들은 주체할 수 없는 기쁨에 사로잡혔습니다. 그리하여 7일을 더 지키기로 결정하고 즐거이 절기를 지켰습니다. 이스라엘에 왕이 생긴 이래로 예루살렘에 이러한 기쁨이 없었습니다. 제사장들과 레위인들이 백성들을 위해 축복했습니다. 그 기도가 하늘에 상달되었습니다(대하30:26~27).

백성들이 각기 처소로 흩어졌습니다. 예루살렘 제사에 참여한 백성들은 자신이 속한 유다 여러 성읍에서 주상과 아세라 목상을 깨뜨리고 유다와 베냐민, 에브라임과 므낫세 지역의 산당과 단을 제거했습니다.

히스기야도 레위인들에게 차례를 정하여 규례를 따라 제사를 드리게 했습니다. 동시에 예루살렘 백성들로 하여금 레위인들에게 마땅히 주어야 할 몫을 성전에 바치게 했습니다. 백성들은 왕의 명령에 기쁨으로 복종하면서 십일조를 바쳤습니다. 십일조가 얼마나 많았던지 5개월 동안 정리해야 할 정도였습니다.

말씀 앞에 마음을 찢은 왕, 요시야

요시야 역시 위대한 왕이었습니다. 그는 여덟 살의 어린 나이에 왕위에 등극했습니다. 그럼에도 이 어린 왕은 하나님 앞에 정직했습니다. 그는 16세 때에 다윗의 하나님을 구하기 시작했습니다. 다윗의 하나님을 찾기 시작했다는 것은 다윗에게 언약하신 바로 그 하나님을 앙망했다는 것입니다. 20세 때는 예루살렘에서 우상을 제거하기 시작했습니다. 요시야의 행적은 하나님을 알아가는 과정과 그 하나님을 따라 살아가는 삶이 어떠한지를 보여주는 전형입니다.

그의 나이 26세 때에 하나님의 전에서 율법책이 발견됩니다. 성전을 수리하던 중 대제사장 힐기야가 이 책을 발견하였고 서기관 사반이 왕 앞에서 낭독했습니다. 요시야는 사반이 읽는 말씀을 듣고 자기 옷을 찢었습니다(대하34:19). 왕은 유다와 예루살렘의 모든 장로들을 불러 하나님의 전에서 이 율법책의 내용을 듣게 했습니다. 요시야 스스로도 하나님께 서원하며 말씀대로 행할 것이라 맹세했습니다.

또한 그는 유다 지역의 모든 우상들을 제거했습니다. 예루살렘 성전에 있었던 우상들을 없앨 뿐만 아니라 힌놈의 골짜기에서 자녀를 몰렉에게 바치는 것도 금지시켰습니다. 유다 왕들이 태양신에게 바쳤던 말 신상도 제거했습니다. 솔로몬의 아내들이 가져온 신상들도 모두 정리했습니다. 게다가 그 옛날 여로보암이 벧엘에 만든 단과 산당을 제거하기도 했습니다. 요시야만큼 개혁에 철저한 왕은 없었습니다.

히스기야와 요시야의 개혁을 보면서 우리의 얼굴에는 웃음과 눈물이 교차합니다. 웃음은 즐거움 때문이며 눈물은 감격 때문입니다. 두 사람의 개혁에는 공통점이 있습니다. 우상의 제거와 절기의 회복입니다. 동시에 하나님의 말씀이 권위를 회복한 것입니다.

오늘날 교회 개혁을 부르짖는 이들이 많습니다. 그러나 무엇을 어떻게 개혁할 것인가에 대한 구체적 대안은 좀처럼 논의되지 못합니다. 우리는 히스기야와 요시야를 통하여 교회 개혁의 실질(實質)을 봅니다. 교회 개혁은 먼저 말씀의 회복이어야 합니다. 이어서 예배가 회복되어야 합니다. 구약백성들의 절기와 제사는 오늘날의 예배와 매우 긴밀하게 연결됩니다. 이러한 구약교회의 개혁은 하나님의 은혜로 충만한 왕의 등장을 통해 이루어졌습니다. 즉 직분자의 출현입니다.[93]

---

93) 필자는 이러한 측면에서 신학교육의 점검을 주장합니다. 우리의 신학교육을 통해

므낫세의 죄악과 유다의 멸망

히스기야 다음의 왕은 므낫세입니다. 그는 유다 왕들 중에 가장 오랫동안 왕위에 있었습니다(55년). 므낫세는 히스기야의 개혁을 무색하게 할 만큼 다시 여로보암의 길로 행한 왕이었습니다. 그는 히스기야가 헐어버린 산당을 다시 세우고 아합을 따라 바알과 아세라 목상을 만들며 일월성신을 숭배했습니다. 신접한 자와 박수를 신임했습니다.

하나님께서는 결국 그를 앗수르의 포로가 되게 하셨습니다. 물론, 후에 다시 유다로 돌아오기는 했지만 여전히 악한 왕의 자리를 벗어나지 못했습니다. 아몬 역시 그의 아버지 므낫세와 동일한 길을 걸어갔습니다. 요시야의 개혁 뒤에 유다 왕국은 약 20년간 존속했지만 결국 바벨론에 의해 포로가 되는 형벌을 받게 됩니다. 남유다는 주전 931년부터 586년까지 345년 동안 존속했습니다.

북이스라엘과 남유다 모두 하나님의 나라로서의 사명을 온전히 감당하지 못했습니다. 그들은 '제사장 나라, 거룩한 백성'으로서 정당

과연 개혁신학에 충실한 진정한 목회자가 양성되고 있는지 돌아봐야 합니다. 신학교가 단순히 목회자가 되기 위한 통과의례 정도로 인식되고 있지는 않은지 철저하게 점검해야 합니다. 신학교 졸업을 목사 자격증을 취득하는 것으로 생각한다면 이는 무척 심각한 일입니다. 또한, 신학교육은 목회 현장과 단절되어서는 안 됩니다. 이는 목회 현장에 필요한 사람이 배출되어야 함을 의미이기도 하지만 무엇보다도 신학교육에 의해 목회 현장이 재정립되어야 함을 강조하는 말입니다. 신학과 목회 현장이 분리될 수 있다는 발상이야말로 가장 위험한 것입니다. 신학교에서 개혁주의 신학을 배웠다면 목회 현장에서 개혁주의 목회를 해야 합니다. 신학교에서 개혁신학을 배웠음에도 불구하고 목회 현장에서 개혁신앙과 동떨어진 프로그램 중심의 목회를 한다는 것은 교회 타락의 단적인 증거입니다. 개혁신학을 배운 수많은 목사들이 왜 셀(cell) 교회 운동, 신사도 운동, 내적 치유, 심지어 은사 운동에 심취하고 있습니까? 다시 한 번 개혁이 일어나야 합니다. 히스기야와 요시야의 개혁 운동을 간절히 사모하는 성도들과 목회자들의 등장을 소망합니다.

한 모습을 보이지 못했습니다. 오히려 분열과 아픔의 역사를 간직하게 되었습니다. 그럼에도 불구하고 하나님께서는 그들을 사랑하셨습니다. 온전한 왕과 하나님 나라의 등장을 예언하게 하심으로 그분의 사랑을 증거하셨습니다. 우리들은 선지자들의 울부짖음을 통해 하나님의 크신 사랑을 발견합니다.

요약과 질문

1. 북이스라엘의 왕들의 이름을 차례대로 말해봅시다.

2. 남유다의 왕들의 이름을 차례대로 말해봅시다.

3. 아합의 범죄를 나열해 봅시다.

4. 엘리야가 시돈의 사르밧으로 떠난 것은 어떤 의미가 있습니까?

5. 엘리야가 갈멜 산에서 드린 기도에 하나님께서 응답하셨습니다. 엘리야는 무엇을 위해 기도했습니까?

6. 아합은 갈멜 산에서 역사하신 여호와를 목격하고서도 아무런 변화를 보이지 않았습니다. 이러한 아합을 본 엘리야가 광야로 갔던 이유는 무엇입니까?

7. 모세, 엘리야, 예수님과 관련하여 호렙 산의 구속사적 의미를 설명해 봅시다.

8. 엘리사의 사역을 요약해보고 그 의미를 설명해 봅시다.

9. 다음 (   ) 안에 들어갈 알맞은 말은 무엇입니까?

   북이스라엘의 왕들은 (   )의 행적과 같은 길을 갑니다.

10. 아합의 딸 아달랴가 유다 왕국에 저지른 일이 무엇인지 말해보고 그 의미를 설명해 봅시다.

11. 히스기야가 주도한 개혁의 내용을 요약해 봅시다.

12. 남유다의 두 개혁자 히스기야와 요시야의 개혁은 어떤 공통점이 있으며 이를 통해 알 수 있는 교회 개혁의 원리는 무엇입니까?

제15장

선지자들의 외침과 포로귀환

선지자들의 메시지 | 주전 9세기 선지자: 오바댜,
요엘 | 주전 8세기 선지자: 아모스, 호세아, 요나,
미가, 이사야 | 주전 7세기 선지자: 나훔, 스바냐,
하박국, 예레미야 | 포로기 선지자: 에스겔, 다니엘
| 포로귀환과 성전 재건: 에스라, 느헤미야,
에스더, 학개, 스가랴

제15장
선지자들의 외침과 포로귀환

선지자들의 메시지

우리는 이 책에서 선지자들의 메시지를 모두 살필 수는 없습니다. 그것은 이 책의 목적에도 맞지 않습니다. 우리는 선지자들의 메시지 중 구약성경의 흐름과 관계된 몇 가지만을 살피려 합니다. 흔히 선지서를 대선지서와 소선지서로 구분합니다. 그러나 우리는 시대를 따라 선지서들을 살필 것입니다. 왜냐하면, 주전 8세기 선지자와 4세기 선지자는 왕국의 모습과 관련하여 전혀 다른 메시지를 전하기 때문입니다.

북이스라엘과 남유다의 멸망은 어느 날 갑자기 이루어지지 않았습니다. 한 왕국의 멸망은 서서히 이루어지는 것이 일반적입니다. 북이스라엘과 남유다에게는 동일한 사명이 있었습니다. 두 왕국의 사명은 하나님 나라의 모습을 이방 가운데 온전히 드러내는 것이며 나아가 이방 나라들을 복음화하는 것이었습니다.

이러한 사명을 완수하도록 두 왕국에 직분자들을 허락하셨습니다.

제사장, 왕, 선지자들입니다. 그러나 제사장의 타락에 이어 왕이 타락하자 결국 왕국은 멸망과 포로생활로 끝을 맺고 맙니다. 이러한 상황 속에서 선지자들은 왕과 백성들에게 하나님의 뜻을 전달했습니다.

두 왕국은 제사장 나라로서의 특권과 사명을 온전히 이루어야 했습니다. 그러나 현실은 그렇지 못했습니다. 선지자들은 하나님을 대신하여 경고와 분노, 위로와 애달픔, 인내와 사랑을 선언했습니다. 그들은 여호와의 회의에 참예한 자들이었습니다(렘23:22).[94] 그러므로 선지자들의 외침은 대부분 비슷한 내용이었습니다.

북이스라엘과 남유다는 제사장 나라로서 율법의 요약인 하나님 사랑과 이웃 사랑을 실천해야 합니다. 동시에 성전을 통해 대속의 도리를 배우며 제사장들의 가르침에 순종해야 합니다. 하지만 하나님을 사랑하는 대신에 우상을 섬기고 이웃 사랑을 위한 공평과 정의 대신에 핍박과 강포가 넘쳐났습니다. 성전은 대속의 도리를 배우는 곳에서 자신의 의를 드러내는 공간으로 바뀌었고, 백성들은 제사장의 가르침을 잊었습니다. 그 결과 왕국의 멸망이 찾아왔습니다. 이러한 시대적 배경 속에서 선지자들이 하나님으로부터 말씀을 받아

---

94) 선지자에 대한 직접적인 언급은 구약의 아브라함으로부터 출발합니다(창20:7). 하나님께서는 자신의 뜻을 아브라함에게 알려 주셨습니다(창18:17). 선지자는 여호와의 회의에 참예하여 크고 놀라운 비밀을 깨달은 자들입니다. 그래서 선지자는 주님의 말을 그 입에 담은 사람들입니다(신18:18). 뿐만 아니라 하나님께서는 아브라함을 자신의 벗이라 하셨습니다(사41:8). 예수님께서도 제자들을 향하여 자신의 친구라 하셨습니다(요15:15). 그러므로 '친구'는 왕의 회의에 참여하여 왕이 하고자 하는 일들을 함께 의논하며 때로는 집행하기도 하는 사람들을 가리킵니다. 구약성경에서 왕의 친구들은 바로 모사입니다. 이렇듯, '선지자'와 '친구'는 동일한 의미를 지닙니다. 실제로 아브라함은 선지자인 동시에 하나님의 친구로서 하나님께서 행하시고자 하는 일들을 미리 알았습니다. 예수님의 제자들도 예수님과의 관계가 종에서 친구로 바뀌면서, 예수님으로부터 하늘 아버지의 비밀을 모두 알게 되었습니다(요15:15).

외쳤으니 대부분 비슷한 내용일 수밖에 없습니다. 그렇지만 자세히 살펴보면 각 선지자들마다 강조하는 바는 조금씩 다르다는 것을 알게 됩니다.

주전 9세기 선지자: 오바댜, 요엘

오바댜가 주전 9세기의 선지자인지 6세기의 선지자인지 정확하지 않습니다. 편의상 주전 9세기 선지자로 이해하고 내용을 살펴겠습니다. 구약성경에서 단 하나의 장으로 구성된 유일한 책이 바로 오바댜서입니다. 오바댜서는 에서의 후예인 에돔 족속에 대한 하나님의 심판을 다루고 있습니다.

"큰 자는 어린 자를 섬기리라"라는(창25:23) 말씀에서 알 수 있듯이 에서의 삶은 동생 야곱에게 종속되었습니다. 그러나 에서는 야곱의 집을 떠났고(창36:6), 약 400년이 지난 후 에돔 족속은 출애굽 하여 가나안에 가기 위해 그들의 땅을 지나도록 허락해달라는 이스라엘의 요청을 거절합니다(민20:17~21). 그럼에도 불구하고 하나님께서는 이스라엘에게 에돔 족속을 미워하지 말라 하셨습니다. 더욱이 그들은 여호와의 총회에 들어올 수 있다고 하셨습니다. 그들은 이스라엘과 형제였기 때문입니다. 하지만 에돔 사람 도엑이 사울 왕의 명령을 따라 제사장들을 죽이는 사건으로 인해 에돔 족속의 죄악된 속성이 적나라하게 드러났습니다(삼상22:18).

다윗은 염곡에서 1만 8,000명의 에돔 사람을 죽이고 그 족속을 속국으로 만들었습니다. 그러다가 남유다 5대 왕인 여호람의 통치 시기에 에돔은 독립을 쟁취했고 11대 왕인 아하스 왕 때에는 강성하여졌습니다. 이들은 교만하였으며 자신들에게 주어진 구원의 길을 버리고 형제인 이스라엘 족속에게 포악하게 행했습니다. 하나님께서 이스라엘을 심판하는 막대기의 기능을 부여하지 않으셨음에도 불구하고 그들은 이스라엘을 괴롭게 했던 것입니다. 이 일로 그들은 하나님의 심판을 받습니다. 에돔 족속의 이러한 결말은 하나님의 선택과도 관련이 있습니다. 하나님께서 야곱은 사랑하시고 에서는 미워하셨습니다(롬9:13).

요엘서의 기록연대에 대해서는 두 견해가 있습니다. 요아스 왕의 통치기 또는 바벨론 포로기 이후로 보는 것입니다. 어느 것이 더 정확한지 알기 어렵지만 이 예언서가 전하고자 하는 메시지는 매우 강렬합니다. 심판(욜1:1~2:17)과 축복(욜2:18~3:21)입니다.

여호와의 크고 두려운 날은 하나님의 축복으로 종결됩니다. 특히 성령님의 오심에 대한 예언은 심판의 목적이 무엇인지 분명하게 가르칩니다. 하나님의 심판은 심판 자체가 목적이 아닙니다. 여호와의 이름을 부르는 자로 구원을 얻게 하는 것이 목적입니다. 그러므로 하나님의 왕국 백성들이 말씀을 떠나 우상숭배와 강포로 타락할 때 신실한 남은 자들은 주의 이름을 부를 것임이 선언되었습니다(욜2:32).

요엘서가 종말론적 관점에서 우리의 주의를 끄는 것은 사도 베드로의 인용 때문입니다. 베드로는 오순절 성령 강림을 경험하면서 요엘 2:28 이하의 말씀을 인용했습니다(행2:17~21). 이것은 종말에 대한 이해를 분명하게 할 뿐만 아니라 성령님의 오심이 갖는 구속사적 의미도 명료하게 합니다. 베드로는 요엘서 2장을 인용함으로 심판의 날이 가까웠음을 선언함과 동시에 신실한 남은 자들을 불러 모으는 사역을 시작합니다. 오순절에 성령님께서 오신 것은 옛 언약백성들을 심판하시기 위함입니다. 또한 그러한 심판의 때에 남은 자의 반열에 들어오도록 초청하시는 것이기도 합니다. 그래서 베드로의 설교가 끝난 후 많은 사람들이 회개하여 세례를 받게 되었습니다. 이들이 바로 새 이스라엘인 '교회'입니다.[95]

주전 8세기 선지자: 아모스, 호세아, 요나, 미가, 이사야

아모스는 이스라엘 주변 국가의 죄(암1:1~2:3)와 이스라엘의 심판과 죄(암2:4~9:10), 그리고 이스라엘의 회복(암9:11~15)을 선언했습니다. 이스라엘 주변 국가들의 죄악을 선언한 것은 하나님께서 어떤 분이신지를 가르치기 위함이었습니다.

하나님께서는 세상 모든 나라의 심판주이십니다. 비록 하나님의 백성이 아니라 할지라도 죄 가운데 있는 모든 것들은 심판의 대상입니다. 또한 주변 국가들에 대한 심판은 본 나라의 백성들에 대한 심판의 임박성과 긴장감을 고조시킵니다. 우리도 언젠가는 심판받을 것이라는 두려움을 일으킵니다.

이스라엘이 범죄한 내용은 아모스서 전체에서 상당히 많은 부분을 차지합니다. 이스라엘의 죄악을 일일이 나열할 수 없기에 한 부분만 살피도록 하겠습니다. "사마리아 산에 거하는 바산 암소들아 이 말

---

95) 사도행전은 옛 언약백성들을 향한 심판의 시작과 끝에 초점이 맞추어져 있습니다. 예수님께서 예고하셨던 예루살렘 멸망이(마24장) 드디어 시작했고 그 심판의 종결이 어떻게 될 것인가를 소개하고 있습니다. 사도 바울이 복음전파를 위해 각 도시를 방문할 때마다 늘 유대인의 회당을 먼저 찾아갔던 것 그리고 그가 로마에서 이사야 6:9~10을 인용하여 말씀을 전했던 것을 이러한 맥락에서 이해할 수 있습니다. 실제로 바울의 로마 사역이 끝난 후 예루살렘은 멸망하였습니다(주후 70년). 예루살렘 멸망은 이제 옛 언약백성의 특권이 사라졌음을 의미하는 동시에 새 언약백성인 교회에게 옛 언약백성들에게 주어졌던 사명이 새롭게 주어졌음을 가르칩니다(벧전2:9).

을 들으라 너희는 가난한 자를 학대하며 궁핍한 자를 압제하며 가장 에게 이르기를 술을 가져다가 우리로 마시게 하라 하는도다"(암4:1).

사마리아는 북이스라엘의 수도입니다. 여기에서 사마리아는 이스라엘 전체를 대표하는 도시입니다. 그리고 암소들은 뒤이어 나오는 말씀을 통해 '귀부인들'임을 알 수 있습니다. 즉, 이스라엘의 귀부인들이 가난한 자와 궁핍한 자를 학대하고 압제하였다는 것입니다. 학대와 압제는 하나님의 율법의 핵심인 이웃 사랑을 실천하지 않은 것입니다. 또한 남편에게 술을 가져와 마시게 하라고 합니다. 율법을 버리고 살아가면서 술로 육신의 즐거움을 추구하는 모습, 이것이야말로 악의 극치입니다.

북이스라엘의 이러한 범죄들에도 불구하고 하나님께서는 새로운 약속을 허락하셨습니다. 다윗의 무너진 천막을 일으킬 것이라 하셨습니다(암9:11). 대부분의 사람들은 여기 다윗의 무너진 천막을 옛 다윗 왕조로 이해하여 하나님께서 다윗 왕국을 회복하신다는 뜻으로 생각하곤 합니다. 그러나 다윗의 장막은 언약궤를 예루살렘으로 가져올 때 이미 예비 되었던 다윗의 예배 처소였음을 성경이 말합니다 (삼하6:17). 결국 이 말씀은 다윗이 보여주었던 예배가 다시 회복될 것임을 의미합니다. 다윗은 언약궤를 예루살렘으로 가져올 때 하나님께 찬미의 제사를 드렸습니다. 바로 그 예배의 완성이 다시 이루어질 것을 예언한 것입니다.

아모스서가 하나님의 심판에 대한 내용을 주로 다루고 있다면 호세아서는 하나님의 사랑을 주로 선언하였습니다. 선지자 호세아는 음란한 여자 고멜을 아내로 맞이했습니다. 자녀를 출생하면서 딸과 아들의 이름을 로루하마와 로암미로 지었습니다(호1:6~9). 하나님께서는 호세아가 낳은 자녀들의 이름을 통해 다시는 이스라엘을 긍휼히 여기지 않으시며 이스라엘이 자기 백성이 아님을 드러내셨습니다. 고멜의 음행은 당시 하나님의 백성들이 저지른 음행을 표상하는 것이었습니다. 음행은 바로 우상숭배입니다. 하나님의 백성들은 지식이 없어 망하게 되었습니다(호4:6). 지식이 없다는 것은 언약 관계의 파기를 의미합니다.

그럼에도 불구하고 하나님께서는 끝까지 자기 백성을 사랑하셨습니다. 하나님께서는 이스라엘에게 돌아오라고 외치십니다. 여호와의 진노가 끝나는 날에 하나님께서는 이스라엘이 이슬과 같이 될 것이라 하시며 저희가 백합화같이 피고 레바논 백향목처럼 뿌리가 박힐 것이라 하셨습니다(호14:5).

하나님께서는 요나를 통해 니느웨에 던진 복음의 씨앗이 열매를 맺음으로, 본토에 있는 자기 백성들에게 회심의 메시지가 전해지기를 바라셨습니다. 앗수르의 수도 니느웨에 거하는 사람들은 이스라엘 백성들에게는 상종할 수 없는 자들이었습니다. 요나는 원수의 나라에 가서 복음을 선포하라는 하나님의 부르심을 이해할 수 없었습니다. 그러나 그곳에서 하루 동안 회개를 촉구했을 때 왕으로부터 백성들까지 금식하며 베옷을 입고 여호와께로 돌아왔습니다.[96]

---

96) 예수님께서는 당시의 사람들이 복음을 거부하는 것을 보시면서 요나의 표적을 언급하셨습니다(마12:39). 예수님께서는 요나를 통해 속히 마음을 돌이킨 니느웨 사람들의 행적을 교훈으로 삼으라는 메시지를 전하셨습니다. 그러나 예수님 시대의 많은 사람들은 니느웨 사람들보다 더 악한 모습을 보였습니다. 요나보다 더 큰 분이신 예수님께서 오셔서 복음을 소개하셨지만, 그들은 받아들이지 않았습니다.

미가서는 하나님께서 그 백성들에게 진정으로 원하시는 것이 무엇인지를 가르칩니다. 하나님께서 그 백성들에게 원하시는 것은 "공의를 행하며 인자를 사랑하며 겸손히 네 하나님과 함께 행하는 것"입니다(미6:8). 하나님께서는 자기 백성이 재물을 많이 바치는 것을 원하지 않으십니다. 하나님께서 진정으로 원하시는 것은 '공의를 행하는 것'입니다. 이것이야말로 율법의 완성인 이웃 사랑입니다. 또한, '인자를 사랑하는 것'입니다. 여기 '인자'라는 말은 하나님의 자비와 은혜를 의미합니다. 즉, 인자를 사랑하는 것은 하나님의 은혜를 간절히 사모하는 것입니다. 그리고 하나님과 동행하는 것이야말로 하나님께서 진정으로 원하시는 것입니다.

많은 사람들은 충성을 매우 잘못 이해하고 있습니다. 충성은 자신에게 있는 어떤 것을 드려 자기 의를 드러내는 것이 아닙니다. 진정한 충성은 모든 것을 바치기 전에 여호와의 은혜를 사랑하고 하나님과 언약 관계가 형성되었다는 그것 자체로 기뻐하고 즐거워하는 것입니다.

하나님께서는 사람들에게 있는 어떤 것을 필요로 하는 분이 아니십니다. 모든 것의 주인이신 분이 무엇이 부족해서 사람들에게 있는 어떤 것을 바치라 하시겠습니까? 하나님께서는 그런 분이 아니십니다. 하나님께서 진정으로 원하시는 것은 그 백성들과 바른 관계, 좋은 관계를 맺는 것입니다. '나는 너희의 하나님이 되고 너희는 내 백성이 되는 것', 이것이야말로 하나님께서 우리에게 원하시는 것입니다.

이사야서는 크게 두 부분으로 나눌 수 있습니다. 1~39장과 40~66

장입니다. 앞부분은 주로 심판을, 뒷부분은 소망을 언급합니다. 그러나 앞부분에 소망의 내용이 없는 것은 아닙니다. 오히려 앞부분에도 계속해서 소망을 언급합니다. 이사야 7장의 임마누엘 약속, 9장의 한 아이의 출생, 11장의 이새의 줄기에서 나올 싹에 대한 언급들은 모두 메시야 대망과 깊은 관련을 맺고 있습니다.

이사야 42~53장에 언급된 네 가지 종의 노래는 예수님과 직접적으로 연결된 구절입니다.[97] 특히 우리가 많이 암송하는 이사야 53:4~6은 그리스도의 십자가 사역에서 성취된 것으로 이해합니다. 고난 받는 종은 왕이신 예수님의 또 다른 모습입니다.

주전 7세기 선지자: 나훔, 스바냐, 하박국, 예레미야

나훔서는 요나서와 동일하게 니느웨에 대한 예언입니다. 요나서가 니느웨의 회개를 다루었다면 나훔서는 니느웨의 심판을 다룬 책입니다. 앗수르는 한때 북이스라엘을 심판하는 도구였습니다. 그러나 그들도 보복자이신 하나님의 심판의 대상이 되었습니다.

한때 그들이 하나님의 백성들을 심판하는 막대기 역할을 했고 요나의 선포를 통하여 살아계신 하나님을 알게 되었지만, 이후로 점점 그들은 철저하게 인간적인 욕망을 따르는 왕국이 되었습니다. 하나님께서는 앗수르의 수도 니느웨를 제거하심으로 당신의 공의를 선언하셨을 뿐만 아니라 동시에 자기 백성인 유다 왕국에게도 희망과 경고의 메시지를 전달하셨습니다.

---

97) 제임스 던(James D.G. Dunn)이라는 학자는 이사야에 등장하는 종의 노래를 네 가지로 구분하였습니다. 그 본문들은 다음과 같습니다. 첫 번째 종의 노래: 사42:1~9, 두 번째 종의 노래: 사49:1~6, 세 번째 종의 노래: 사50:4~9, 네 번째 종의 노래: 사 52:13~53:12.

스바냐서는 유다 왕 요시야 시대를 배경으로 합니다. 요시야는 유다 왕국의 멸망 직전에 철저한 개혁 운동을 주도한 왕입니다. 그러니 유다 왕국에 남아 있는 신실한 백성들에게는 스바냐의 예언이 위로와 은혜의 말씀이었습니다. 스바냐는 주의 말씀으로 돌아오지 않는 자들은 끝까지 심판받을 것임을 선포하였으며 말씀을 따르는 자들에게는 구원이 있을 것임을 노래했습니다. 우리는 이 찬송을 통해 주의 구원을 높이 송축합니다. "너의 하나님 여호와가 너의 가운데 계시니 그는 구원을 베푸실 전능자시라 그가 너로 인하여 기쁨을 이기지 못하여 하시며 너를 잠잠히 사랑하시며 너로 인하여 즐거이 부르며 기뻐하시리라 하리라"(습3:17).

하박국서는 의인은 믿음으로 산다는 것을 가르칩니다. 하나님의 심판이 임할 것입니다. 심판 중에도 의인들은 믿음 때문에 살 것입니다(합2:4).[98] 하박국이 활동하던 시대에는 유다의 멸망이 눈앞에 이른 때였습니다. 바로 그때, 의인들은 구원을 얻습니다. 오직 믿음 때문입니다. 이러한 맥락에서 하박국 3장에 나오는 노래의 의미를 이해해야 합니다.

무화과나무와 포도나무에 열매가 없고 감람나무의 소출이 없으며 우리에 양과 외양간에 소가 없는 것은 하나님께서 내리신 언약의 저주입니다(신28장). 이것은 언약 백성들이 심판 가운데 있음을 의미합니다. 그러나 의인은 그러한 심판 중에 거하더라도 기뻐하고 즐거워

---

98) 로마서 1:17에서 이 본문을 인용했습니다. 이러한 인용은 단순히 구약의 한 본문을 옮기는 것을 목적으로 하지 않습니다. 구약 본문을 인용한 것은 로마서를 쓸 당시의 모습이 하박국의 시대와 본질적으로 동일했기 때문입니다. 하박국 시대에 하나님의 심판이 임하고 있었습니다. 그러나 그러한 심판 중에도 의인들은 믿음으로 말미암아 삽니다. 이러한 원리가 로마서가 기록될 당시에도 동일했던 것입니다. 믿음은 하나님의 언약을 감사함으로 받는 것입니다.

할 수 있습니다. 왜 그렇습니까? 믿음 때문입니다. 비록 심판 아래에 있더라도 하나님과 동행한다면 언젠가는 구원의 약속이 이루어질 것을 알기 때문입니다.

예레미야서는 유다 왕국의 멸망과 포로기간을 모두 아우르고 있습니다.[99] 예레미야서에서 우리가 꼭 기억해야 할 본문은 바로 새 언약에 대한 부분입니다(렘31:31~34). 하나님께서는 시내 산에서 맺었던 언약과 질적으로 다른 방식의 언약을 맺겠다고 선언하셨습니다. 옛적에는 언약 규정들이 돌판에 새겨졌지만 이제는 그들의 '속'과 '마음'에 두겠다고 하셨습니다(렘31:33).

이것은 바로 성령님에 대한 약속입니다. 구약 시대에는 성령님의 오심이 가변적이었습니다. 성령님께서는 자기 백성들 가운데 오기도 하시고 때로는 떠나기도 하셨습니다. 그러나 새 언약 시대에는 성령님께서 자기 백성들 가운데 내주(來住)하시겠다는 것입니다. 실제로 성령님께서는 인류 역사에 강림하셨고 교회는 그분을 거처로 하는 공동체가 되었습니다.

시내 산에서 받은 율법은 하나님의 백성들이 잊을 수도 있고 제대로 깨닫지 못할 수도 있습니다. 그러나 성령님께서 백성들 가운데 직접 거하시면 그 법을 절대로 잊을 수가 없습니다. 하나님의 뜻을 성령님께서 해명하시고 지키게 하시며 그 법을 따라 살아가게 하십니다. "성령이 말할 수 없는 탄식으로 우리를 위하여 친히 간구하시느니라"(롬8:26)라는 말씀이 실로 의미 있게 됩니다.

---

99) 예레미야서는 다음과 같은 내용으로 구성되어 있습니다: ⑴ 서론(1장) ⑵ 유다에 대한 메시지(2~24장) ⑶ 심판과 위로(25~45장) ⑷ 열국에 대한 예언(46~51장) ⑸ 유다의 멸망(52장).

예수님께서 유월절 어린 양처럼 죽으시기 전날 밤 성찬을 제정하시면서 하신 말씀을 기억해 봅시다. 잔을 주시면서 "나의 피 곧 언약의 피"(마26:28)라고 하셨습니다. 여기 '언약의 피'는 시내 산 언약을 체결할 때 모세를 통해 선언된 하나님의 말씀이었습니다(출24:8). 시내 산 언약에서는 짐승의 피로 언약이 체결되었습니다. 그러나 이제 예수님 자신을 직접 내어주심으로 주의 백성들은 이제 짐승의 피가 아닌 오직 예수 그리스도의 피로 언약을 체결합니다. 성령님께서는 짐승의 피가 아닌 예수님의 피가 지니는 의미와 효력을 자기 백성들에게 깨닫게 하십니다. 그것이 바로 "나의 법을 그들의 속에 두며 그 마음에 기록"되는 것입니다(렘31:33).

포로기 선지자: 에스겔, 다니엘

에스겔 선지자의 가르침 중에 우리의 주목을 끄는 것은 역시 선한 목자에 대한 부분입니다(겔34장). 삯꾼들의 모습과 특징을 나열한 후에 하나님 자신이 선한 목자가 되실 것을 선언하셨습니다(겔34:15). 그런 후에 한 목자를 보내겠다고 하시면서 다윗을 언급하십니다(겔 34:23). 에스겔이 이 예언을 할 때는 다윗이 죽은 지 약 400년의 시간이 지나간 뒤입니다.

다윗을 선한 목자의 대표로 말씀하신 것은 그의 출신이 목자였기 때문만은 아닙니다. 다윗은 이스라엘 역사에서 가장 위대한 통치자였습니다. 동시에 하나님께서는 다윗 언약에서 그의 후손을 통하여 왕권이 이어질 것을 약속하셨습니다. 바로 이것입니다. 다윗과 맺은 하나님의 언약이 어떠한 방식으로 이루어집니까? 다윗과 같은 왕의 등장을 통해 이루어집니다. 그 왕은 선한 목자로서 자기 양 떼를 돌보며 그 양 떼를 위해 생명까지 버릴 것입니다. 예수님께서는 바로 자기 자신이 선한 목자임을 분명히 선언 하셨습니다(요10:11).

　이러한 하나님의 약속은 하나님의 백성들에게 큰 위로가 됩니다. 왜냐하면, 에스겔이 활동하던 시대가 남유다 왕국이 바벨론에 의해 완전히 멸망한 후였기 때문입니다. 나라의 멸망을 직접 체험하고 있는 중에 그 옛날 화려했던 왕국의 복원을 노래하는 것은 소망을 불러일으킵니다.

　다니엘서 역시 포로기간 동안 주어진 계시입니다. 느부갓네살 왕의 꿈에 등장한 우상은, 머리는 금이요 가슴과 팔은 은이며 배와 넓적다리는 놋이요 종아리는 철이요 발은 철과 흙이 섞여 있었습니다(단2:32~33). 그러나 이 우상은 뜨인 돌에 의해 무참하게 무너졌습니다. 하나님께서는 다니엘을 통해 당신께서 직접 세우시는 하나님의 왕국에 대해 말씀하셨습니다(단2:44).

　다니엘은 왕의 꿈을 해석하기도 했지만 그 자신도 직접 환상을 보게 되었습니다. 인자(人子) 같은 이가 하늘 구름을 타고 옛적부터 항상 계신 이에게 인도되어 그분으로부터 권세와 영광과 나라를 받아 모든 백성과 나라들과 각 방언하는 자들로부터 섬김을 받으십니다(단7:13~14). 우리는 여기 '인자 같은 이'로 명명된 분이 바로 예수님이심을 믿습니다(막10:45).

　다니엘서는 옛 시대를 대신하는 새 시대의 새로운 왕국이 도래할 것과 그 나라의 왕이 어떻게 임하실 것인지 계시합니다. 그리고 종국에는 그 왕이 모든 권세와 영광을 받고 만물이 그 발아래 복종케

될 것도 알려줍니다.[100]

북이스라엘은 주전 722년 앗수르에 의해 멸망합니다. 그리고 남유다
는 주전 586년 바벨론에 의해 멸망합니다. 남유다의 멸망으로 이 땅
위에 더 이상 하나님의 왕국은 존재하지 않게 되었습니다. 그러나
하나님의 구속역사는 여전히 이어졌습니다. 하나님께서는 신실한
믿음의 사람들을 포로기 가운데서도 남겨두셨습니다. 70년의 포로
생활을 종결지으시고 당신의 백성들을 예루살렘으로 돌아오게 하셨
습니다. 귀환은 모두 세 번에 걸쳐 이루어졌습니다.

첫 번째는 고레스의 칙령을 따라 세스바살의 인도로 이루어졌습니다
(스1:1). 주전 538년경에 이루어진 이 귀환에서는 4만 2,360명의 백성들과
종들 및 노래하는 사람들 7,537명이 함께 했습니다(스2:64~65). 두 번째 귀
환은 아닥사스다 왕 7년에 에스라의 인도로 이루어졌습니다(스7:6~10).
주전 458년경에 이루어진 이 귀환의 여정에는 약 3개월의 소요되었으
며 1,754명이 참여했습니다(스8:1~20). 세 번째 귀환은 아닥사스다 왕 20
년에 느헤미야의 인도로 이루어졌습니다(느2:1). 주전 444년부터 시작된
이 귀환에는 총 4만 2,360명이 참여했습니다.

1차 귀환과 더불어 시작된 성전 재건 운동은 하나님 나라의 회복을
열망하는 거룩한 백성들의 지지를 받았습니다. 그러나 제단을 세우고
성전 기초를 놓은 이후 어려움이 찾아왔습니다. 사마리아 사람들이 자

---

100) 선지자들에 대한 보다 깊은 이해를 위해 다음 세 권의 책을 추천합니다. 월터
카이저(Walter Kaiser), 『구약성경 신학』, 최종진 역(고양: 생명의말씀사, 1998)과
게르할더스 보스(Geerhardus Vos), 『성경신학』, 이승구 역(서울: 기독교문서선교회,
2000), 그리고 반더발(Cornelis Vanderwaal), 『반더발 성경연구 2』, 명종남 역(서울: 연
합선교회, 1991)입니다.

신들도 성전 재건에 참여케 해달라는 요청을 한 것입니다. 이러한 사마리아인들의 요청은 성전 재건 자체에 온전한 목적을 두고 있지 않았습니다. 그들은 유다 지역에 대한 통치권이 자신들에게 있음을 증명하고 싶어 했습니다. 스룹바벨은 이들의 요구를 들어주지 않았습니다. 그러자 성전 재건은 반대에 부딪혔고 곧 중단되었습니다.

그리고 약 15년의 세월이 지났습니다. 학개와 스가랴의 주도로 성전 건축이 재개됐습니다. 약간 반대가 있었지만 성전은 4년 후 완공되었습니다. 성전을 완공하고 약 50년 후, 에스라의 인도로 2차 귀환이 이루어졌습니다. 에스라는 하나님의 백성들 가운데 만연한 불신결혼 문제를 회개합니다. 통회와 개혁 운동이 일어났습니다(스9~10장).

3차 귀환을 주도한 느헤미야는 성벽을 재건하기 시작했습니다. 반대가 있었지만 성벽 재건도 어느 정도 완료되었습니다. 그리고 느헤미야는 유다의 총독으로 임명되었습니다. 느헤미야는 하나님의 백성들을 개혁하는 것에 온 힘을 기울입니다. 그의 개혁 운동은 크게 세 가지 방식으로 이루어졌습니다. 모세의 책, 곧 하나님의 말씀을 백성들로 하여금 듣게 했습니다(느13:1). 그리고 성전을 청결케 하고 성전 가운데 있는 우상과 관련된 것들을 제거합니다(느13:4~9). 마지막으로, 성전 예배의 회복을 위해 백성들로 하여금 십일조를 드리게 했습니다(느13:10~14). 느헤미야의 개혁 운동을 통해 교회 개혁은 언제나 동일한 원리 위에 이루어짐을 알 수 있습니다. 즉, 말씀과 예배와 직분의 회복입니다.

모세를 통해 주신 제사장 나라로서의 사명을 온전히 감당키 위해 부름 받은 왕국은 초라한 모습을 보여줍니다. 그러나 그러한 와중에도 하나님께서는 여러 선지자들을 통해 새로운 왕국과 그 왕국의 새로운 왕을 약속하십니다. 인간의 실패에도 불구하고 하나님께서는 자신의 왕국을 온전히 세우실 것입니다. 하나님의 열심은 약속을 이루는 원동력입니다. 인간은 그 하나님의 열심을 감사함으로 받을 따름입니다. 인간이 할 수 있는 것은 오직 감사와 찬양입니다.

요약과 질문

1. 성경에 나타난 친구의 의미와 관련하여 선지자의 사역을 설명해 봅시다.

2. 오바댜서와 아모스서의 주제는 무엇입니까?

3. 사도 베드로는 사도행전 2:17~21에서 오순절 성령 강림과 관련하여 한 선지자의 예언을 인용했습니다. 이 선지자는 누구이며, 그 내용은 무엇입니까?

4. 호세아의 혼인을 통해 하나님께서 계시하신 것은 무엇입니까?

5. 요나의 표적은 무엇을 의미하며 예수님께서 이것을 통해 유대인들에게 가르치고자 하셨던 것은 무엇입니까?

6. "의인은 믿음으로 말미암아 살리라"라는 말씀은 구약과 신약의 어느 본문에서 사용되었으며 두 본문의 공통된 시대적 배경을 설명해 봅시다.

7. 예레미야 31:31~34의 내용은 무엇입니까?

8. 에스겔 34:23의 예언에 선한 목자로서 다윗이 언급된 이유는 무엇입니까?

9. 느부갓네살 왕이 본 신상은 머리는 금이요, 가슴과 팔은 은, 배와 넓적다리는 놋, 종아리는 철, 발은 철과 흙이었습니다. 뜨인 돌이 이 신상을 무너뜨린 바가 무엇을 의미하는지 생각해 봅시다.

10. 느헤미야의 개혁 운동을 통해 알 수 있는 교회 개혁의 세 가지 원리를 설명해 봅시다.

11. 두 왕국의 멸망에도 불구하고 선지자들의 예언을 통해 하나님 나라의 회복이 선언됩니다. 여기서 알 수 있는 하나님 나라 건설의 핵심적인 원리가 무엇인지 설명해 봅시다.

부 록

■ 부록 1. 성구 색인

■ 부록 2. 주제 색인

■ 부록 3. 인명 · 지명 색인

지명

남유다, 북이스라엘 왕 연대표

유 다			이 스 라 엘		
	이 름	주전 〈통치기간*〉		이 름	주전 〈통치기간*〉
1	르호보암	931–913 〈17년〉	1	여로보암 1세	931–910 〈22년〉
2	아 비 얌	913–911 〈3년〉			
3	아 사	911–870 〈41년〉	2	나 답	910–909 〈2년〉
			3	바 아 사	909–886 〈24년〉
			4	엘 라	886–885 〈2년〉
			5	시 므 리	885 〈7일〉
			6	오 므 리	885–874 〈12년〉
4	여호사밧	873–848 〈25년〉	7	아 합	874–853 〈22년〉
			8	아하시야	853–852 〈2년〉
5	여 호 람	848–841 〈8년〉	9	여호람(요람)	852–841 〈12년〉
6	아하시야	841 〈1년〉			
	아달랴(찬탈자)	841–835 〈6년〉	10	예 후	841–814 〈28년〉
7	요 아 스	835–796 〈40년〉	11	여호아하스	814–798 〈17년〉
8	아 마 샤	796–767 〈29년〉	12	요아스(여호아스)	798–782 〈16년〉
9	웃시야(아사랴)	791–740 〈52년〉	13	여로보암 2세	793–753 〈41년〉
10	요 담	750–736 〈16년〉	14	스 가 랴	753–852 〈6개월〉
			15	살 룸	752 〈1개월〉
			16	므 나 헴	752–742 〈10년〉
			17	브가히야	742–740 〈2년〉
11	아 하 스	736–716 〈16년〉	18	베 가	752–732 〈20년〉
			19	호 세 아	731–721 〈9년〉
12	히스기야	716–687 〈29년〉			
13	므 낫 세	696–642 〈55년〉			
14	아 몬	642–640 〈2년〉			
15	요 시 야	640–608 〈31년〉			
16	여호아하스	608 〈3개월〉			
17	여호야김	608–597 〈11년〉			
18	여호야긴	597 〈3개월〉			
19	시드기야	597–586 〈11년〉			

* 「이스라엘 열왕의 역사」 (김홍전 저, 성약)의 '부록2. 이스라엘 열왕 대조표'를 참고하였습니다.

선지자 연대표

		선지자들	연 대	뜻	성구 / 장		왕 들
	1	오 바 댜	840–830	여호와의 경배자	왕하 8~12	남	여호람, 아하시야, 아달랴, 요아스
	2	요 엘	830–820	여호와는 하나님이시다	왕하 12	남	요아스
	3	요 나	780–760	비둘기	왕하 14	북	여로보암 2세
	4	아 모 스	755–750	짐 지는 자	왕하 14	북	여로보암 2세
	5	호 세 아	760–710	구원	왕하 14~17	북	여로보암 2세, 스가랴, 살룸, 므나헴, 브가히야, 베가, 호세아
포로전	6	이 사 야	740–690	여호와는 구원이시다		남	요담, 아하스, 히스기야, 므낫세
	7	미 가	735–700	누가 여호와와 같은가	왕하 15~20	남	요담, 아하스, 히스기야
	8	나 훔	650–620	자비로운 (조언자, 위로자)	왕하 21~23	남	므낫세, 아몬, 요시야
	9	스 바 냐	630–620	여호와에 의해 보호됨	왕하 22~23	남	요시야
	10	하 박 국	620–605	품은	왕하 22~24	남	요시야, 여호아하스, 여호야김
	11	예레미야	625–585	여호와에 의하여 세워짐	왕하 22~25	남	요시야, 여호아하스, 여호야김, 여호야긴, 시드기야
						이방	느부갓네살
포로기	12	예레미야애가	585–580	슬픔	왕하 25	이방	느부갓네살
	13	에 스 겔	593–570	하나님의 능력	왕하 24~25	남	시드기야
	14	다 니 엘	606–530	하나님이 나의 재판장이시다	왕하 23~25 스 1~4	남	여호야김
						이방	느부갓네살, 벨사살, 다리오, 고레스
포로후	15	학 개	520	축제적	스 5~6	이방	스룹바벨, 다리오 1세(페르시아왕)
	16	스 가 랴	520–480	여호와께서 기억하셨다	스 5~6	이방	스룹바벨, 다리오 1세, 크셀크스
	17	말 라 기	430–420	나의 사자	느 13	이방	아닥사스다, 다리오 2세

■ **부록 5. 성경 지도**

출애굽 경로

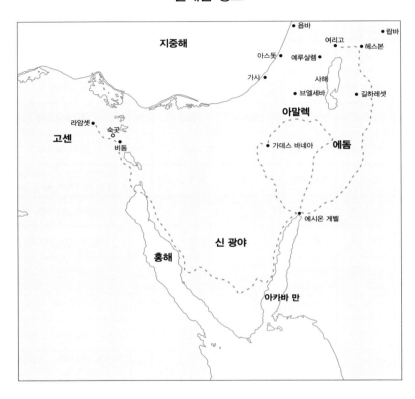

12지파 땅 분배